Strade blu

Filippo Santelli

LA CINA NON È UNA SOLA

Tensioni e paradossi della superpotenza asiatica

MONDADORI

librimondadori.it

La Cina non è una sola
di Filippo Santelli
Collezione Strade blu

ISBN 978-88-04-73986-9

I edizione maggio 2021

Indice

La Cina non è una sola

Che strano: hanno ultimato la ristrutturazione
di un Paese, ma non quella di un appartamento.
YU HUA, *Diario di una settimana a Pechino*

Introduzione

Di Cina non si è mai parlato così tanto. Venivamo già da mesi di dibattiti sulla sfida epocale con gli Stati Uniti, sulla Via della Seta, sul potere del presidente Xi Jinping, sulle proteste di Hong Kong, quando un misterioso virus è comparso in una metropoli sconosciuta ai più, Wuhan. Sulle prime quel nome ci è suonato esotico, distante, come la minaccia che trasmetteva. Ma nell'arco di poche settimane abbiamo scoperto che il pericolo era vicinissimo, che era già tra noi. Ciò che accade in Cina è la nostra quotidianità: non c'era modo più traumatico per capirlo.

All'improvviso il Dragone è diventato materia da talk show di prima serata, di discussione con gli amici. Abbiamo osservato il governo mettere in isolamento una città, poi un'intera provincia, poi tutto un Paese. Ci siamo chiesti quanto i numeri ufficiali della Cina sul contagio fossero attendibili, cosa avesse nascosto o sbagliato in quei primi fatidici giorni. Più di qualcuno l'ha accusata di aver infettato il mondo, in maniera colposa o dolosa: si è parlato, a volte in cattiva fede, di pipistrelli, di *wet markets* e di laboratori di virologia da cui il patogeno poteva essere scappato. I cittadini del Dragone sono stati trattati come untori. Poi però, quando abbiamo realizzato di essere malati anche noi e abbiamo avuto urgente bisogno di mascherine, è ancora una volta alla Cina che ci siamo rivolti, rivelando tutta la dipendenza delle nostre economie dalle sue fabbriche. Infine, tra l'incredulo e l'indignato, abbiamo osservato i ragazzini di Wuhan ballare in piscina tutti appiccicati a Ferragosto, mentre all'Italia e all'Europa sarebbero toccati ancora diversi mesi di restrizioni. La Cina, proprio lei, aveva ritrovato una vita normale ben prima degli altri.

Tutto questo ha accentuato una sindrome di cui da tempo l'Occidente soffre quando guarda a oriente, la «sinofrenia». Rubo il termine a un giornalista di Bloomberg, Thomas Orlik. Parlando di Cina siamo spesso schizofrenici, da qui il suo neologismo: ci convinciamo, a fasi alterne, che il Dragone sia destinato a collassare in maniera rovinosa, come è accaduto all'Unione Sovietica, oppure a proseguire inesorabile nella sua ascesa, fino a spodestare gli Stati Uniti nel ruolo di superpotenza egemone, trasformando il mondo a sua immagine e somiglianza. Nell'ultimo periodo è questa seconda idea a prevalere, comprensibilmente. Il balzo in avanti economico, tecnologico e militare compiuto in appena trent'anni dalla Repubblica Popolare è stupefacente. Un Paese povero e sottosviluppato si è trasformato nell'arco di una generazione e mezza nella seconda economia globale, il primo motore della crescita del pianeta. Oggi la Cina compete alla frontiera dell'innovazione, proietta investimenti e influenza a tutte le latitudini, esibisce la propria potenza militare in cielo e per mare, mentre la sua classe media in espansione decide la fortuna – o la sfortuna – delle principali multinazionali. Il successo nel contenere il coronavirus e rilanciare la propria economia, se confrontato con le indecisioni e i ritardi di Europa e Stati Uniti, è stato un'ulteriore prova di forza. La Cina esce da uno degli anni più difficili della storia recente proiettando l'immagine di un Paese potente e consapevole di sé. La leadership del Partito comunista e di Xi appaiono più solide che mai.

«Lasciate dormire la Cina,» disse Napoleone nel 1816 «perché al suo risveglio il mondo tremerà.» Oggi la sua profezia si è realizzata: il Dragone è sveglio e per il mondo non è facile fare i conti con la sua ascesa. Specie per le democrazie liberali, a lungo convinte che le riforme economiche e lo sviluppo avrebbero portato la Cina a convergere con l'Occidente anche dal punto di vista dei diritti politici e individuali. Non è così: Pechino va per la sua strada, anzi rivendica la superiorità del proprio modello autoritario. Negli ultimi mesi, sia negli Stati Uniti che in Europa, abbiamo assistito alla presa di coscienza di questa ingombrante realtà, con reazioni che vanno dall'apprensione alla vera e propria paura. Tra le élite politiche americane c'è ormai un consenso trasversale sul fatto che la Cina sia la principale minaccia al primato statunitense. Il nuovo presidente Joe Biden sta adottando nei confronti di Pechino un approccio di sostanziale continuità rispetto al predecessore Donald Trump e sotto certi aspetti – per esempio l'accusa di violare i diritti umani – ancora più aggressivo. Non passa giorno senza che da Washington arrivino report allarmati sul potenziale sorpasso del Dragone. Perfino la prudente Europa nel 2019 ha definito la Repubblica Popolare un «rivale sistemico». Rivale formidabile, a giudicare dalle idee degli stessi cittadini europei: in un recente sondaggio il 59 per cento di loro ha detto di ritenere «probabile» o «certo» che fra dieci anni la Cina sarà più potente degli Stati Uniti. In Italia la quota sale addirittura al 72 per cento.

Questa idea è frutto, almeno in parte, di una distorsione prospettica. Dietro alla forza del Dragone le democrazie liberali vedono prima di tutto un riflesso della propria crisi, tra i populismi e la cronica instabilità che sembra impedire ogni politica di lungo periodo. La propaganda cinese alimenta questa impressione. Come tutti i regimi autoritari, ma più ancora degli altri, il Partito comunista ha bisogno di cementare la propria legittimità con una grande narrazione di ascesa nazionale. Xi Jinping spiega ai cittadini che «l'Oriente si sta sollevando, mentre l'Occidente declina», che questa è la grande occasione per la Cina di riprendere il posto che le spetta al centro del mondo. Il Partito, che a luglio di quest'anno festeggia il centenario della sua fondazione, ha sollevato il Paese a metà del cammino, il punto dove si trova ora. E se il popolo continuerà a seguire la sua leadership, entro il 2049, centenario della nascita della Repubblica Popolare, il grande sogno di «ringiovanimento nazionale» sarà completato.

Liquidare questa narrazione come semplice propaganda sarebbe un errore imperdonabile: la Cina ci crede davvero, formula piani quinquennali, decennali e trentennali verso l'obiettivo. Ma prenderla alla lettera è altrettanto sbagliato, perché i successi raggiunti finora non garantiscono quelli futuri. Dietro alla sopravvalutazione di chi considera il Dragone destinato all'egemonia globale, così come dietro alla sottovalutazione di chi lo ritiene destinato a fallire, c'è la stessa sinofrenia. La stessa difficoltà di comprenderne la complessità e la multiformità. E da questo punto di vista l'impressione è che i dibattiti sulla Cina degli ultimi mesi, dominati dalla diffidenza o dalla paura, non ci abbiano fatto fare dei passi avanti.

Ho passato tre anni in Cina come corrispondente per «la Repubblica». Non sono un sinologo e prima di arrivare a Pechino, nel 2018, conoscevo il Dragone solo per quello che avevo letto. Per provare a raccontarlo al meglio mi ci sono immerso, ho iniziato a studiare il mandarino, ho parlato con centinaia di persone, ho ascoltato, osservato e viaggiato il più possibile. Nel corso del 2020 mi sono trovato in mezzo alla grande «guerra del popolo» contro il virus, la grande emergenza nazionale, una di quelle circostanze in cui un Paese rivela la sua natura più profonda. A gennaio ero a Wuhan, poche ora prima che la città venisse isolata dal mondo; a ottobre, dopo essermi contagiato, sono stato chiuso a chiave dentro una stanzetta di un ospedale Covid della città di Nanchino, dove per quaranta giorni ho sperimentato la parte più cruda del dispositivo di contenimento del virus messo in campo dal regime. In tutto quello che ho visto e fatto in Cina, l'impressione che ho avuto è di un indistricabile groviglio di forze e debolezze. Non voglio definirle contraddizioni, perché la contraddizione è un concetto tipicamente occidentale. La parola giusta è forse «tensioni», considerata l'importanza che l'interazione tra principi opposti ha nel pensiero cinese.

Questo libro è un tentativo di raccontare alcune di quelle tensioni. Di mostrare che la Cina non è un monolite compatto, non è una sola, bensì tante Cine: un Paese multiforme, in cui potenti forze centrifughe e centripete interagiscono lungo linee di faglia geografiche, economiche, sociali e culturali. Un Paese che vuole «ringiovanire», ma che fa sempre meno figli. Che ogni giorno si sveglia più ricco, ma in cui le disuguaglianze aumentano e la competizione forsennata genera ansie profonde. Un regime che in nome della stabilità, la sua grande ossessione, arriva a nascondere minacce evidenti come un'epidemia, salvo poi affrontarle mobilitando tutte le risorse di cui dispone. Un Paese che promuove l'innovazione tecnologica, ma restringe gli spazi di espressione della società civile e sopprime ogni diversità come eversiva. Che vuole cambiare il suo paradigma di sviluppo, per renderlo più verde e sostenibile, ma resta ancora profondamente legato al modello pesante e inquinante che lo ha portato dov'è oggi. Una potenza che più mostra i muscoli ai suoi confini, più usa il nazionalismo per creare consenso, più genera resistenze da parte del resto del mondo. Un Paese in bilico tra sicurezze e insicurezze, tra evoluzione e involuzione.

Il modo in cui la Cina e la sua leadership affronteranno queste tensioni deciderà la prossima fase dello sviluppo del Dragone, il punto di caduta tra i due estremi altrettanto improbabili del trionfo e del collasso. Ma comprenderle è decisivo prima di tutto per noi, nel momento in cui dobbiamo decidere come approcciarci alla Repubblica Popolare, dove lasciarle lo spazio che legittimamente chiede e dove invece provare a resisterle. La sua ascesa è la sfida epocale che si pone di fronte alle democrazie liberali. Quasi tutti riconoscono che la strategia dell'ingaggio non funziona più: aver cooptato la Cina nell'ordine internazionale non l'ha cambiata. Anzi, semmai è il Dragone che sta cercando di cambiare il mondo. Ora la tesi prevalente vede la potenza emergente e quella dominante, gli Stati Uniti, proiettate verso un inesorabile scontro a tutto campo. Una nuova guerra, per il momento fredda e poi chissà, in cui in gioco ci sono i principi base della comunità internazionale e in cui tutti saremo chiamati a schierarci da una parte o dall'altra.

Anche questa lettura però viene dal passato, e rischia di mancare la diversità del problema che abbiamo di fronte. Perché oggi viviamo in un mondo pieno e connesso, che non è più separabile in due blocchi. Perché alla Cina siamo legati a filo doppio dal punto di vista economico. Perché abbiamo bisogno di collaborare con il Dragone per affrontare una serie di sfide chiave per l'umanità, a partire dal cambiamento climatico. E perché la Cina è un'entità complessa e sfaccettata. Le democrazie liberali hanno bisogno di una strategia all'altezza di quella complessità. Ma ogni strategia, qualunque essa sia, dalla più tenera alla più dura, deve partire dalla comprensione profonda delle forze e delle debolezze del Dragone. Prima di tutto, dobbiamo cercare di capire che cos'è la Cina. Prima di tutto dobbiamo curare la nostra sinofrenia.

I

Viralità

Avevo lasciato Wuhan appena in tempo. Il mio aereo era stato uno degli ultimi a decollare quella mattina del 23 gennaio, pochi minuti prima che il capoluogo dello Hubei, focolaio del nuovo coronavirus, venisse isolato. Le autorità avevano annunciato la quarantena la notte precedente, verso le due: «Si chiede ai cittadini di non lasciare la città. I trasporti saranno sospesi». Dopo aver letto il messaggio avevo buttato le cose in valigia e mi ero precipitato in aeroporto. Non volevo restare bloccato lì, di quell'epidemia si sapeva ancora pochissimo, e dal mio punto di vista il rischio era eccessivo. Per sicurezza avevo prenotato due biglietti, uno per Pechino e un altro per una città a caso, Qingdao, temendo che il volo potesse essere annullato all'ultimo momento. Invece era partito in perfetto orario, un sospiro di sollievo.

Restava però un'altra cosa da scoprire: cosa mi avrebbe atteso all'atterraggio. Pechino, la capitale, è la città che il regime deve proteggere da ogni minaccia, e io mi trovavo su un aereo pieno di passeggeri provenienti dall'epicentro del contagio, una specie di bomba batteriologica diretta verso il cuore dell'impero. Fuori dal portellone ci accolse una squadra in tuta protettiva, l'abbigliamento che nei mesi successivi sarebbe diventato una visione abituale. Ma gli addetti si limitarono a puntarci il termometro a forma di pistola alla fronte: 36.2, potevo andare. Niente nominativi da lasciare, nessun tracciamento, nessuna quarantena obbligatoria. Che strano. Dopo che il presidente Xi Jinping in persona aveva ordinato di «contenere con risolutezza» il virus – la formula che in Cina mette tutti sull'attenti –, dopo che il regime aveva annunciato la più grande quarantena della storia, dopo che la trasmissione da uomo a uomo era stata confermata, decine di persone in arrivo da Wuhan venivano lasciate sbarcare liberamente.

Il giorno prima avevo raggiunto il capoluogo dello Hubei per provare a rispondere ai dubbi che tormentavano il mondo. Che cosa sta succedendo davvero? Quanta paura dobbiamo avere? Avevo lasciato la città neppure ventiquattro ore dopo con pochissime certezze. L'atmosfera che avevo trovato nella metropoli in riva al Fiume Azzurro era come sospesa, di ansia senza panico apparente. L'aeroporto, l'hotel, le strade, tutto era semideserto, come sempre nelle grandi città del Dragone alla vigilia di *chunjie*, il Capodanno cinese, la festa delle feste, quando studenti e lavoratori tornano nei villaggi di origine per riabbracciare le loro famiglie. Da Wuhan, baricentro del Paese e quindi snodo della sua rete di trasporti, nei giorni precedenti se n'erano andate addirittura cinque milioni di persone, caricando bagagli e leccornie su autobus, treni e aerei. Chi era rimasto circolava mascherato. Il mio albergo aveva posizionato un concierge all'ingresso, armato di termometro e abbondanti flaconi di disinfettante, ma per il resto negozi e caffetterie restavano aperti come al solito: gli ultimi affari prima del veglione.

Ero andato subito a Huanan, il mercato dov'era emerso il primo grappolo di infezioni. La struttura, un anonimo capannone a due piani lungo centinaia di metri, si trova nel cuore della città, tra un grattacielo di lusso e una scuola, non lontano dalla stazione dell'alta velocità da cui ogni anno transitano milioni di passeggeri. Chissà com'era riuscita a resistere, in mezzo a una zona così appetibile per i palazzinari. Il primo piano era pieno di botteghe di ottici, al piano terra si vendevano alimentari, soprattutto pesce ma anche altri animali, morti e vivi: in Asia li chiamano *wet markets*, mercati bagnati, non per il sangue bensì per l'acqua che scorre nelle vasche e sui banconi. L'area era stata recintata, uomini della sicurezza vestiti di nero facevano la guardia. «Nessun pericolo» mi aveva detto uno di loro, da giorni ormai tutto era stato disinfestato, la merce mandata a incenerire. Gli affittuari degli stalli erano in fila davanti all'ufficio dell'amministrazione per essere risarciti, visto che Huanan sarebbe rimasto chiuso fino a data da destinarsi. Avevo cercato di avvicinarmi per intervistarli, ma un poliziotto in borghese mi si era parato davanti chiedendomi i documenti e costringendomi alla ritirata.

La seconda tappa era stata l'Ospedale della Croce rossa, poco distante dal mercato. «Questo virus non è così grave, se te lo diagnosticano subito si può curare» mi aveva detto davanti all'ingresso una ragazza. Nei giorni precedenti, il numero ufficiale dei contagiati, rimasto fermo per due settimane, aveva iniziato a impennarsi: 17, poi 136, poi 291; ormai i casi confermati avevano superato quota 500. Da quel momento le autorità avevano raccomandato a chiunque avesse qualche linea di febbre di presentarsi in ospedale. La struttura davanti a me, che come tutte in Cina aveva anche un numero, Undici, era una di quelle destinate «alla diagnosi e al trattamento dei pazienti con febbre», come spiegava la scritta rossa sull'enorme display sopra l'ingresso. All'accettazione decine di persone aspettavano in fila, tutte con la mascherina; l'attesa per essere visitati era di ore. «Molti sono già guariti» ribadì la ragazza, venuta per accompagnare uno zio. Era uno dei messaggi rassicuranti ripetuti ormai da venti giorni ai cittadini, come un disco rotto. L'altro, corretto solo poche ore prima, era che il virus non si trasmetteva da uomo a uomo.

Alcune benauguranti lanterne di carta rossa pendevano

davanti alle porte a vetri dell'ospedale, la tipica decorazione del Capodanno lunare: il sabato successivo, l'anno del maiale avrebbe lasciato posto al topo, il primo segno dello zodiaco, un ciclo che ricomincia. Davanti al pronto soccorso due medici bardati come astronauti, con tuta protettiva, copriscarpe, mascherine e occhiali, stavano impalati in attesa di qualcosa. Un paio di giorni dopo, proprio da dentro quel reparto, sarebbero filtrati sui social network video drammatici: un corridoio traboccante di malati stesi sulle barelle o seduti su delle seggioline lungo i muri, alcuni attaccati alle flebo, infermieri in tenuta anticontagio impegnati a fare lo slalom tra i corpi senza vita stesi per terra e coperti con lenzuoli bianchi. Quella sera, però, almeno lì fuori, la tragedia sanitaria verso cui stava scivolando Wuhan non aveva ancora rivelato la sua inesorabilità. Anzi. Proprio di fronte all'ospedale, in un piccolo spiazzo di cemento, un gruppo di signori si dedicava spensierato a uno dei passatempi preferiti dai cinesi, il ballo. Dopo cena aiuta anche a digerire meglio, sostiene l'antica sapienza. Le coppie volteggiavano strette sulle note di una canzone tradizionale, quasi nessuno portava la mascherina. In teoria, gli assembramenti erano già vietati. Ma una settimana prima le stesse autorità cittadine avevano tenuto un grande banchetto pubblico per 40.000 famiglie, che come sempre si erano servite da piatti comuni.

Che cosa avevo visto? Perché le persone ballavano appiccicate senza mascherina a poche decine di metri da un ospedale prossimo al collasso? Lo avrei capito davvero solo nei giorni successivi, man mano che la storia di quelle prime settimane di pandemia diventava più chiara. Ero stato in mezzo al focolaio di un nuovo virus sconosciuto e subdolo, altamente infettivo, che ormai da molti giorni si stava diffondendo in modo incontrollato. Avevo visto la reazione di cittadini a cui le autorità, illuse che il contagio potesse essere controllato, avevano offerto informazioni parziali, contrastanti o contrarie all'evidenza, sottovalutando o, peggio, ignorando rischi evidenti per proteggere l'armonia e la stabilità sociale, ciò che per il regime comunista conta più di tutto. Non ero solo io a essere disorientato: gli stessi abitanti di Wuhan non erano stati messi in condizione di capire. E come mostrava il nostro sbarco senza controlli, perfino a Pechino, cuore del potere comunista, le autorità avevano bisogno di tempo per adeguarsi alla verità. Il Dragone aveva ingannato prima di tutto se stesso.

Viviamo nell'era dell'informazione, e per chi racconta la Cina comprendere ciò che i cittadini sanno o non sanno, e come lo vengono a sapere, è una delle sfide più grandi. Dire che la Repubblica Popolare è un regime autoritario, in cui le notizie vengono a seconda dei casi controllate, manipolate o censurate, è una verità tanto evidente quanto banale, un semplice punto di partenza. Perché ovviamente i primi a conoscere i limiti dell'informazione ufficiale sono gli stessi cinesi, avendone più volte subìto le conseguenze sulla propria pelle. Tra la fine del 2002 e l'inizio del 2003 le autorità nascosero per mesi le reali proporzioni dell'epidemia di Sars, cambiando versione solo dopo che un medico dell'esercito di nome Jiang Yanyong, membro del Partito comunista, rivelò ai media internazionali cosa stava succedendo dentro gli ospedali. Quella vicenda è una cicatrice incancellabile. Così come lo scandalo del latte in polvere alterato con la melamina, che nel 2008 uccise 6 neonati e ne mandò altri 50.000 all'ospedale. Anche in quel caso tra allarmi ignorati e insabbiamenti da parte delle aziende coinvolte, con la complicità di irresponsabili funzionari locali. La lista potrebbe continuare.

L'idea comune è che molte delle informazioni importanti, quelle che possono salvare la vita, debbano essere intercettate fuori dai canali ufficiali. Gli aerei sono l'unico posto dove capita di vedere qualcuno sfogliare uno dei quotidiani di Stato, li distribuiscono gratis all'imbarco. A Pechino giusto qualche anziano si ferma a dare un'occhiata alle bacheche che per strada espongono le pagine del «Quotidiano del Popolo», principale megafono del Partito, o del «Quotidiano della gioventù di Pechino», secondo le statistiche il più diffuso della capitale. La funzione di quelle testate non è informare il popolo, bensì veicolare le parole d'ordine della leadership ai funzionari o agli addetti ai lavori. E sono pochi anche gli spettatori di *Xinwen Lianbo*, il telegiornale della televisione di Stato CCTV che dal 1978 va in onda ogni sera alle sette, condotto da due presentatori con posa da statue di cera che lanciano interminabili servizi sulle ultime riunioni di Partito. Dieci minuti di inquadrature alternate: prima i capi che parlano dietro un tavolo, poi un controcampo sui sottoposti che prendono appunti, poi di nuovo i capi. Immancabili applausi finali.

Per la verità, i cinesi sotto i cinquant'anni la TV neppure l'accendono più. Ciò che guardano, sempre e ovunque, a casa, al lavoro o sui mezzi di trasporto, spesso con il volume al massimo e senza cuffiette, è lo schermo dello smartphone. La tendenza è globale, ma in Cina ha qualcosa di estremo: il telefono (non il computer) è il mezzo attraverso cui il Dragone è entrato nell'era di Internet e si è digitalizzato. E negli ultimi dieci anni è diventato uno strumento indispensabile per quasi ogni azione della vita quotidiana, tanto che gli anziani che non lo sanno usare hanno un serio problema di esclusione sociale: con lo smartphone si legge, si guardano le serie in streaming, si investe in Borsa, si gioca ai videogame, si compra da mangiare, si paga, si chatta e, quando capita, ci si informa. In un sondaggio che l'Università del Popolo di Pechino ha condotto in dieci metropoli, il 99,8 per cento degli intervistati ha risposto che il mezzo che usano di più per avere notizie è proprio lo smartphone.

Insomma, il massimo che i cinesi concedono ai media tradizionali è scorrere una delle app che aggregano notizie varie dal web, serie e meno serie, come per esempio Jinri Toutiao («i titoli del giorno»). Ma nella dieta informativa dei cittadini del Dragone a dominare sono i social network. Due cinesi su dieci dicono di informarsi su Weibo, il clone di Twitter, addirittura quattro su dieci su Douyin, che altro non è che la versione in mandarino di TikTok. Quella che per noi è una app di minivideo di balletti e karaoke, in Cina è considerata uno dei più importanti canali di informazione. Infine, tre su quattro dichiarano di recuperare le notizie attraverso la app delle app, cioè WeChat.

Spiegare la centralità di questa applicazione, in mandarino *Weixin*, nella vita dei cinesi è un'impresa proibitiva, perché non è comparabile con nessun prodotto occidentale. È una super-app, una piattaforma all'interno della quale si può fare di tutto, compreso accedere alle altre applicazioni. E nel Paese in cui le piazze non esistono, è anche una piazza digitale, un luogo di discussione privilegiato, lo strumento attraverso cui restare in contatto con le cerchie dei propri conoscenti: il gruppo della famiglia, quello degli amici, i compagni di scuola, i colleghi di ufficio, i negozianti, le autorità locali. Se cerchi un medico, un barbiere, un elettricista, un professore, una risposta, è su WeChat che li troverai. L'app incarna il concetto di *guanxi*, le relazioni personali, un pilastro della società cinese: dimmi chi conosci e ti dirò dove puoi arrivare. E dunque è anche il posto in cui le raccomandazioni o le informazioni risultano più credibili. Ovviamente solo una parte lo è, tra un gruppo e l'altro fluttuano contenuti di ogni tipo, dai saggi più raffinati alle bufale più clamorose, accomunati solo da un aspetto, la velocità. A forza di condivisioni un messaggio può raggiungere milioni di utenti nell'arco di poche ore. Il concetto di viralità sul web cinese assume proporzioni inimmaginabili a qualunque altra latitudine.

Agli occhi della leadership comunista questo moltiplicatore di informazioni rappresenta uno dei pericoli maggiori per la stabilità sociale, quindi per il proprio potere. Un partito nato da una riunione di dodici persone in una villetta di Shanghai nel 1921, e finito neppure trent'anni dopo a governare il Paese più popoloso al mondo, non sottovaluta nessuna discussione, neppure quelle che si tengono nelle stanzette più remote del web. Ancora meno da quando ha visto le Rivoluzioni colorate, molte delle quali nate sui social, sovvertire regimi autoritari in giro per il pianeta.

La Grande Muraglia Digitale che isola l'Internet in mandarino dal resto della Rete è una protezione formidabile per evitare che idee pericolose si intrufolino dall'esterno, ma ancora insufficiente. Con Xi Jinping, come racconteremo nel dettaglio più avanti, il Partito comunista ha rafforzato il controllo su ogni aspetto della società cinese, e Internet ne è una parte fondamentale: anche il doppio digitale del Dragone deve traboccare di «energia positiva», dice il presidente, cioè oscurare contenuti violenti, pericolosi o semplicemente non conformi all'ideologia ufficiale. Per ottenere il risultato, il regime si affida sia alla censura sia alla collaborazione delle piattaforme tecnologiche, che hanno messo a punto meccanismi automatici per bloccare i messaggi a rischio. Ma in un ambiente in cui quasi un miliardo di utenti passa ore davanti allo schermo e chatta a velocità supersonica, il controllo preventivo non è sempre efficace. E quello umano arriva spesso in ritardo, quando l'informazione è già dilagata.

Proprio questo è accaduto con Sars-CoV-2: non sappiamo quando il virus sia saltato dagli animali all'uomo, potrebbe volerci molto tempo per scoprirlo, ma sappiamo abbastanza bene quando e come le notizie su una forma di polmonite simile alla Sars sono diventate virali in Cina. Negli ultimi giorni di dicembre del 2019, quasi in contemporanea, alcuni medici degli ospedali di Wuhan iniziarono a notare una serie di casi sospetti. La prima fu Zhang Jixian, cinquantaquattro anni, capo del reparto di Cure respiratorie dell'Ospedale di medicina integrata dello Hubei. Tra il 26 e il 27 dicembre la dottoressa riscontrò macchie simili nelle TAC polmonari di una coppia di anziani e del loro figlio, una singolare coincidenza. Zhang era già in corsia ai tempi della Sars, così, dopo aver raccomandato al personale di proteggersi, avvertì la direzione dell'ospedale e l'ufficio di Wuhan del Centro per il controllo delle malattie (CDC), l'organo che si occupa di gestire le epidemie. Il governo l'avrebbe poi premiata come il primo medico ad aver dato l'allarme, un'eroina nazionale: sulla base delle sue segnalazioni le autorità cittadine avviarono un'indagine e il 30 dicembre diffusero a tutte le strutture sanitarie i primi due comunicati ufficiali. Chiedevano ai medici di segnalare i casi sospetti di polmonite atipica, ma anche di evitare di condividere informazioni senza autorizzazione.

Solo che l'allarme si stava già diffondendo attraverso l'altro canale, quello non ufficiale, cioè il passaparola digitale. La stessa mattina del 30 dicembre un'altra dottoressa, Ai Fen, dell'Ospedale centrale, ricevette da un laboratorio di Pechino i risultati di un test fatto a uno dei pazienti con polmonite ricoverati in quei giorni, molti dei quali erano commercianti o clienti del vicino mercato del pesce di Huanan. La parola scritta sul responso la fece trasalire: «Sars». Era un'imprecisione, ora sappiamo che si trattava di un nuovo e diverso coronavirus, ma la sostanza del pericolo era simile, se non superiore. Intuendolo, Ai Fen non si limitò ad avvertire i vertici dell'ospedale: cerchiò con un evidenziatore rosa quelle quattro lettere, «Sars», e spedì una foto del referto, insieme alla TAC del paziente, a un collega. Il messaggio iniziò a circolare tra i medici dell'Ospedale centrale, finché non raggiunse un giovane oftalmologo trentatreenne di nome Li Wenliang. Seleziona e inoltra, anche per lui il gesto fu automatico: dal suo WeChat girò i materiali sul gruppo dei compagni della scuola di Medicina. «Sette casi di Sars confermati al mercato di Huanan. Messi in quarantena nel nostro ospedale» scrisse alle 17.43, confermando che i medici in prima linea avevano già compreso il livello di rischio. Qualcuno lo avvertì: attenzione a quello che scrivi o cancelleranno il gruppo. Un'ora dopo Li replicò, precisando che il virus era una variante diversa di coronavirus rispetto alla Sars e pregando di «non far circolare le informazioni all'esterno». Solo un consiglio: «Avvertite le vostre famiglie e i vostri cari di prendere precauzioni».

La valanga di condivisioni era iniziata. Oltre a Li Wenliang, altri sette medici di Wuhan avevano inoltrato ad amici o conoscenti le prime disposizioni ricevute dalle autorità sanitarie, in teoria riservate. Durante la notte fra il 30 e il 31 dicembre i messaggi schizzarono da un gruppo chat all'altro, illuminando gli schermi di centinaia di migliaia di telefoni. Si diffusero così veloci che alle cinque del mattino successivo un medico di Taiwan che aveva sbagliato a programmare la sveglia li intercettò su un forum di discussione. Grazie alla sua insonnia, e alla diffidenza esistenziale nei confronti della Cina comunista, il governo dell'isola sarebbe stato uno dei primi al mondo a controllare i voli in arrivo da Wuhan, bloccando sul nascere la diffusione del virus.

Il paradosso è che perfino il Centro per il controllo delle malattie di Pechino e l'Organizzazione mondiale della sanità incrociarono l'allarme così, mentre fluttuava in Rete, anziché attraverso i canali ufficiali: un particolare, questo, che Pechino preferisce omettere. Fatto sta che il 31 dicembre una squadra di ispettori del CDC partì in tutta fretta dalla capitale alla volta di Wuhan, trovando una città terrorizzata: «La prima emergenza era scattata a fine dicembre» mi raccontò Lorenzo Mastrotto, un manager italiano che vive nel capoluogo dello Hubei con la famiglia. Se la ricordava bene quell'ondata di panico, perché tutti i negozi esaurirono in un baleno le mascherine e lui dovette sudare sette camicie per procurarle ai due figli.

Nel DNA del Partito comunista c'è un imperativo categorico che guida molte delle sue azioni quotidiane, dei suoi riflessi condizionati: *weiwen*, l'abbreviazione di *weihu wending*, cioè «mantenimento della stabilità». Questa espressione si è imposta dopo Tiananmen, la più grande manifestazione di dissenso di massa che la leadership abbia dovuto fronteggiare, si è rafforzata dopo che i dirigenti hanno assistito alla disgregazione dell'Unione Sovietica e ha acquisito ulteriore centralità negli ultimi anni. *Weiwen* significa che i disordini sociali devono essere evitati a ogni costo.

Non è solo una questione di repressione, di controllo del potere, ma anche di legittimità agli occhi dei cittadini. Nella cultura cinese l'ordine è fondamentale, nulla è temibile come il caos. La visione tradizionale della storia è dominata da questi due opposti: il mandato che ogni dinastia ha ricevuto dal Cielo è durato finché i suoi imperatori sono stati in grado di mantenere l'armonia ed è tramontato quando le forze centripete e disgregatrici hanno preso il sopravvento, aprendo un'era di disordine. Solo l'arrivo di una nuova dinastia ha potuto ristabilire l'equilibrio. Sotto questo aspetto il Partito comunista non è che un altro capitolo della storia ciclica, il nome dell'ultima dinastia. Come per le precedenti, garantire l'ordine dell'«Impero al centro» – traduzione letterale di *Zhongguo*, Cina – è allo stesso tempo il suo compito e la sua fonte di autorità. Quando Xi Jinping parla di sicurezza nazionale, mettendola sullo stesso piano dello sviluppo, se non più in alto, non fa che aggiornare questo concetto di ordine, ricordando a tutti che la priorità è disinnescare i rischi sociali, economici, politici, ideologici che potrebbero turbarlo. Mantenere il controllo della narrazione, ovviamente, è uno degli strumenti fondamentali per raggiungere l'obiettivo.

Ciò che è successo a Wuhan nei fatidici giorni tra la fine di dicembre e il 20 gennaio, quelli in cui il virus ha continuato a diffondersi senza che i cittadini o il resto del mondo fossero avvertiti del pericolo, è mantenimento della stabilità nella sua forma più pura. Il riflesso condizionato del Partito-Stato e dei suoi funzionari di fronte a un episodio imprevisto che potrebbe compromettere l'armonia sociale. Il primo messaggio pubblico che le autorità sanitarie della città mandarono ai cittadini il 31 dicembre, pur denunciando 27 casi di polmonite virale, di cui 7 gravi, tentava di rassicurare: «L'investigazione» c'era scritto «non ha trovato casi evidenti di trasmissione da uomo a uomo o infezioni allo staff medico; la malattia è prevedibile e controllabile». Da quel momento una verità ufficiale era messa nero su bianco, bisognava però assicurarsi che fosse l'unica. Nelle ore successive la dottoressa Ai Fen, che aveva evidenziato e condiviso il referto con scritto «Sars», venne duramente rimproverata dai superiori per aver «diffuso pettegolezzi» e «danneggiato la stabilità». Il 3 gennaio il dottor Li Wenliang ricevette una convocazione dalla polizia, che lo ammonì per «aver fatto commenti falsi su Internet» e lo costrinse a firmare una dichiarazione in cui prometteva di non farlo mai più. Il telegiornale della sera diede la notizia di otto medici arrestati per aver diffuso dicerie: un messaggio per i loro colleghi e per tutti i cittadini.

Che le primissime indagini puntassero sul mercato del pesce di Huanan era naturale. In fondo la Sars si era rivelata in un contesto simile e molti dei primi contagiati di Wuhan, anche se non tutti, erano passati tra i suoi stalli. Anche la cautela nell'usare parole esplosive come «Sars» e «coronavirus», o nell'ipotizzare la trasmissione da uomo a uomo prima di averne indizi solidi, è comprensibile. Un falso allarme avrebbe avuto conseguenze pesanti. Il problema è che per venti lunghi giorni la Cina rimase aggrappata in tutti i modi a quella versione ufficiale, anche quando tra il personale ospedaliero diventò palese che la trasmissione tra esseri umani avveniva, dato che decine di medici e infermieri si erano ammalati. Fang Fang, la famosa scrittrice di Wuhan che racconterà la quarantena della città in un diario online letto da milioni di cittadini – un documento eccezionale di quei giorni e un atto d'accusa verso l'irresponsabilità delle autorità –, riporta diverse amare riflessioni di amici in camice banco: «Tutti i medici sapevano che il virus si trasmetteva tra esseri umani,» le disse una dottoressa «l'abbiamo anche riferito».

Bastava ascoltarli. Solo che il controllo delle informazioni e del potere, prima ancora che nei confronti dei cittadini, per il Partito-Stato è un esercizio interno alla sua stessa burocrazia. Bisogna conoscere la complessità di questo Leviatano comunista, le stringenti e ottuse gerarchie, l'organizzazione a compartimenti stagni, il formalismo fine a se stesso, la difficoltà di comunicazione tra centro e periferie, per comprendere perché questa struttura spesso non sia in grado di capire, né incentivi chi sta in basso a contestare una versione ufficiale una volta che viene formulata. La Commissione sanitaria di Wuhan, l'istituzione che aveva un contatto diretto con gli ospedali della città, è un esempio lampante. In teoria è una parte dell'amministrazione cittadina, ma allo stesso tempo risponde alla Commissione sanitaria della provincia dello Hubei. Questa, a sua volta, dovrebbe riferire alla Commissione nazionale, ma l'autorità a essa più vicina è quella del segretario provinciale del Partito, figura potentissima.

In fondo anche questo è un problema antico, quello dell'imperatore che, chiuso nel suo palazzo, cerca di controllare le sconfinate periferie del regno. Oggi il palazzo si è spostato qualche decina di metri più a ovest rispetto alla Città Proibita, nel blindatissimo complesso comunista di Zhongnanhai. Ma le direttive fissate dal vertice sono altrettanto imperative e incoraggiano nei funzionari un'adesione pedissequa. La stabilità, ovviamente, è al primo posto.

Ora sappiamo molto di quanto accadde in quei giorni nel capoluogo dello Hubei. E ciò che emerge sono proprio le disfunzioni cognitive e operative della macchina di potere comunista. Gli emissari della Commissione sanitaria di Pechino inviati a Wuhan confermarono più volte la valutazione dei tecnici provinciali, secondo i quali la malattia non si trasmetteva da uomo a uomo ed era contenibile. Sulla base di questa convinzione vennero fissate linee guida troppo poco stringenti, per cui solo chi aveva avuto contatti con il mercato di Huanan ed era risultato positivo al test diventava un caso «confermato». Peccato però che la possibilità di testare i casi sospetti fosse ridotta al minimo: i tamponi scarseggiavano e dovevano per forza essere validati dai laboratori ufficiali a Pechino. A tutti gli altri centri di analisi, compreso quello di Shanghai che per primo aveva isolato il DNA del patogeno, fu ordinato di distruggere ogni campione. Dopo la Sars la Cina si era dotata di un sistema di allerta precoce, un database nazionale in cui i medici avrebbero immediatamente dovuto inserire i casi sospetti. Ma quelli che ci provarono si sentirono rispondere che bisognava aspettare l'autorizzazione delle autorità provinciali, proprio la trafila che il sistema avrebbe dovuto bypassare. I criteri costruiti sulla base dell'indagine iniziale diventarono un paraocchi che per giorni impedì di prendere le precauzioni necessarie.

Nel frattempo la ricerca scientifica sul virus proseguiva, anche a ritmo spedito. Il 9 gennaio i tecnici confermarono che il nuovo patogeno era un coronavirus, il 12 la sua sequenza genetica fu condivisa con il resto del mondo. Ma nonostante il pragmatico comandamento del Partito – «cercare la verità nei fatti» –, per giorni la politica fu impermeabile alle evidenze scientifiche. Prendersi la responsabilità di modificare la versione ufficiale non conveniva a nessuno, a cominciare dalle autorità dello Hubei. A Wuhan, infatti, in quei giorni si tenevano le Due Sessioni, il più importante appuntamento politico a livello provinciale, un momento di celebrazione che non può essere guastato con le cattive notizie. A livello nazionale tutti gli occhi erano puntati sulla firma del trattato commerciale con gli Stati Uniti e su un viaggio del segretario Xi Jinping in Myanmar e Yunnan. Così per due settimane, dal 3 al 17 gennaio, le autorità smisero di comunicare i numeri sull'evoluzione del contagio, che rimasero fermi a 41 casi accertati. La morte del primo paziente, avvenuta il 9, venne annunciata due giorni dopo, ponendo l'accento sul fatto che la vittima soffriva di patologie precedenti e non sul fatto che non aveva mai visitato il mercato. Un secondo team di esperti mandato da Pechino ribadì che la situazione era «controllabile» e le persone iniziarono a crederci, tornando a dedicarsi ai preparativi per il Capodanno, a tenere le immancabili cene con i colleghi, a vedere amici e parenti, a ballare in piazza, a prendere treni e aerei per la Cina e per il mondo.

La difficoltà del regime cinese nel raccogliere e processare le informazioni è evidente in molti campi. Uno dei più clamorosi è rappresentato dalle statistiche economiche. La somma dei dati di crescita dichiarati dalle province è spesso più alta del totale nazionale, e non di poco, visto che i leader locali fanno di tutto per gonfiarli, sapendo che da quello può dipendere la loro promozione. Il più tragico prodotto di questo meccanismo è stata la Grande carestia, tra il 1959 e il 1961: zelanti funzionari avevano dichiarato raccolti spropositati pur di impressionare Mao, cosa che rafforzò nel Grande Timoniere la convinzione di convertire quanti più uomini possibile alla produzione dell'acciaio. Finì con milioni di morti tra gli stenti. Allo stesso modo i funzionari cercano di sgonfiare gli episodi di disordine sociale, i cosiddetti «incidenti di massa», prima che finiscano fuori controllo, perché in quel caso penalizzerebbero la loro pagella politica. L'accentramento del potere da parte di Xi Jinping deriva da un'esigenza di controllo sulle province vicine e lontane del Paese, ma disincentiva ulteriormente la politica locale dal portare brutte notizie al centro. C'è un antico detto in Cina, sempre molto valido nel descrivere l'attitudine dei funzionari: «Le montagne sono alte e l'imperatore è lontano». Significa che le piccole o grandi malefatte distanti dalla capitale possono passare inosservate se gestite nel modo giusto. Anche perché la censura di ogni voce non allineata priva lo stesso regime di dati utili per capire cosa stia davvero succedendo sul campo.

È difficile dire quanto a lungo questa suggestione collettiva sulla controllabilità del virus avrebbe retto alle evidenze. Di certo, a farla crollare contribuì un fattore esterno che tolse a Pechino il monopolio delle informazioni, cioè i primi viaggiatori provenienti da Wuhan risultati positivi fuori dalla Cina, in Thailandia e poi in Giappone, a partire dal 13 gennaio. In quel momento il bollettino ufficiale dei contagi era ancora fermo a quota 41, ma incrociando i due casi all'estero con l'analisi dei flussi aerei gli esperti dell'Imperial College di Londra calcolarono che il virus a Wuhan doveva già aver infettato migliaia di persone. Il 14 gennaio, in una riunione riservata con tutte le province, la Commissione sanitaria nazionale aveva raccomandato di prepararsi a un «evento sanitario maggiore». Anche a sud, nel Guangdong, erano spuntati due positivi, sebbene non ancora confermati dalle controanalisi di Pechino. Il 17 gennaio a Wuhan si chiusero finalmente le riunioni politiche e all'improvviso il conto dei casi riprese a muoversi, impennandosi. Le autorità avevano finalmente riconosciuto la presenza di trasmissione umana, ma definivano il rischio ancora «basso».

Per poter dire la nuova verità, quella vera, c'era bisogno di una voce esterna alle logiche del sistema, ma anche abbastanza autorevole per smentirlo. Per questo la Commissione sanitaria nazionale chiamò l'ottantatreenne Zhong Nanshan e lo mise a capo di una nuova missione di indagine. Zhong è il maggiore esperto cinese di malattie respiratorie, un eroe della battaglia del 2003 contro la Sars, universalmente stimato dai cittadini. La sua foto sul treno ad alta velocità lanciato verso Wuhan, la mattina del 18 gennaio, è un'immagine potente. Già prima di arrivare il medico aveva raccolto informazioni sufficienti a capire la gravità della situazione e una volta sul posto gli bastò mezza giornata per confermarle parlando con i medici locali.

Si trattava solo di piegare la politica: una sua biografia pubblicata alla fine del 2020 in Cina racconta un drammatico incontro nella sala conferenze di un hotel, durante il quale la squadra di esperti capitanata dal dottore mise spalle al muro i leader provinciali, segretario del Partito incluso: «Oggi è la vostra ultima occasione per dire la verità». Fu lo stesso Zhong Nanshan ad annunciare ai cinesi come stavano le cose il 20 gennaio, al telegiornale della sera, per la prima volta in modo esplicito: il virus si trasmetteva da uomo a uomo. Il primo servizio era quello che riportava le direttive del presidente Xi Jinping: contenere con risolutezza la diffusione del virus diventava l'assoluta priorità della nazione.

Eppure quei venticinque giorni di rassicurazioni erano rimasti nella mente delle persone. Il 22 gennaio, quando incontrai Lorenzo Mastrotto in una caffetteria di Wuhan, il manager italiano mi raccontò che quell'improvviso cambio di messaggio aveva stupito lui e la sua famiglia. Non credeva alle voci secondo cui avrebbero chiuso la città, anzi aveva prenotato dei biglietti per una breve vacanza e contava ancora di partire subito dopo il Capodanno lunare. Ma chi poteva credere al lockdown? In Cina una buona regola è guardare ciò che fanno le autorità, e la settimana precedente il sindaco Zhou Xianwang aveva tenuto un grande banchetto pubblico per il Capodanno lunare con 40.000 famiglie. In seguito Zhou proverà a discolparsi dicendo che si era fidato della versione degli esperti secondo cui la trasmissione da uomo a uomo era limitata. Ma la sua irresponsabilità è solo il dito, la luna sono le disfunzioni del sistema cinese.

Sulla base di questi errori, delle evidenze ignorate, omesse o nascoste, molti imputano alla Cina una responsabilità nella diffusione globale del virus. È un'accusa complessa, che andrebbe affrontata al di fuori degli schieramenti ideologici, provando a tenere insieme fatti e competenze diverse. L'analisi di quanto è successo a inizio gennaio tra Wuhan e Pechino ha raggiunto un livello di dettaglio impressionante, grazie al fondamentale lavoro di tanti giornalisti, anche cinesi. Usando uno zoom così potente i ritardi del Dragone assumono proporzioni enormi. Eppure c'è anche un altro modo per osservare quei giorni, tenendo un campo largo: in meno di un mese dal primo allarme il regime è riuscito a riconoscere un nuovo virus sconosciuto e dai sintomi comuni, a isolare e condividere il suo profilo genetico e a mettere sessanta milioni di persone, più della popolazione italiana, in lockdown. Una reazione rapida, specie se confrontata al precedente della Sars.

Su questo aspetto insiste la propaganda cinese, omettendo tutto il resto. Ma la relativa velocità della risposta è riconosciuta anche da numerosi scienziati internazionali. Ragionando con il senno di poi è evidente che sarebbe stato necessario isolare Wuhan prima del grande esodo del Capodanno lunare. Ma con le informazioni che la Cina aveva a disposizione, anche ascoltando i suoi esperti, quando sarebbe stato il «prima possibile» per una decisione del genere? E che effetti avrebbe avuto un lockdown più rapido? Alcuni studi mostrano che avrebbe rallentato la diffusione del virus, anche in maniera significativa, ma molto difficilmente avrebbe scongiurato la pandemia: è probabile che Sars-CoV-2 circolasse già da qualche tempo ed è possibile che, nel nostro mondo globalizzato, avesse anche già raggiunto l'Europa e l'Italia. Non siamo stati molto più lenti della Cina ad accorgercene? E, anche dopo essere stati avvertiti, non ci siamo illusi per settimane che l'emergenza non ci riguardasse?

Sono questioni che restano aperte e che dovrebbero essere analizzate a mente fredda. Non per assolvere o condannare la Cina – del resto non ci sarebbe neppure un foro adeguato per farlo –, ma per capire cosa abbiamo (tutti) sbagliato e come proteggerci meglio (tutti) dal prossimo virus, che senza dubbio arriverà. Una cosa però quei fatidici giorni di Wuhan la mostrano, cioè come l'ossessione del regime cinese per la stabilità e le storture della sua macchina di governo finiscano inesorabilmente per distorcere le informazioni e provocare decisioni sbagliate, errori che sono prima di tutto i cittadini del Dragone a pagare. Sono, come scrive Fang Fang nei *Diari da una città chiusa*, «comportamenti abituali, radicati nel tempo, divulgare le buone notizie e nascondere le cattive, proibire alle persone di dire la verità, impedire al popolo di comprendere la realtà degli eventi ed esprimere disprezzo per la vita umana». E sono ancora più evidenti nella Cina di Xi Jinping.

Ecco cosa avevo visto quel 22 gennaio a Wuhan, quando le persone ballavano in strada davanti all'Ospedale numero Undici. A un certo punto, racconta Fang Fang, le autorità avevano dato un messaggio «del tutto in contrasto con quello che ci avevano detto fino a quel momento». Nei giorni precedenti tanti cittadini e tanti medici si erano contagiati, nel giro di ore l'intero sistema sanitario della città, come in tutto il Paese senza un numero sufficiente di posti letto in terapia intensiva, sarebbe collassato, lasciando le persone malate a vagare nel freddo da un pronto soccorso all'altro, alla disperata ricerca di un posto in ospedali strapieni, o a morire a casa senza ricevere alcuna cura. Ma chi in quel momento aveva la fortuna di stare bene non sapeva più a cosa credere.

II

La guerra del popolo

Il 26 aprile 1986, durante un test sulla sicurezza, il reattore numero 4 della centrale nucleare di Černobyl' esplose. I tecnici avevano commesso una serie di errori di procedura, ma le cause più profonde dell'incidente che uccise decine di persone e sparse materiale radioattivo in mezza Europa avevano a che fare con le disfunzioni interne all'Unione Sovietica. Subordinazione della scienza alla politica, cieca adesione alle direttive dei leader, deresponsabilizzazione dei funzionari: tutti elementi che avevano portato a ignorare gli allarmi sui difetti di progettazione dei reattori e poi a nascondere per ore la gravità dell'accaduto. Ciò che la tragedia della centrale ucraina rivelò ai cittadini sovietici e al mondo fu l'irreparabile fragilità del regime comunista, la stessa fragilità che pochi anni dopo lo avrebbe portato al collasso.

Poco prima che la pandemia sconvolgesse le nostre vite il network americano HBO aveva trasmesso una miniserie dedicata al disastro nucleare, *Černobyl'*. Sottotitolo eloquente: *Qual è il costo delle bugie?* Era stata un grande successo e molti commentatori ce l'avevano ancora negli occhi quando, all'inizio del 2020, dopo che Sars-CoV-2 si era ormai diffuso in tutto il pianeta, ipotizzarono che il contagio potesse essere il «momento Černobyl'» del Partito comunista cinese. I silenzi e gli insabbiamenti, scrivevano, avevano mostrato a tutti quanto il regime fosse inaffidabile. Soprattutto, i morti di Wuhan avevano rivelato ai cittadini che i leader non governavano al servizio del popolo, come da immortale insegnamento di Mao, bensì secondo logiche autoreferenziali. In fondo nulla era cambiato dai tempi della Sars. Qualcuno, anche nel governo americano, ipotizzò che il virus potesse essere l'inizio di un collasso, dello stesso sbriciolamento visto in Unione Sovietica.

Per un momento, in quei giorni convulsi, sembrò davvero che qualcosa nel rapporto tra i cinesi e il Partito si fosse rotto. Accadde la sera del 7 febbraio, quando si diffuse la notizia prima smentita e poi confermata che Li Wenliang, l'oftalmologo che aveva provato a mettere in guardia i suoi amici sui rischi del virus ma era stato messo a tacere, era morto di Covid-19. Dopo aver firmato la sua lettera di autocritica, Li era tornato a lavorare e come tanti altri medici in prima linea era stato infettato da un paziente. All'annuncio del decesso i «Momenti» di WeChat, la versione cinese delle nostre bacheche Facebook, si riempirono in un attimo di migliaia di messaggi di cordoglio e rabbia.

Da quando ero in Cina non avevo mai visto un'espressione così forte e unanime di frustrazione, di quello che dalle nostre parti chiameremmo dissenso. «Chi sparge false notizie deve essere punito secondo la legge» scriveva qualcuno, rovesciando sulle autorità l'accusa che era stata rivolta al dottore. «Sei un eroe. Solo tu ti sei preso cura del popolo» diceva un altro. In quel momento Wuhan era in lockdown già da due settimane, ma il numero di casi e di morti continuava a salire, le vittime erano 545. Il virus si era ormai rivelato in quasi tutte le province e in decine di altri Paesi, compresa l'Italia, dove due turisti cinesi erano risultati positivi. Le conseguenze dei silenzi stavano diventando evidenti, così come il fatto che il personale sanitario era stato lasciato per giorni in balia del contagio. Li Wenliang era il simbolo di entrambe le cose, un martire che aveva pagato il prezzo della verità. Il suo profilo Weibo fu invaso da emoticon di candele, una veglia funebre digitale.

Quella sera scorrevo incredulo i post dei miei contatti WeChat, persone che non avevo mai sentito parlare di politica: «Ciò che hai seminato diventerà una fiamma che brucerà il sistema maligno». Come spesso succede in Cina le critiche restavano generiche, nessuno osava puntare il dito contro il grande capo. Del resto, anche se qualcuno avesse voluto rischiare, messaggi del genere non avrebbero passato i filtri automatici della censura. Eppure la posizione del Partito e di Xi Jinping sembravano davvero fragili di fronte a un'ondata di sdegno così potente. Dall'inizio della crisi il «leader del popolo», uno degli appellativi di stile maoista che la propaganda ha cucito addosso a Xi, non si era mai fatto vedere di persona. Nel momento più difficile aveva lasciato sotto i riflettori il numero due, il premier Li Keqiang, segno che il segretario generale voleva mettersi al riparo da eventuali fallimenti.

Ma è proprio in quel passaggio che la leadership comunista ha trovato le risorse per riprendere il controllo della situazione. Lo stava già facendo. Il giorno precedente alla morte del dottore, Xi aveva proclamato una «guerra del popolo» contro il virus. L'espressione viene direttamente dal dizionario rivoluzionario di Mao Zedong ed evoca una mobilitazione collettiva contro il nemico. Le grandi manovre erano cominciate: a Wuhan, in appena dieci giorni, era stato costruito un ospedale temporaneo per i pazienti di Covid-19, Huoshenshan, proprio come a Pechino ai tempi della Sars; medici e infermieri da tutte le province erano stati mandati nello Hubei a dare manforte ai colleghi locali; oltre metà del Paese era stata messa in una qualche forma di lockdown, duro o leggero a seconda della diffusione del contagio. Le vacanze del Capodanno lunare erano state allungate d'ufficio, chiedendo a tutti di non muoversi.

Il 10 febbraio Xi Jinping si fece finalmente rivedere in pubblico e per la sua prima uscita scelse una comunità residenziale di Pechino come tante. Portava la mascherina e prestò la fronte alla misurazione della temperatura in favore di fotografi. Era la messa in scena di quello che si chiedeva ai cittadini: ognuno avrebbe dovuto fare la propria parte, giorno per giorno, quartiere per quartiere, senza eccezioni. Ma il più clamoroso, perfino spregiudicato rovesciamento della debolezza in forza arrivò subito dopo: «Qiushi», la più importante rivista teorica del socialismo con caratteristiche cinesi, pubblicò un discorso tenuto da Xi al resto della leadership qualche giorno prima, in cui il presidente diceva di aver dato disposizioni sulla polmonite di Wuhan già il 7 gennaio. Agli occhi di molti in Occidente quell'articolo apparve un clamoroso autogol: il leader sapeva dall'inizio, eppure per giorni la Cina non aveva fatto nulla. Nella sintassi del potere cinese, invece, quelle parole avevano un significato opposto. Servivano ad attribuire gli errori ai funzionari locali, che non avevano eseguito gli ordini del segretario generale. A dimostrare la tesi, il capo del Partito di Wuhan e quello dello Hubei erano già stati rimossi dall'incarico.

Era la cosa più vicina a una possibile ammissione di colpa per il regime, ma allo stesso tempo segnalava che il centro aveva preso il controllo della situazione. La guerra del popolo era iniziata, il comandante era al suo posto, il messaggio politico finalmente allineato alla realtà dei fatti e reso chiaro a tutta la gerarchia: per preservare la stabilità ogni sforzo doveva andare al contenimento del virus, e chiunque avesse nascosto delle informazioni sarebbe stato «inchiodato per l'eternità alla colonna dell'infamia». Nell'arco di poche settimane il presunto momento Černobyl' si sarebbe trasformato nel suo opposto, una clamorosa prova di forza della Cina e del Partito comunista.

Il termine «guerra» non va preso in senso letterale – nessuno ha sparato un colpo – ma neppure liquidato come semplice retorica. Semmai, va aggiornato. La vittoriosa guerra del popolo di Mao, scatenata tra gli anni Trenta e Quaranta contro i nazionalisti, era la strategia mobile di una forza rivoluzionaria: guerriglia e sabotaggi. La guerra di Xi Jinping contro il virus è invece l'opposto: la battaglia di un potere costituito contro un invasore subdolo penetrato nel suo territorio.

Le trincee costruite per bloccarne l'avanzata si sono materializzate davanti ai miei occhi una mattina di febbraio. Dopo essere fuggito da Wuhan all'alba del lockdown mi ero messo in quarantena dentro casa a Pechino per due settimane, nonostante le norme non lo prevedessero. Terminato l'isolamento, ero uscito per andare a passeggiare in un parco all'interno di un complesso residenziale del quartiere, ma avevo trovato due dei quattro accessi chiusi con fioriere e reti ammassate in tutta fretta. Solo il cancello est e quello ovest restavano aperti, ma un paio di guardiani in tenuta nera e cappello di pelo fermavano tutte le persone che volevano entrare, prendendo la temperatura e registrando nome, documento e numero di telefono su dei fogli di carta. Il lockdown era arrivato anche a Pechino, le autorità avevano proclamato la cosiddetta «gestione chiusa» delle unità abitative.

In quelle ore lo stesso sistema di controllo, fatto di checkpoint e vigilanti con termometro a forma di pistola, era scattato al cancello di ogni palazzo di ogni città cinese toccata dal virus. E pure all'ingresso di ogni villaggio rurale. A Wuhan le limitazioni erano durissime, le persone dovevano restare dentro casa. In altre città poteva uscire solo un membro della famiglia per fare la spesa, una volta ogni due o tre giorni. A Pechino e nei luoghi meno colpiti c'era ancora libertà di movimento. Ma di fatto era l'intera Cina a essere stata messa sotto osservazione: circa 750 milioni di cittadini sarebbero stati sottoposti per settimane a qualche tipo di limitazione o tracciamento degli spostamenti con l'obiettivo di ridurre i contatti e isolare il prima possibile i casi sospetti.

Questo dispositivo di sorveglianza sanitaria su scala nazionale è lo strumento principale con cui il Dragone ha contenuto l'epidemia, l'arma totale della nuova guerra del popolo. Ora che da forza rivoluzionaria è diventato Stato, il Partito comunista cinese sa bene che il controllo del territorio e dei cittadini è decisivo per mantenere il potere. E si dà il caso che un virus, per essere bloccato, richieda proprio un governo rigoroso della popolazione. Sars-CoV-2 ha trasformato la vocazione di un regime autoritario in un'esigenza, dandogli l'occasione di sfoderare gli attrezzi del mestiere.

Il primo, il più basilare, è la configurazione stessa del territorio. Nelle città cinesi quasi tutti gli abitanti vivono all'interno di spazi chiusi, aree residenziali delimitate da un recinto esterno e cancelli che in caso di necessità possono essere sbarrati e presidiati. Attraversando Pechino è evidente come la capitale, con i suoi edifici cintati separati da grandi stradoni, sia progettata avendo in mente l'esigenza di un coprifuoco militare, dovesse mai verificarsi una seconda Tiananmen. Ma anche i villaggi di campagna sono spesso agglomerati compatti, con un paio di strade in tutto che entrano ed escono dall'abitato. A questa organizzazione modulare dello spazio si sovrappone una struttura amministrativa: si chiama gestione sociale «a griglia», *wangge hua*, un sistema che il Dragone ha progressivamente sperimentato a partire dal 2004 e poi esteso all'intero Paese dal 2011, dopo un periodo di disordini interni di cui parleremo più avanti, frazionando il territorio in circa 650.000 unità di base, urbane o rurali.

Tutta la popolazione cinese era quindi già incasellata, si trattava di presidiare al meglio i quadranti. Nessun problema: grazie alla sua struttura capillare e alla disponibilità di forza lavoro, il Partito ha un'enorme capacità di mobilitare tanti uomini in poco tempo, iscritti, militari, semplici volontari. Subito dopo la sua prima uscita pubblica, la visita alla comunità di quartiere di Pechino, Xi Jinping tenne quella che qualcuno ha definito la più grande conference call della storia: una riunione in video con 170.000 tra funzionari di Partito e ufficiali dell'esercito. L'assemblea andava ben oltre le prime linee della gerarchia; tra le persone chiamate ad ascoltare le parole del leader c'erano i responsabili di contee o singoli distretti metropolitani, amministratori che normalmente non hanno l'onore di arrivare al cospetto del segretario generale, sia pure in video. Ma stavolta era necessario che le direttive raggiungessero nel modo più diretto possibile tutti gli angoli dell'impero. Era ai livelli più bassi della macchina del Partito-Stato che le barricate contro il virus dovevano essere alzate.

Per l'occasione il comitato di quartiere, entità di cui per anni i cittadini avevano a malapena sentito parlare, fu rispolverato e riadattato allo scopo, con l'incarico di individuare le persone che tornavano dalle zone a rischio e di segnalarle alla polizia. Alle scuole fu imposto di compilare un formulario sulla circolazione degli studenti e delle loro famiglie. Alle società che hanno in gestione i complessi residenziali fu chiesto di predisporre il personale per la sorveglianza degli abitanti ma anche di informarli e assisterli, restando in contatto con loro e con i leader locali attraverso gli immancabili gruppi WeChat. La sistematica penetrazione del Partito comunista all'interno della società cinese promossa da Xi, fin dentro alle organizzazioni di vicinato, si rivelò una risorsa formidabile.

L'efficacia della mobilitazione si vede nella quantità di soldati semplici schierati sul campo in pochi giorni, i cosiddetti «lavoratori della griglia». Erano 170.000, una città italiana di medie dimensioni, solo nello Hubei, la provincia del primo focolaio; 330.000, cioè uno ogni 180 abitanti, nello Zhejiang, area costiera molto colpita dal virus. Ecco come uno di loro descriveva i compiti, nel racconto di un quotidiano di regime: «I residenti devono misurarsi la temperatura corporea, bisogna registrare i veicoli che entrano ed escono ma anche occuparsi di questioni più banali, aiutare chi ha problemi a fare la spesa o chi ha il bagno intasato». Le persone bloccate in casa in quei giorni si rifornivano di cibo e medicine ordinandoli sui gruppi chat, poi erano i responsabili a fare in modo che fossero recapitati davanti alla porta. Un'altra testimonianza: «Dobbiamo persuadere le famiglie a cancellare i banchetti e ricordare ai residenti di monitorare la salute». Notare la doppia dimensione: da una parte assistenza, dall'altra controllo. È una duplicità che caratterizza tantissime politiche sociali del regime, anche fuori dalle situazioni di emergenza.

Eccessi e violenze non sono mancati, come in ogni classica campagna di stampo maoista. La componente ideologica era evidente, per esempio nei grandi striscioni rossi con le direttive appesi lungo le strade, più o meno fantasiosi; uno visto a Pechino recitava così: «State a casa! State a casa! Dovete stare a casa!». La deriva è nota: quando una missione viene fissata in modo così netto dal vertice, i funzionari locali fanno a gara per mostrarsi zelanti e guadagnare crediti. Così, durante le settimane di quarantena, dai quattro angoli del Paese sono arrivati racconti di vigilantismo e delazione, a opera di quelle che sui social vennero ribattezzate le «Guardie rosse», riferimento ai fanatici seguaci di Mao durante la Rivoluzione culturale. Si sono visti villaggi barricare le strade di accesso e lasciar entrare solo chi parlava il dialetto locale, un uomo legato a un pilastro di cemento per essere uscito di casa, la porta di un caso sospetto inchiodata dall'esterno. Il timore di essere puniti in caso di negligenza ha portato in molti casi a un'applicazione delle regole così rigorosa da diventare ottusa. I cittadini dello Hubei rimasti bloccati fuori dalla loro provincia in lockdown sono stati rifiutati dagli alberghi e cacciati dai ristoranti, un camionista ha dovuto dormire per settimane a lato della strada. Molti hanno in mente le immagini delle persone di Wuhan trascinate fuori casa con la forza per essere portate in isolamento. All'occorrenza il regime fa rispettare la legge con la costrizione e non ha certo cambiato abitudini durante la pandemia. Eppure sarebbe un errore pensare che i cinesi abbiano seguito le disposizioni perché obbligati con la forza o la minaccia. Almeno, non è questa la percezione della maggior parte di loro. Un bel grado di paura per la «nuova Sars», questo sì, ma anche senso del sacrificio personale di fronte al bene collettivo, un principio cardine dell'etica confuciana. Spesso un misto di tutte queste cose.

Mentre il popolo restava chiuso in casa, cantando dai balconi per farsi coraggio, il governo ha fatto la sua parte, proiettando un'immagine di decisione ed efficienza. A Wuhan i commissari inviati da Pechino, versione contemporanea degli emissari imperiali, sono riusciti con fatica a rimettere in piedi il sistema sanitario. Centri congressi, palazzetti dello sport e altre grandi strutture sono stati trasformati in spazi di quarantena per isolare non solo i casi asintomatici ma anche tutti i loro contatti, un principio che il resto del mondo ha fatto molta fatica a comprendere. Nel frattempo il sistema produttivo veniva adattato alle esigenze di un'economia di guerra. Ecco altri due strumenti potenti che il regime possiede e che ha ulteriormente rafforzato negli ultimi tempi: il controllo diretto sulle gigantesche aziende di Stato, una fetta importante e strategica dell'apparato produttivo, e quello indiretto sulle aziende private, attraverso le cellule del Partito piantate al loro interno. Proprio grazie a questi strumenti la leadership è riuscita a orchestrare una serie di operazioni decisive. La prima: allungare la pausa del Capodanno, costringendo i lavoratori a restare a casa ma obbligando le aziende a pagare almeno una parte degli stipendi e le banche (di Stato) a sospendere le rate dei prestiti. La seconda: convertire una serie di catene di montaggio a produzioni sanitarie come mascherine e respiratori per soddisfare i bisogni della Cina e poi quelli del mondo. La terza, una volta contenuto il virus: gestire una riaccensione, controllata ma rapida, del sistema economico, affidando alle aziende ulteriori compiti di monitoraggio sanitario sui dipendenti e le loro famiglie. All'inizio della primavera, mentre l'Europa chiudeva travolta dal contagio, la Cina aveva già riaperto. Nei mesi successivi, allorché un piccolo focolaio ha minacciato di riaccendere la trasmissione, Pechino ha applicato la stessa «modalità di guerra», isolando le aree colpite e facendo tamponi a milioni di persone in pochi giorni: uno spiegamento di forze osservato con stupore in Occidente.

Sono misure che rispondono a principi epidemiologici universali: distanziare, isolare i positivi, tracciare, testare. Mentre criticava Pechino per i suoi silenzi e i suoi errori, il mondo avrebbe dovuto prestare più attenzione a quei principi. Copiarli, però, sarebbe stato difficile, se non impossibile, perché solo la Cina poteva metterli in atto con tanta decisione e su una scala del genere. «Il Partito e il suo leader controllano le leve del potere in un modo che non può essere replicato dai sistemi democratici» ha scritto il giornalista e analista Richard McGregor in un report intitolato *China's Deep State*, lo Stato profondo della Cina. Di fatto, è come se di fronte a qualsiasi tipo di emergenza le autorità disponessero di poteri di guerra. Attenzione, però: dire che il regime possedeva le leve ideali per affrontare una pandemia non significa sminuirne i meriti. Quelle leve infatti andavano azionate nel modo corretto ed è quello che Xi e il Partito sono riusciti a fare nel momento più difficile, agendo sulla base di principi scientifici e orientando l'intera macchina del potere nella giusta direzione. Lo stesso sistema che per le sue disfunzioni cognitive non era riuscito a capire cosa stava succedendo a Wuhan è stato molto efficace quando si è trattato di eseguire una direttiva univoca arrivata dall'alto. Ma sia prima che dopo la priorità è sempre rimasta la stessa: salvaguardare ordine, stabilità e sicurezza. Sono le stesse caratteristiche del regime a spiegare gli errori dei primi giorni e il successo dei mesi seguenti, due facce di una stessa medaglia.

Tra questi punti di forza non ho citato la tecnologia. Ma la mia tesi è che le soluzioni hi-tech abbiano giocato un ruolo secondario nella risposta del Dragone all'epidemia. Potrebbe sembrare stupefacente, visto che uno dei temi più dibattuti quando si parla di Cina è il sistema di tecnosorveglianza di cui il regime vorrebbe dotarsi, un Grande Fratello fatto di telecamere a riconoscimento facciale, dati personali raccolti in quantità industriale e algoritmi intelligenti in grado di individuare le minacce ancora prima che si materializzino. Non c'è dubbio che la leadership aspiri davvero a creare un sistema del genere: automatizzare il «mantenimento della stabilità» è un obiettivo dichiarato. Gli investimenti in tecnologie di sorveglianza sono enormi, la densità di occhi elettronici nelle metropoli cinesi è la più alta al mondo, le aziende che si occupano di riconoscimento facciale e vocale sono tra le più avanzate. Molti hanno scritto che la pandemia ha dato al regime l'occasione di accendere questo distopico sistema, per non spegnerlo più. Eppure proprio l'esperienza di questi mesi suggerisce che per il momento ancora di un'aspirazione si tratta e non è detto che la Cina riesca a trasformarla in realtà. La gestione iniziale dell'emergenza porta perfino a farsi una domanda provocatoria: dov'era questo Grande Fratello, quando paradossalmente sarebbe servito?

Il fatto è che possedere strumenti all'avanguardia non basta se il sistema non è predisposto a integrarli e sfruttarli a pieno facendo circolare le informazioni al proprio interno. All'inizio dell'emergenza Xi Jinping ha chiesto a scienza e tecnologia di dare un «forte supporto» alla battaglia contro il virus. Società di Stato e aziende private si sono affrettate a rispondere alla chiamata, consapevoli che in queste circostanze si accumulano preziosi crediti politici. Il governo ha elencato addirittura duemila soluzioni hi-tech usate per contenere la diffusione del contagio, dalle telecamere a infrarossi installate nella metropolitana di Pechino ai robottini usati per sterilizzare gli ospedali, alle varie applicazioni di tracciamento della popolazione. Molti di questi strumenti però hanno avuto un'applicazione sperimentale e localizzata. E anche quelli introdotti su scala nazionale non sembrano aver dato un contributo decisivo per il monitoraggio dei cittadini.

Sembra paradossale, visto che la Cina è stata tra i primi Paesi al mondo a predisporre e rendere di fatto obbligatorie le famose app sanitarie. I codici QR colorati sono entrati nella vita quotidiana di chi vive nella Repubblica Popolare e tutto lascia pensare che ci resteranno a lungo. Sono necessari per salire sui treni ma anche per entrare in un ristorante, un negozio, un ufficio o un'area residenziale diversa da quella in cui si vive. Le applicazioni chiedono di fare il login con i propri dati, documento e numero di cellulare, quindi assegnano a ogni persona un codice colorato: chi è «verde» può circolare liberamente, chi è «giallo» ha delle restrizioni, chi è «rosso» deve sottoporsi a isolamento. Ogni volta che si entra in un luogo pubblico si può, o in molti casi si deve, scansionare il codice QR, registrando così il proprio passaggio. In teoria, tutto lineare: uno strumento formidabile per risolvere uno dei punti deboli del sistema «a griglia», cioè le decine di milioni di persone che si spostano da un quadrante all'altro del territorio. In pratica, tutto molto confuso.

Per prima cosa non esiste solo una app, valida in tutta la Cina, ma tantissime applicazioni diverse. La prima è stata sviluppata da Alibaba, che ha sfruttato i 900 milioni di utenti del suo portafoglio digitale Alipay e la familiarità nel trattare dati personali. Poi però il governo ha creato la sua, così come ogni provincia e parecchie contee o città all'interno delle province: decine di applicazioni con un livello di interazione nullo. Nel gennaio del 2021, cioè un anno dopo l'inizio dell'epidemia, alla vigilia della nuova migrazione di massa di Capodanno, è stato lo stesso governo ad ammettere il caos, parlando di «quasi un centinaio» di programmi con «standard inconsistenti, assenza di meccanismi di riconoscimento reciproco e nessuna condivisione dei dati», e chiedendo agli enti territoriali di unificarli. Un perfetto doppio digitale della kafkiana burocrazia cinese, fatta di istituzioni e province che non comunicano tra loro, ognuna gelosissima dei propri database, cioè del proprio potere.

Per chi ha vissuto in Cina nell'era della pandemia è stata esperienza comune partire da una città con codice verde e arrivare a destinazione in rosso, o veder cambiare colore alla app senza motivo. Diversamente da quelli di altri Paesi, come per esempio la Corea del Sud, i miniprogrammi cinesi non rilevano le interazioni tra smartphone, ma solo i luoghi in cui la persona si è registrata o le celle telefoniche a cui si è agganciata. Il colore del codice dipende in larga misura dalle informazioni che lo stesso utente inserisce nella app e il tracciamento dei contatti dei casi positivi viene fatto con il classico metodo dell'interrogatorio, da funzionari in carne e ossa, ovviamente reclutati a migliaia per il compito.

L'impressione, insomma, è che le tecnologie antivirus abbiano sofferto di alcuni ben noti limiti nella gestione delle informazioni da parte della macchina del regime. Sono gli stessi limiti che hanno rallentato lo sviluppo del famoso «credito sociale», il (distopico) sistema di valutazione dei comportamenti individuali che il governo voleva accendere entro la fine del 2020, ma di cui finora si sono viste solo delle sperimentazioni molto limitate. La Cina possiede un'enorme mole di dati personali dei cittadini, perennemente connessi, ma il problema è che manca una struttura in grado di integrarli e farli interagire, perché appartengono a territori, uffici o amministrazioni differenti che non dialogano fra loro. Le app sanitarie hanno effettivamente moltiplicato i punti di controllo e di raccolta dei dati, una condizione da cui molto probabilmente non si tornerà indietro. Ma almeno per ora non hanno cambiato la logica di quel controllo. Alla fine il codice sanitario, verde, giallo o rosso, deve sempre essere mostrato a una guardia in carne e ossa.

Nel febbraio del 2020, all'inizio della guerra del popolo, l'agenzia Reuters raccontò un episodio che sembrava indicare un'evoluzione diversa e inquietante. Un uomo d'affari tornato nella città di Hangzhou dopo un viaggio di lavoro in una provincia colpita dal virus aveva rotto la quarantena per fare una passeggiata, ma le telecamere lo avevano riconosciuto, associando il suo volto alla targa della macchina. Immediatamente la polizia lo aveva chiamato intimandogli di tornare a casa. Non credo che la storia sia falsa, ma nei mesi successivi non si sarebbero più lette notizie di questo tenore. In compenso abbondano le storie che descrivono un sistema tutt'altro che smart, se per intelligenza intendiamo la capacità di attuare controlli mirati ed efficienti. I famosi guardiani, come da tradizione, erano spesso sonnecchianti o distratti, i termometri due volte su tre segnavano improbabili temperature sotto i 34 gradi, i fogli di carta pieni di dati compilati a penna andavano a finire chissà dove.

Piccolo aneddoto personale, che fa da contraltare a quello dell'uomo d'affari di Hangzhou. Dopo essere risultato positivo al virus e aver trascorso cinquantaquattro giorni di isolamento nella città di Nanchino, quando sono tornato a Pechino la mia app *Jiankangbao*, letteralmente «il tesoro della salute», a causa di un errore tecnico è rimasta rossa per settimane. Mentre venivo rimpallato da una burocrazia all'altra, da una città all'altra, in cerca di una soluzione che nessuno aveva, in teoria non avrei potuto circolare. In pratica ho continuato a fare una vita (quasi) normale, prima confidando nella disattenzione delle guardie all'ingresso dei negozi, poi scoprendo che, inserendo un numero di passaporto falso, magicamente il codice diventava verde. In teoria il sistema se ne sarebbe dovuto accorgere, dato che ogni SIM telefonica viene registrata con il documento d'identità, ma ovviamente quei due database non comunicavano tra loro, nonostante la pretenziosa scritta «big data» sulla schermata della app. No, il sistema cinese di contenimento del virus ha funzionato soprattutto grazie a una struttura di sorveglianza vecchio stampo, alla mobilitazione di lavoratori non qualificati e a un'estenuante moltiplicazione dei controlli. Un dispositivo tipico della Cina, il cui obiettivo è tanto controllare quanto far sentire le persone controllate. Un sistema per nulla efficiente, ma molto efficace.

L'8 aprile 2020 il lockdown di Wuhan, ultima città cinese ancora isolata, è stato sciolto. E da lì in avanti la Cina è tornata a vivere la vita di prima, con l'eccezione della chiusura delle frontiere esterne, mentre il mondo ancora affrontava la prima di una serie di ondate virali. A un anno di distanza le proporzioni di questa vittoria non possono essere sminuite. Il Dragone ha contenuto il virus prima di tutti, con meno di 100.000 casi complessivi e meno di 5000 decessi, un'incidenza bassissima, anche al netto di possibili inesattezze o manipolazioni nei dati. Non solo: dopo aver visto la propria economia affondare nel primo trimestre del 2020, quello della quarantena, la Cina è stata anche il primo Paese a rimbalzare e uno dei pochissimi a chiudere l'anno con un dato di crescita positivo, confermando e anzi rafforzando il ruolo di traino dell'economia globale. Il presunto momento Černobyl' del regime si è rivelato un momento Dunkerque, come l'operazione di evacuazione dei militari inglesi bloccati sulla spiaggia del Nord della Francia durante la Seconda guerra mondiale. Una mobilitazione che unisce la nazione e rafforza il patto tra un popolo e i suoi leader.

Per il regime cinese la narrazione di un successo è parte fondamentale del successo stesso. E la guerra del popolo contro il virus era perfetta per integrarsi nel discorso chiave dell'era di Xi Jinping, quello sul «ringiovanimento nazionale». Da quando è stato nominato segretario generale, nel 2013, Xi ripete spesso una costellazione di formule che vogliono descrivere il posto della Cina nella storia globale, quello che occupa oggi e quello a cui aspira. Il mondo sta attraversando «i più grandi cambiamenti visti da un secolo», dice il presidente, cambiamenti che mettono il Dragone di fronte a rischi e opportunità. L'opportunità per la Repubblica Popolare è quella di «ringiovanire», cioè di raggiungere la piena modernità e un livello di benessere pari a quello dei Paesi sviluppati entro il 2049, centenario della fondazione. Ma per una civiltà che si pensa a cicli il futuro ha la forma di un ritorno al passato: per il Dragone significa recuperare lo status che gli è sempre appartenuto di «Impero al centro» – *Zhongguo* –, uno status che ha perso solo nell'oscuro secolo di umiliazione durante il quale è stato colonizzato dalle potenze imperialiste, dalla metà dell'Ottocento alla rivoluzione comunista.

Questa narrazione del grande ritorno della Cina, alimentata con opportune riscritture della storia, risuona nel profondo dello spirito dei cittadini che, un po' come gli americani, sono educati nella convinzione dell'eccezionalità della propria civiltà. Se negli anni Novanta Deng Xiaoping, l'architetto delle riforme, raccomandava al Dragone di «nascondere la propria forza», con Xi Jinping la massima è caduta nel dimenticatoio. La Cina non si vuole più nascondere, ammesso che possa ancora farlo; anzi rivendica con decisione i propri spazi. Negli ultimi anni, per convinzione e per opportunità, la leadership ha reso il nazionalismo la cifra chiave dell'identità del Paese, usandolo come collante della società e leva decisiva di consenso.

Nei suoi discorsi, però, Xi parla tantissimo anche di rischi, interni ed esterni, economici, militari e politici. Rischi di ogni tipo minacciano l'ascesa del Dragone, ma, se superati, lo possono rafforzare. Come le malattie, come i virus: fin dai primissimi giorni il presidente e segretario generale ha definito l'epidemia un «test», una prova della solidità del Paese e del regime, ancora più dura perché dall'altra parte dell'oceano gli Stati Uniti stavano cercando di sfruttarla per colpire. Secondo il leader, battaglie del genere si possono vincere in un solo modo, una ricetta semplice e interessata: compattandosi e seguendo le direttive del Partito comunista, con Xi Jinping al suo «nucleo».

Mentre azionava il dispositivo di gestione sanitaria, il Partito si attivava anche per un altro obiettivo, altrettanto decisivo: riprendere il controllo della narrazione, che la sera della morte del dottor Li sembrava essere sfuggita di mano. Attribuire la responsabilità ai funzionari locali, assolvendo di fatto i vertici, era solo il primo passo. Da quel momento in avanti era necessario che di colpe non si parlasse più. L'operazione può sembrare contraddittoria, ma non per la Cina. Da una parte Li Wenliang, l'uomo che aveva osato dire la verità, veniva ufficialmente riabilitato e trasformato in un eroe nazionale. Dall'altra la propaganda coordinava una campagna durissima di direzione dell'opinione pubblica. Nel giro di qualche settimana da Wuhan sparirono, arrestati, tutti i testimoni indipendenti, i cosiddetti *citizen journalists* che avevano testimoniato il collasso della città. I pochi intellettuali che avevano osato esprimersi criticamente vennero messi a tacere, la loro voce silenziata o coperta da messaggi martellanti sull'efficienza delle misure di contenimento del virus e sull'unità della nazione.

In Rete era schierato il battaglione dei *wumao*, i guastatori di Stato pagati «cinque centesimi» di yuan per ogni post (*wu mao* vuol dire questo) per incendiare il fuoco nazionalista sui social. A farne le spese, tra gli altri, fu anche la scrittrice Fang Fang, nonostante i suoi *Diari* fossero un racconto onesto ed equilibrato di quanto era accaduto a Wuhan, che puntava il dito contro le bugie degli inizi ma dava anche merito al governo di aver risolto la situazione. Fang Fang non è certo una dissidente, piuttosto è un'intellettuale di sistema. Eppure le critiche che la scrittrice aveva mosso le attirarono l'accusa di aver «offerto al nemico una spada» con cui colpire la Cina da parte di migliaia di utenti del web inferociti, altre Guardie rosse. Nel frattempo, come mostrano migliaia di documenti ufficiali sottratti da un gruppo di hacker e girati al «New York Times» e «ProPublica», le autorità locali e le piattaforme online ricevevano dal governo indicazioni precise sulla strategia di comunicazione da seguire, dal divieto di usare notifiche «pop-up» per le notizie sui morti alla necessità di rimuovere dagli hashtag di tendenza le notizie negative, all'invito a proporre distrazioni per «alleggerire la tensione» delle persone chiuse in casa. Nella guerra contro il virus, come in tutte le guerre, la prima vittima è stata l'informazione, nonostante proprio la distorsione delle notizie avesse contribuito al disastro iniziale di Wuhan. Ma per il regime contano le informazioni utili, non quelle vere.

Quando poi la vittoria è arrivata, la celebrazione è salita ancora di livello. A settembre del 2020 nella Grande Sala del Popolo di Pechino tutta marmi e tappeti rossi, il palcoscenico delle grandi occasioni politiche, si è tenuta una solenne celebrazione del trionfo. Xi Jinping ha premiato gli eroi del popolo, a cominciare da Zhong Nanshan, colui che per primo aveva pronunciato ad alta voce la verità. Ma la cerimonia era soprattutto un'autocelebrazione del Partito. Ciò che ogni rischio mette alla prova infatti, come per le dinastie imperiali del passato, è la capacità del sovrano di evitare il caos e preservare l'ordine. Due messaggi in uno, a ben vedere. Il primo riguarda la centralità del Partito comunista, che deve guidare tutto: è solo restando unita sotto la sua leadership che la Cina può realizzare il sogno di ringiovanimento nazionale. Prepariamoci a sentirlo ripetere spesso, visto che nel luglio del 2021 si festeggia il centenario della fondazione del Partito e nel 2022 si tiene il grande Congresso nazionale, l'appuntamento politico più importane, quello che dovrebbe consegnare a Xi il terzo mandato alla guida del Paese.

Il secondo messaggio invece si nutre del confronto con il resto del mondo e in particolare con il grande rivale americano, rimasto per mesi in balia del contagio e passato attraverso una delle più turbolente elezioni presidenziali della storia. Si può sintetizzare così: a differenza delle democrazie liberali, in crisi di legittimità e di efficacia, il socialismo con caratteristiche cinesi si è dimostrato un sistema capace di affrontare una delle emergenze più dure dell'epoca contemporanea. Un sistema superiore, si potrebbe dire. E non è neppure la prima volta, visto che era accaduto lo stesso già ai tempi della grande crisi finanziaria del 2008: mentre il pianeta era precipitato nella recessione più nera dai tempi della Grande depressione, la Cina era riuscita a evitarla. In quel momento la leadership comunista si convinse che gli equilibri di potere globali si stavano spostando a suo vantaggio, e dodici anni dopo la vittoria sul coronavirus ha rafforzato quell'idea, offrendo un'evidenza in più da mostrare ai cittadini.

È difficile capire quanto questa fiducia sia condivisa dal popolo. Gli errori di Wuhan, così simili a quelli della Sars, così legati alle disfunzioni del sistema, non sono stati dimenticati. Soprattutto per gli abitanti della città il trauma rimane profondo. Eppure molti cinesi riconoscono con pragmatismo i meriti del Partito nell'aver coordinato una risposta nazionale. Come mi disse in marzo un amico dotato di senso della sintesi, oltre che di un buon italiano imparato da autodidatta: «Governo di Wuhan male, governo centrale bene». Quanto all'orgoglio, non ci eravamo inorgogliti anche noi italiani pensando di aver fatto meglio degli altri, di avere un nostro modello? Il modello cinese è esistito davvero, ha funzionato. E i cittadini sono fieri di aver rispettato le regole e aver contribuito alla vittoria sul virus.

Gli esperti hanno dato diverse spiegazioni al riemergere del nazionalismo in Cina negli ultimi anni, in particolare nelle generazioni più giovani. Una delle più convincenti lo lega a una mancanza di riconoscimento: essendo cresciuti in un'epoca di straordinario sviluppo, i cittadini del Dragone ritengono che la Cina meriti un livello di rispetto equivalente da parte della comunità internazionale, un rispetto che però non arriva. E in un ambiente in cui gli spazi di espressione sono fortemente limitati dalla propaganda, per loro la percezione dell'identità personale è strettamente legata all'identità nazionale. Molte persone comuni, non per forza degli estremisti, hanno vissuto con stupore o fastidio le critiche nei confronti della Cina arrivate dall'estero, da parte di Paesi che non hanno ascoltato le sirene d'allarme anche quando suonavano a tutto volume e che hanno pagato le loro inefficienze con migliaia di morti. Su di loro il discorso nazionalista della propaganda ha fatto ulteriore presa. Ma se sul fronte interno la narrativa ha funzionato, facendo passare in secondo piano gli errori del regime e compattando il Paese, sul fronte internazionale il risultato è stato disastroso.

Alla fine del 2020 il Pew Research Center ha pubblicato il suo classico sondaggio annuale sulla reputazione di cui gode la Cina tra i cittadini di una serie di Paesi del mondo sviluppato. I risultati, dal punto di vista di Pechino, sono pessimi. La percentuale di intervistati che ha espresso una visione «un po' negativa» o «molto negativa» del Dragone si è impennata ed è maggioritaria ovunque. In nove Paesi su diciassette ha toccato i livelli più alti da quando il sondaggio viene effettuato: in Australia è all'81 per cento, in Svezia all'85. Sei persone su dieci – anche cittadini di Stati in cui il bilancio del Covid-19 è stato molto più pesante – dicono che la Cina ha gestito male l'epidemia. E la valutazione negativa si estende alla figura di Xi Jinping, in cui ben tre quarti degli intervistati dicono di non avere fiducia. Quel che è peggio per il regime, l'opinione sembra essere condivisa anche dai leader di quei Paesi, come del resto ha sostenuto un report interno presentato a maggio del 2020 ai vertici del Partito, secondo cui il sentimento anticinese nel mondo è ai livelli più alti dalla repressione di piazza Tiananmen. Il sondaggio Pew mostra come il deterioramento dell'immagine sia iniziato già da qualche tempo, anche se nell'anno del virus ha subìto una forte accelerazione. L'evoluzione è in parte fisiologica: la Cina è sempre più potente e questo inquieta gli osservatori, soprattutto gli Stati Uniti, che hanno individuato nel Dragone la principale minaccia alla propria egemonia. Ma a complicare molto le cose è l'aggressività con cui il regime proietta questa potenza, a gesti e a parole.

La Cina di Xi Jinping ripete sempre alla comunità internazionale di voler essere una potenza responsabile. Un Paese pacifico, pronto a partecipare alla governance globale all'interno delle organizzazioni multilaterali, contribuendo a scrivere le norme condivise senza interferire nella politica interna degli altri Stati. Un paladino della globalizzazione. Ciò che il regime ha fatto negli ultimi anni, però, si discosta in modo sostanziale da quella promessa. Pechino ha sfruttato il fatto di essere ammessa all'interno del sistema globale dei commerci diventando la «fabbrica del mondo», il primo propellente del suo sviluppo, ma ha rispettato solo le norme che le erano utili e ignorato quelle che l'avrebbero penalizzata, invocando la propria condizione di Paese in via di sviluppo. Ha continuato, per esempio, a proteggere dalla concorrenza e a sussidiare una serie di settori chiave della propria economia, dalla siderurgia ai pannelli solari, oppure a forzare il trasferimento di proprietà intellettuale dalle aziende straniere a quelle locali. All'interno delle organizzazioni multilaterali le delegazioni cinesi cercano costantemente di ridefinire al ribasso i principi condivisi, per esempio in tema di diritti umani. Il Dragone ha anche alzato il volume delle rivendicazioni territoriali, cercando di estendere la propria area di influenza nelle acque che la circondano, per esempio occupando e militarizzando le isolette del Mar Cinese Meridionale. E se è vero che la sua politica estera resta dominata da logiche economiche e non militari, spesso usa commerci e investimenti come leve per fare pressione sui partner. Il mondo ha capito che aver accolto il Dragone all'interno del sistema non l'ha cambiato, ma che in compenso la Cina sta cercando, a volte con successo, di modificare il sistema secondo i propri interessi. Di disegnare una globalizzazione con caratteristiche cinesi, vale a dire più ospitale per i regimi autoritari e illiberali.

Nell'anno del virus tutto questo è diventato ancora più evidente. In primavera, per esempio, con un intervento lampo, Pechino ha realizzato la «normalizzazione» di Hong Kong, imponendo alla città delle grandi proteste una legge sulla sicurezza nazionale che ne limita in maniera radicale l'autonomia. Probabilmente l'intervento sarebbe avvenuto comunque, ma sta di fatto che è scattato proprio quando il resto del mondo era alle prese con l'emergenza sanitaria. Nel frattempo, in nome della cooperazione internazionale, la Cina lanciava la «diplomazia delle mascherine». Dopo aver quasi azzerato il contagio entro i suoi confini, ha iniziato a offrire materiale sanitario ad alcuni Paesi in difficoltà, tra cui l'Italia. Solo una piccola parte degli approvvigionamenti è stata donata, il resto è stato venduto, sostenendo così l'export cinese per buona parte dell'anno. Nel momento di massimo bisogno, il mondo si è reso conto una volta di più di essere dipendente dal Dragone, e la propaganda di regime non ha fatto nulla per nasconderlo, anzi. L'arrivo di ogni fornitura in Europa era celebrato con grande risalto dai media di Stato. Insieme alle mascherine Pechino spediva anche pacchi di bile di vacca e altre medicine tradizionali di cui voleva accreditare l'efficacia, nonché squadre di medici per consigliare i colleghi occidentali su come affrontare l'emergenza.

L'impressione è che dietro le offerte di aiuto la Cina abbia cercato in realtà di sfruttare le difficoltà degli altri Paesi per accrescere la propria influenza. In parte è stato davvero così, anche se molta della propaganda internazionale era, come sempre, rivolta ai suoi stessi cittadini: il soccorso garantito agli stranieri era un attestato della superiorità del modello cinese. Questa esplicita narrazione nazionalista non ha aiutato la reputazione del Dragone. E ancora meno l'aggressività con cui ha risposto alle accuse degli Stati Uniti e dei loro alleati. L'espressione «Chinese virus», il virus cinese, che Trump ha iniziato a ripetere a ogni uscita pubblica, era un tentativo di attribuire alla Repubblica Popolare la responsabilità della crisi sanitaria globale. Un assalto potente – perché la capacità del governo americano di influenzare l'opinione pubblica mondiale non ha pari – ma anche scomposto, visto che pur di colpire il rivale l'amministrazione Trump è arrivata ad accreditare teorie prive di evidenza, come quella secondo cui il virus era uscito da un laboratorio di Wuhan.

Di fronte a questi affondi la strategia migliore sarebbe stata probabilmente quella di tenere un profilo basso, lasciando parlare i fatti. Ma questa non è la logica cinese, e di certo non è la logica della Cina di Xi Jinping. Ogni interazione internazionale è prima di tutto una questione di status. Non rispondere a un'accusa significa farsi mettere i piedi in testa. Proprio come in tutti i rapporti personali o in quelli di lavoro, in Cina la cosa più importante è non perdere la faccia: *mianzi*. Così il regime ha scatenato i «guerrieri lupi» della diplomazia, una nuova generazione di ambasciatori e funzionari emersa negli ultimi anni all'interno della gerarchia. *Wolf Warrior*, il guerriero lupo, è il titolo di una serie di blockbuster che hanno sbancato il botteghino, una versione cinese di *Rambo*. Come i protagonisti del film, questi aggressivi diplomatici hanno aperto profili Twitter da cui replicano colpo su colpo alle critiche rivolte al loro Paese. Il più famoso di loro, Zhao Lijian, portavoce del ministero degli Esteri, è arrivato a twittare un link a una teoria complottista secondo cui il virus era stato portato a Wuhan dai soldati americani durante i Giochi mondiali militari.

Il regime era pronto a tutto per difendersi e conservare l'autorevolezza agli occhi dei cittadini, anche a usare notizie false. Ciò che serve alla Cina è spezzare l'associazione tra il suo nome e l'origine del coronavirus. Nel corso dei mesi la strategia si è evoluta, diventando una campagna di disinformazione il cui obiettivo è avvalorare l'ipotesi, priva di evidenze scientifiche, secondo cui l'epidemia potrebbe aver avuto origine fuori dai confini cinesi. È la famosa teoria del virus «importato». E il modo in cui è stata alimentata racconta molto delle dinamiche dell'informazione nel regime.

Tutto inizia nel giugno del 2020, quando in un mercato di Pechino di nome Xinfadi viene riscontrato un focolaio di infezioni. Gli esperti arrivati sul posto rilevano tracce del virus su diversi campioni ambientali, ma l'attenzione degli scienziati e dei media si concentra in particolare su un tavolaccio su cui era stato tagliato del salmone norvegese. Nelle settimane successive ne fanno le spese i ristoranti giapponesi di Pechino, nessuno ordina più sushi. La parola chiave per il regime è «importato». Possibile che il virus viaggi per il mondo attraverso i cibi surgelati?

Non ci sono prove, gli esperti lo considerano teoricamente possibile ma molto improbabile. È più logico che quel tavolaccio per il salmone fosse stato toccato da una persona contagiata. Eppure da quel momento la Cina ha iniziato a monitorare in maniera ossessiva tutti i prodotti surgelati in arrivo dall'estero, facendo milioni di tamponi fuori e dentro gli imballaggi. Ogni focolaio spuntato nel Paese è stato ricondotto al contatto con merce contaminata, ovviamente senza che alcuna evidenza fosse resa pubblica. La mossa finale della strategia si è materializzata alla fine del 2020, quando il «Global Times», il più affilato tra i quotidiani di Stato, ha pubblicato un'inchiesta chiedendosi se anche a Wuhan il virus non potesse essere arrivato dall'estero. Nel frattempo ogni studio straniero che retrodatava i primi casi, come quelli pubblicati da alcuni ricercatori italiani, è stato usato per sostenere che l'epidemia potesse essere iniziata altrove. Oggi questa è la posizione ufficiale del regime, che chiede all'Organizzazione mondiale della sanità di non concentrare le sue indagini solo su Wuhan, ma di allargarle anche ad altri Paesi.

Il cerchio è chiuso. Una storia iniziata con l'omissione di informazioni prosegue con altre informazioni manipolate. Sono molti i cittadini cinesi che, martellati dalla propaganda, credono alla versione del virus importato, che solleverebbe il loro Paese da ogni responsabilità. Di più, ne esalterebbe il ruolo di eroica vittima, il primo ad aver individuato una minaccia che altri avevano ignorato. Nel resto del mondo, in maniera prevedibile, la teoria è vista come l'ennesima dimostrazione dell'inaffidabilità della Cina, un motivo in più per non credere a Pechino o addirittura per pensare che abbia qualcosa da nascondere. È l'emblema di come il discorso nazionalista del regime, pilastro necessario della sua legittimità interna, provochi enormi danni a livello internazionale. E di come il Partito-Stato, nonostante l'innegabile successo nel contenere il virus, torni comunque a piegare i fatti per non essere vulnerabile. Consenso interno contro reputazione esterna, trasparenza dei fatti contro primato della stabilità: sono alcune delle tensioni con cui è alle prese la Cina, dietro l'immagine di un monolite solido e compatto. E non sono le uniche.

III

Salite

Una svolta a sinistra e la salita era iniziata. Un'ascesa brusca e continua, dritta sul versante della montagna, che faceva ululare il motore del minibus. Lo scenario era cambiato velocemente rispetto a Xichang, la città del Sichuan da cui eravamo partiti, agglomerato di palazzoni con tanti neon e poca identità come in Cina se ne trovano migliaia. I capannoni industriali avevano fatto spazio a campi terrazzati, le case erano diventate più rade e semplici, se non cadenti. A ogni tornante era come allontanarsi centinaia di chilometri dal Paese che il regime mette in copertina, quello dei grattacieli da record, dei mega-aeroporti, delle catene di montaggio robotizzate, dei centri commerciali scintillanti. Era come se quel pulmino fosse una macchina del tempo in grado di percorrere al contrario i trent'anni dello sviluppo del Dragone, indietro verso la nazione di prima, rurale, povera e premoderna. Un'altra Cina che in mezzo a quelle valli, alla periferia dell'impero, ancora esisteva.

A una curva, due uomini vestiti con abiti di tessuto grezzo fumavano una sigaretta, appoggiati a un camioncino scalcagnato. Non avevano i tratti caratteristici degli *han*, l'etnia principale a cui appartengono nove cinesi su dieci e quasi tutta l'élite del Paese. Avevano facce larghe e la carnagione scura, un'indefinibile mescolanza di Tibet e Sudest asiatico. Eravamo entrati nella contea autonoma di Yi, dove vive una delle cinquantacinque minoranze etniche riconosciute dal governo, un milione di persone che parlano un dialetto di origine birmana.

Qualche mese prima, all'inizio del 2018, anche il presidente e segretario generale Xi Jinping era salito fin quassù, a duemilacinquecento metri di altitudine tra i monti del Sichuan, provincia sudoccidentale della Cina. Per chissà quale ragione, fra i tanti piccoli villaggi che costeggiano questa strada vero il nulla, tutti ugualmente miseri e diroccati, il cerimoniale aveva puntato il dito proprio su Huopu. La visita del grande capo, con al seguito la consueta corte di alti dirigenti del Partito e telecamere, aveva strappato quel luogo alla sua astorica immutabilità, per proiettarlo sotto i riflettori della propaganda. Huopu era diventata il simbolo di una delle battaglie fondamentali del presidente, quella per cancellare la povertà dalle aree rurali della Cina.

Xi aveva lanciato la grande campagna appena diventato segretario generale, nel 2013. Era impensabile che una potenza comunista lasciasse indietro una parte del Paese e dei suoi cittadini, mentre marciava ad ampie falcate verso un futuro di benessere. Il presidente aveva fissato l'obiettivo per la fine del 2020, giusto in tempo per il centenario della fondazione del Partito comunista: sette anni per sollevare dalla povertà circa cento milioni di persone che ancora vivevano in condizioni di assoluta indigenza. Il successo avrebbe coronato un primo grande traguardo nella modernizzazione della Cina, il raggiungimento di una società «moderatamente prospera», e consacrato Xi come un grande leader del popolo. Huopu e i suoi abitanti si erano quindi trasformati in una delle famose esperienze modello, da mostrare ai funzionari di altre province e ai giornalisti. Dopo due ore di tornanti il minibus parcheggiò davanti al «centro direzionale» del villaggio, un piccolo edificio a due piani che da un cocuzzolo dominava la valle.

Appoggiate in disordine su un pendio dolce c'erano una trentina di casette con l'intonaco bianchissimo, circondate da campi terrazzati e alcune serre: la «nuova» Huopu. Il vecchio villaggio si trovava più in là lungo una strada sterrata, sull'altro versante della collina. Alcune delle abitazioni originarie erano state preservate per consentire ai visitatori di fare il confronto. Erano piccole costruzioni con i muri di fango, stamberghe riscaldate a legna e fiato in cui uomini e animali condividevano gli stessi spazi. La campagna contro la povertà è definita anche «un-due-tre»: bisogna garantire alle persone «un reddito» oltre la soglia della povertà, più o meno 400 euro l'anno, ma anche togliere alle famiglie «due preoccupazioni», cioè cibo e vestiti, e offrire loro «tre garanzie», vale a dire una casa sicura, accesso all'educazione e cure mediche. Per milioni di abitanti delle regioni più remote la soluzione era radicale: il governo le trasferiva, non sempre volontariamente, in un'area diversa e spesso lontana, magari una periferia urbana. Lo sradicamento provocava problemi di adattamento e relative proteste. Ma agli abitanti di Huopu era andata bene, si erano dovuti spostare solo qualche centinaio di metri.

«Altrove ci sono state resistenze, ma qui tutti hanno accettato» spiegò Ma Tian, un ragazzotto dalla corporatura abbondante e la tipica sbrigativa attitudine del capetto locale cinese. Era la mia guida nel tour, ma soprattutto il funzionario che il Partito aveva inviato a Huopu con il compito di garantire un reddito minimo a tutte le famiglie. Avevano scelto uno Yi di città, strategia utilizzata spesso con le minoranze: percependolo come uno di loro, i locali ne avrebbero accettato con più facilità i consigli o gli ordini. Ma Tian snocciolava a memoria i numeri del suo successo, quelli su cui sapeva che le autorità lo avrebbero valutato, l'unica realtà che conta per un funzionario, il suo passaporto per fare carriera: qui una volta c'erano 172 nuclei familiari in povertà, ora sono ridotti a zero, il reddito medio è salito da 2200 a 4500 renminbi l'anno, circa 600 euro.

Eravamo entrati nel cortile in cemento di una delle nuove abitazioni. Davanti a noi una donna si stava lavando i capelli nerissimi con la testa piegata su una bacinella di plastica. Con un po' di reticenza ci aprì la porta di casa, facendo entrare i visitatori stranieri: «Ora non mangiamo solo patate, abbiamo acqua potabile ed elettricità» sussurrò nel dialetto Yi, piantata davanti al televisore spento. Per terra, ancora imballata, c'era una doccia fotovoltaica, presto avrebbe avuto anche l'acqua calda. Sul muro, un poster di Xi Jinping e della moglie Peng Liyuan, amatissima ex cantante lirica, con alle spalle piazza Tiananmen, un luogo di cui probabilmente questa donna aveva a malapena sentito parlare.

Per milioni di cinesi, specialmente quelli che ricordano l'epoca delle privazioni, il progresso si misura ancora su una scala basilare e concreta: cose che prima non avevi e ora possiedi. A seconda dei casi, carne di maiale, case di mattoni, automobili straniere, scarpe alla moda. Uno dei motivi per cui la battaglia contro la povertà di Xi poteva essere vinta è che quasi tutte le persone coinvolte partivano da zero. Una miseria atavica, da terzo o quarto mondo, una testimonianza vivente del punto da cui l'ascesa cinese è iniziata. La soglia dell'indigenza fissata dalle autorità di Pechino è bassissima, inferiore ai 2 dollari al giorno previsti dalla Banca mondiale. Eppure nel 2013 i cinesi al di sotto di questo livello erano ancora 100 milioni. Per sollevarli di mezzo gradino il Partito ha stanziato cifre enormi, mobilitato risorse pubbliche e private, mandato milioni di funzionari come Ma Tian ai quattro angoli del Paese, dai deserti dello Xinjiang ai monti del Sichuan. Il loro compito: inventarsi un modo per creare economia lì dove non ce n'era mai stata, insegnare un mestiere a persone abituate alla sussistenza, se necessario improvvisare.

Nelle serre di Huopu, per esempio, erano state piantate delle belle fragole. Una coltivazione fino a quel momento sconosciuta nelle valli, di certo non essenziale alla dieta dei locali, ma che un qualche comitato del Partito aveva ritenuto adatta al suolo e al mercato provinciale. Due contadini dall'aspetto bonario, marito e moglie entrambi sulla settantina, erano stati inviati dalla città di Xichang, giù a valle, per insegnare agli abitanti come farle crescere. «Non ne avevano la minima idea» confessò l'uomo. Non sapevano nemmeno come trattare i funghi o il tè, altre piante introdotte d'ufficio, ma l'importante era fare qualcosa. La merce sarebbe stata poi venduta a un'azienda di Stato, e i proventi spartiti tra i membri della cooperativa del villaggio, appositamente costituita. Una parte sarebbe andata anche alle persone che per età o problemi di salute non potevano lavorare.

Di ritorno dalle serre verso il centro direzionale, Ma Tian si era lanciato in un'enumerazione dei nuovi e ancor più mirabolanti progetti di sviluppo che aveva in mente, parole d'ordine calate dall'alto che lui aveva intenzione di applicare senza chiedersi se o a chi potessero giovare. C'era il turismo rurale, per i visitatori che volevano fuggire dalla frenesia della Cina moderna e passare qualche giorno lontano da tutto. Oppure un e-commerce dove i contadini avrebbero potuto vendere direttamente i loro prodotti. Nel frattempo però a Huopu, come in tante altre contee povere, la campagna contro la miseria si era concretizzata soprattutto nella distribuzione di qualche sussidio, diretto o indiretto, com'era normale che accadesse considerando le condizioni degli abitanti e il loro livello di istruzione.

Eppure era innegabile che per i cittadini fosse un passo avanti, piccolo o grande secondo i punti di vista: «La nuova casa è la più bella che io abbia mai visto» mi disse Le'er You Hong, una ragazza di ventisette anni che incrociammo per caso lungo la strada, il figlioletto addormentato avvolto in un fagotto sul petto. Insieme al marito aveva partecipato ai corsi serali organizzati per gli abitanti: a entrambi avevano insegnato i pilastri del pensiero di Xi Jinping, a lei un po' di mandarino e come cucinare cibi più salutari, a lui un mestiere. Gli era bastato per trovare lavoro stagionale nello Shandong, su al Nord. In questo momento molti degli abitanti di Huopu erano lontani, a lavorare come «migranti» stagionali, da qui l'impressione di un villaggio semivuoto. Sarebbero tornati per la raccolta delle patate: «Il nostro reddito è arrivato a 30.000 renminbi l'anno» spiegò la donna, quasi 4000 euro.

Lì davanti, all'interno del centro direzionale, c'erano gli altri prodotti della campagna «un-due-tre». In una stanzetta il medico del villaggio, versione aggiornata dei dottori scalzi dell'epoca di Mao. Non proprio un medico come lo intendiamo noi: nel suo camice troppo largo ci raccontò che il disturbo più diffuso in quelle valli era il «mal di pancia». Però aveva in dotazione qualche farmaco di prima necessità da distribuire agli abitanti e il numero di una clinica di città per i casi più gravi. La porta a fianco invece era l'asilo. Dentro, una ventina di bambini fra i tre e i sei anni, agghindati per l'occasione con le giacchette tradizionali degli Yi, ci accolsero cantando filastrocche nel dialetto locale e in mandarino, sotto l'immancabile fotografia di Xi e la bandiera cinese. Come ogni campagna nazionale, anche quella contro la povertà ha una dimensione di sicurezza: dietro all'obiettivo ufficiale, serve a puntellare il consenso del Partito nelle aree rurali, ad assimilare le minoranze etniche, specie quelle giudicate una potenziale minaccia, come i tibetani o i musulmani dello Xinjiang, a rafforzare il controllo del centro sulle periferie. Mentre ci apprestavamo a lasciare il villaggio, liberando il campo per la successiva delegazione, in classe era arrivato un poliziotto per sensibilizzare gli alunni contro il consumo di cocaina. «La droga è un demonio» aveva scritto sulla lavagna. Messaggio forse un po' prematuro per dei bimbi dell'asilo.

Due anni dopo la mia visita a Huopu, nel novembre del 2020, Xi Jinping ha dichiarato ufficialmente vinta la guerra contro la povertà, con qualche mese di anticipo sui termini. All'inizio dell'anno restavano ancora 5 milioni di persone sotto la famosa soglia dei 400 dollari, ma il governo ha stanziato ulteriori fondi e ordinato ai funzionari di ogni livello di dedicarsi anima e corpo alla causa, perfino durante il lockdown. L'ultima provincia a certificare il successo è stata il Guizhou, altro territorio montuoso pieno di minoranze e vallate sperdute, dove poche settimane prima avevo visitato un progetto di sviluppo basato sulla coltivazione dei kiwi. Stessa dinamica di Huopu: un responsabile mandato dal Partito, la cooperativa di contadini locali tra cui distribuire i ricavi, improbabili sogni di turismo rurale. Tuttavia anche lì i numeri trasmessi dal villaggio alla contea, quindi dalla contea alla provincia, infine dalla provincia al governo, avevano assicurato il successo, ripreso con la dovuta fanfara dalla propaganda. Grazie a Xi e al Partito anche gli ultimi di Cina erano parte del grande sogno di progresso nazionale.

I media occidentali hanno raccontato questo successo sottolineandone i limiti, gli stessi evidenti anche a Huopu dietro alla coreografia allestita per i visitatori. La battaglia contro la povertà era legata a filo doppio al nome del presidente, quindi troppo importante per fallire. È possibile – addirittura probabile – che una serie di dati siano stati aggiustati, nessuno avrà modo di verificarli. L'asticella poi non era stata posta molto in alto: la campagna riguardava solo le aree rurali, non quelle urbane, e la soglia di povertà era estremamente bassa, ben sotto gli standard fissati per i Paesi in via di sviluppo, per non parlare di quelli utilizzati in Europa. Infine molte di quelle persone restavano dipendenti da sussidi, senza i quali avrebbero rischiato di ripiombare nell'indigenza più totale. Recita l'antico adagio: un pesce basta a nutrire un uomo per un giorno, solo insegnandogli a pescare lo nutrirai per tutta la vita.

Tutte queste necessarie obiezioni però non possono oscurare un elemento, che spiega perché per Xi, per il Partito, per la Cina e forse anche per il mondo il risultato sia assolutamente positivo. In un momento in cui molti governi sembrano aver dimenticato il tema della povertà, il Dragone lo ha reso una priorità pluriennale, a cui ha dedicato grandi risorse finanziarie e per cui ha mobilitato tutto l'apparato del Partito-Stato. Un perfetto esempio di una dote del regime mille volte decantata, non sempre a proposito, cioè la capacità di pianificare e portare avanti politiche lungimiranti. Sarà pure un mezzo passo, non intero, ma rappresenta comunque il più grande avanzamento di massa verso una vita dignitosa visto negli ultimi anni sulla faccia della Terra. Scrive la Banca mondiale che dall'inizio dell'era delle riforme, alla fine del 1978, oltre 850 milioni di cinesi sono stati liberati dall'indigenza.

Il vero problema delle tante Huopu del Dragone è che ci sono diversi modi di guardare alla povertà. Uno è in valore assoluto, come ha fatto il governo per questa sua grande battaglia. L'altro invece è in termini relativi, mettendola in relazione con il suo opposto, la ricchezza. In questo modo la questione cambia prospettiva, diventa un problema di distanze, cioè di disuguaglianze. Un argomento largamente ignorato dal discorso ufficiale. Negli stessi giorni in cui Xi proclamava il trionfo del Dragone sulla povertà, la sezione «notizie varie» dei siti cinesi pubblicava i risultati dell'edizione 2020 dello Hurun Report, la classifica degli uomini più ricchi del Paese. In vetta c'è sempre Jack Ma, il papà di Alibaba, con un patrimonio di 58,8 miliardi di dollari; al secondo posto l'altro Ma, Pony, il fondatore del colosso tecnologico Tencent; dietro di loro un misto di volti noti e nuovi ingressi. Ma, al di là delle singole figurine dei

Paperoni, la cosa impressionante di questa edizione, considerato l'anno orribile tra pandemia, lockdown e recessione, erano i numeri complessivi. In dodici mesi l'economia cinese aveva prodotto 257 nuovi miliardari, categoria che il Dragone non conosceva fino al 1999, portando il totale a quota 878. Il loro patrimonio combinato era cresciuto da 2600 a 4000 miliardi di dollari, più o meno ai livelli del prodotto interno lordo della Germania. Per dirla con gli autori della ricerca, nel funesto 2020 la Cina aveva vissuto la più straordinaria creazione di ricchezza – nel senso molto ristretto di agiatezza – mai registrata.

L'accostamento tra le due notizie, per quanto casuale, racconta molto della Cina contemporanea. Mentre i contadini del mondo rurale facevano mezzo passo fuori dalla miseria, sopra la soglia dei 400 dollari, i miliardari decollavano nell'iperuranio del benessere a quota 4000 miliardi. Mentre un villaggio tra i monti del Sichuan si spostava di qualche metro dall'altra parte della collina, in nuove casette di mattoni, la sua distanza dagli attici di Pechino, Shanghai e Shenzhen diventava ancora più abissale. Ma attenzione a pensare che la grande divaricazione della Cina riguardi solo gli estremi lontani, i ricchissimi delle province costiere dell'Est, motore dello sviluppo del Paese, e i poverissimi delle regioni remote dell'Ovest. Non è così. Le disuguaglianze crescono e diventano più evidenti anche tra le metropoli di prima fascia, convertite a una moderna economia dei servizi, e i centri più piccoli, vecchie città-fabbrica desertificate dalla crisi dell'industria pesante. E all'interno delle stesse metropoli, tra la classe medio-alta e il popolo minuto dei lavoratori senza qualifica.

A maggio 2020 il premier Li Keqiang ha rivelato una statistica che ha colto molti di sorpresa: in un Paese con quasi 6 milioni di cittadini milionari, e che ne produce di nuovi a un ritmo inedito, 600 milioni di persone vivono ancora con un reddito inferiore a 1000 renminbi al mese, cioè 125 euro.

L'uscita era così poco in linea con la narrativa ufficiale che molti l'hanno interpretata come il segno di una frattura politica tra Li e il segretario generale Xi Jinping; in realtà non faceva che descrivere uno stato di cose di per sé evidente. Lo sviluppo degli ultimi trent'anni ha portato quasi tutto il popolo cinese a un livello di benessere materiale superiore, ma al suo interno la forbice tra chi può molto e chi può di meno si è allargata a dismisura.

In una città come Pechino questa disparità è già cristallizzata nel tessuto urbano. Le famiglie più agiate vivono in comunità residenziali recintate dai costi proibitivi, oasi di ville, aiuole rasate al millimetro e strade tirate a lucido, con scuole private per i figli, piscine con i fenicotteri gonfiabili e tutte le strutture ricreative del caso. I *fuerdai*, i giovani ricchi di seconda generazione, fanno dell'ostentazione più o meno sfacciata uno stile di vita, rombando con le Ferrari o le Maserati per le strade del centro e consumando bottiglie di champagne nei privé dei locali. All'estremo opposto, invece, i proletari popolano i cosiddetti «villaggi urbani» ai margini della città, agglomerati di baracche spuntati negli anni dell'urbanizzazione selvaggia, oppure vivono rintanati in stanzette senza finestre ai piani interrati dei caseggiati e dentro i bunker costruiti all'epoca di Mao. La chiamano «tribù dei topi»: sono i lavoratori che fanno andare avanti la città, gli operai dei cantieri, i fattorini delle consegne a domicilio, le *ayi*, le «ziette» che puliscono case e palazzi. In uno dei suoi racconti più noti, *Pechino pieghevole*, la scrittrice di fantascienza Hao Jingfang immagina una capitale come un meccanismo diviso in tre zone, tre classi che si spartiscono in modo disuguale le limitate risorse di luce e di aria rimaste. Un futuro che assomiglia sinistramente al presente: pur condividendo la stessa città, le vite dei giovani laureati dipendenti delle industrie hi-tech e quelle dei loro coetanei fattorini si incrociano per pochi secondi appena, il tempo della consegna di un pasto.

Qualche dato per quantificare il fenomeno lo ha offerto un protagonista del dibattito sulle disuguaglianze, l'economista francese Thomas Piketty, che nel suo ultimo libro *Capitale e ideologia* dedica alcuni capitoli proprio alla Cina. Dopo le riforme di mercato – dagli anni Ottanta del Novecento alla fine degli anni Dieci di questo secolo – le differenze di reddito tra i cittadini del Dragone sono passate da un livello «svedese», in linea con i Paesi più egualitari, a livelli di disparità quasi americani. Quanto ai patrimoni, la Cina è ormai a un tasso di disuguaglianza poco inferiore a quello della Russia, l'emblema della società plutocratica. Tutto questo è avvenuto in quarant'anni, un tempo rapidissimo. Ma la cosa ancora più preoccupante, secondo Piketty, è l'opacità dei dati. Il governo non pubblica numeri dettagliati sui redditi, mentre una tassa di successione neppure esiste. Il risultato, abbastanza paradossale, è che un miliardario asiatico che volesse trasmettere intatta ai figli la propria fortuna dovrebbe trasferirsi in Cina, Paese che si definisce comunista.

La conclusione di Piketty è che il regime cinese è «talora più vicino a una forma di plutocrazia», e che, sebbene abbia dedicato molte più risorse agli investimenti pubblici rispetto all'India, non è detto riesca a evitare una deriva cleptocratica come quella della Russia: «Nel complesso, il potere non sembra prendere sul serio il fatto che una società fondata sulla proprietà privata, senza una protezione fiscale e sociale sufficiente, rischia una deriva verso la disuguaglianza che può rivelarsi rovinosa nel lungo termine». Ma questo problema in Cina è un tabù, e proprio il destino dell'opera di Piketty ne è l'ulteriore dimostrazione. Il primo libro dello studioso francese, *Il capitale nel XXI secolo*, che non conteneva riferimenti al Dragone, era stato citato diverse volte da Xi Jinping, tanto da essere inserito dai media di Stato nella «biblioteca personale» del presidente a fianco ai tomi di Marx e di Mao, magari un paio di scaffali più sotto. Invece questo secondo libro, che parla della Cina in maniera così affilata, non ha ottenuto dalla censura l'autorizzazione alla pubblicazione.

Finora le politiche della leadership hanno affrontato solo in maniera tangenziale il problema delle disuguaglianze. La crociata contro i funzionari corrotti, una delle grandi bandiere di Xi, prende di mira gli eccessi dei politici innamorati del denaro, le cui mazzette di renminbi nascoste nei muri di casa vengono mostrate in TV per scatenare la pubblica indignazione, con dettagli piccanti sull'harem di amanti che servivano a mantenere. Ma l'obiettivo della campagna non è incoraggiare una maggiore equità sociale, bensì ridare legittimità al Partito. La lotta contro la povertà fa un passo oltre, cercando di mettere in movimento la parte più arretrata del Dragone. Eppure siamo ancora lontani da un intervento strutturale di redistribuzione che contrasti la divaricazione di patrimoni e opportunità. Anzi. In un Paese in cui le distinzioni territoriali restano molto rigide, dove le città vengono divise in fasce e le aree urbane hanno uno status diverso da quelle rurali, la mobilità tra le diverse geografie del benessere diventa sempre più limitata. Chi nasce nelle province o nelle contee più povere avrà accesso a servizi di qualità più bassa, dagli ospedali alle scuole, quindi avrà minori opportunità di riscatto. Dal punto di vista dei diritti, la Cina sta creando cittadini di serie A, B e Z. E a volte questa disuguaglianza è perfino codificata dalla legge.

Periferia sud di Pechino. Non più metropoli e non ancora campagna, margine urbano senza ordine, villaggi di casette e officine, polvere, cemento, lamiere e carretti di contadini che vendono frutta e verdura coltivata dove capita, tra un canale e uno stabilimento industriale. In mezzo a questa terra di nessuno, la nuova sede della Dandelion Middle School. Insegnanti e alunni avevano dovuto abbandonare in tutta fretta il vecchio edificio, una fabbrica di interruttori riconvertita, quando il governo aveva bandito il riscaldamento a carbone. Il nuovo edificio, giusto dall'altra parte della strada, non era ancora terminato, mancava un pezzo di recinzione, ma l'alternativa era l'assideramento. Dopo anni di lezioni in uno spazio industriale riadattato, i ragazzi studiavano finalmente in una vera scuola. La struttura circolare di cemento aveva un po' l'aspetto di un carcere, ma spazi ampi e funzionali per classi, laboratori e dormitori.

Quella mattina di aprile, nel primo tepore della primavera pechinese, i duecento alunni stavano facendo attività fisica nel grande cortile, tutti con la tuta blu e bianca dell'istituto. Sotto un bandierone cinese alcuni giocavano a basket, altri a ping-pong, un gruppo di ragazzine ballava al ritmo di una hit elettronica in mandarino, seguendo i passi di un istruttore vestito come un discotecaro degli anni Novanta. A colpirmi era soprattutto la varietà dei visi, i tratti chiari e sottili del Nord, quelli più rotondi del Sud, gli zigomi forti dei tibetani, la carnagione scura delle minoranze dell'Ovest. Avevo di fronte un microcosmo della diversità cinese, ragazzi originari di ventisei diverse province della Repubblica Popolare. Quegli adolescenti erano i figli dei lavoratori migranti arrivati a Pechino nel corso degli anni per offrire mani e sudore allo sviluppo della città. E la Dandelion era l'unica scuola media della capitale a offrire loro un'istruzione, un futuro che altrimenti il sistema gli avrebbe negato.

La parola *nongmingong*, comunemente tradotta con «migranti», significa alla lettera «lavoratori delle campagne» e non indica gli stranieri arrivati in Cina dall'estero, bensì cittadini delle aree rurali che si spostano verso le città alla ricerca di un impiego. Questi migranti interni sono 300 milioni, un terzo della forza lavoro del Paese. Alcuni restano «locali», si limitano a raggiungere il centro urbano più vicino, altri invece si spostano di provincia, puntando verso le zone dove l'economia è più avanzata. Cercano stipendi più alti, spesso li trovano nelle fabbriche affamate di manodopera, ma in cambio sacrificano parte dei propri diritti. Il loro *hukou*, il rigido certificato che stabilisce il luogo di residenza di ogni cinese, rimane infatti quello del villaggio d'origine, e ciò significa che in città non hanno acceso a copertura sanitaria, agevolazioni abitative o sussidi di disoccupazione. Sono cittadini meno uguali degli altri, quindi ricattabili dai datori di lavoro. Data la precarietà di questa esistenza, molti decidono di spostarsi da soli e lasciare i figli al villaggio, tra povertà e arretratezza. Li rivedono una volta l'anno, durante le feste del Capodanno lunare. In Cina li chiamano i ragazzi «lasciati indietro». Chi decide di portarli con sé invece ha un problema anche peggiore: neppure i bambini hanno diritti in città, nemmeno quello di frequentare una scuola statale. Le private hanno ovviamente prezzi irraggiungibili.

Per ovviare a questa educazione negata, nel corso degli anni a Pechino sono nate diverse scuole elementari a prezzo calmierato per i figli dei migranti. Ma la Dandelion è la prima e finora l'unica scuola media non profit, in cui i ragazzi possono completare gli ultimi tre anni di istruzione obbligatoria e cullare la speranza di proseguire gli studi. Ad attirarmi lì era stata la storia di Duan Mengyu detta Lucy, ventiquattro anni, un'ex allieva dell'istituto che qualche settimana prima era riuscita a entrare a Harvard. Una favola: lei, figlia degli ultimi, si era conquistata un'opportunità di solito riservata ai rampolli dell'élite. «La mia famiglia è arrivata a Pechino dalla provincia dello Henan nel 2004, i miei genitori cucinavano colazioni per strada, vivevamo in quattro in una minuscola stanzetta» raccontò Lucy via Skype da Boston, il suo volto proiettato nell'aula magna della Dandelion. «Sono stata fortunata a trovare quella scuola. Ai ragazzi dico di inseguire le loro passioni, di non pensare che nella vita ci sia qualcosa di irraggiungibile.»

La persona che aveva creato tutto questo mi aspettava dentro un austero ufficio al secondo piano: Zheng Hong, fondatrice e preside della Dandelion, sessant'anni di aristocratica compostezza. Anche lei aveva studiato a Harvard, come testimoniava un inglese perfetto, poi aveva lavorato a lungo negli Stati Uniti e quando nel 2005 era tornata in Cina aveva pensato di «restituire» un po' della sua fortuna, come dicono gli americani. Dietro alla sua storia si intuivano una certa ricchezza personale, probabilmente delle connessioni politiche, ma anche la volontà di non entrare nei dettagli, di parlare solo della scuola. «Prendiamo i ragazzi che non sono accettati altrove» mi spiegò, un criterio di ammissione tanto semplice quanto necessario. Giovani «lasciati indietro» che avevano studiato in villaggi sperduti o magari girovagato con i genitori migranti tra una città e l'altra. Avevano tra i dodici e i quindici anni e un livello di competenze in grave ritardo: «Ma alla fine dei nostri corsi il 90 per cento passa gli esami».

Eppure il destino della scuola restava in bilico. Le rette calmierate – 100 euro a semestre più 10 al giorno per alloggio e tre pasti – non coprivano neppure un decimo delle spese. Per il resto la Dandelion faceva affidamento sulle donazioni private, visto che l'aiuto del governo era minimo, 80 euro l'anno per studente. Zheng mi fece capire che era già molto essere «legalmente riconosciuti, esistere», perché le autorità mal sopportano l'educazione privata e non gradiscono che qualcuno sottolinei le distorsioni del sistema. Uscendo dalla scuola, mentre i ragazzi tornavano in classe, una studentessa con i capelli raccolti si fermò per salutarmi. Sarà lei la prossima Lucy? «Da grande voglio fare la designer» mi disse in un inglese volenteroso. Era stata fortunata a trovare quella scuola. Ma nella Cina delle grandi disuguaglianze la sua scalata sarà durissima.

I figli dei migranti, più in generale tutti i ragazzi che nascono nell'entroterra meno sviluppato del Paese e possiedono quindi un *hukou* rurale, fanno parte di quella che in un libro pubblicato alla fine del 2020 gli studiosi Natalie Hell e Scott Rozelle chiamano *Invisible China*, la Cina invisibile.

Sono la maggioranza dei giovani del Dragone, ma hanno accesso a risorse educative nettamente inferiori rispetto ai loro pari di città. Anche se il governo negli ultimi anni ha fatto molto per aumentare il tasso di scolarità, la maggior parte di quei ragazzi frequenta istituti professionali di basso livello, che molti lasciano anzitempo alla prima opportunità di lavoro. Ma le indagini sul campo di Hell e Rozelle mostrano come i ritardi di competenze nascano ancora prima: sei bambini delle elementari su dieci nelle campagne cinesi soffrono per almeno una di tre epidemie «nascoste» – anemia, miopia e vermi intestinali – che ne compromettono l'apprendimento. E prima ancora di arrivare a scuola, tra le mura di casa sono sottoposti a una quantità e a una varietà di stimoli insufficiente, soprattutto quando a crescerli sono i nonni.

Secondo i due studiosi questa crisi di capitale umano, in un Paese che già oggi ha il più basso tasso di scolarizzazione della forza lavoro tra gli Stati in via di sviluppo, è la più grande minaccia per lo sviluppo futuro della Cina. Se il Dragone non riuscirà a riequilibrare le risorse educative a vantaggio delle aree rurali rischia di trovarsi con 300 milioni di persone prive delle competenze di base necessarie per essere impiegate all'interno di un'economia avanzata.

Si potrebbe obiettare che per la Cina la distanza tra i primi e gli ultimi non conta poi tanto. Che la chiave per completare l'ascesa a un livello di benessere occidentale, per garantire la coesione del Paese e quindi la stabilità del regime, non sono gli estremi ma ciò che sta in mezzo. Lì vive e prospera la nuova classe media del Dragone, l'entità quasi mitica creata da trent'anni di sviluppo ininterrotto. Una massa in continua espansione che, a seconda dei criteri con cui la si definisce, conta tra i 300 e i 700 milioni di cittadini. Hanno redditi molto diversi, tra i 7000 e i 60.000 euro l'anno, ma sono accomunati dal fatto di aver superato la soglia della stretta sopravvivenza e di poter quindi usare ciò che avanza, poco o molto, per consumare. Negli ultimi anni hanno scoperto il turismo e le cene al ristorante, hanno reso il Dragone il primo mercato globale di smartphone, automobili e cosmetici. «La sensazione è che queste enormi contraddizioni possano esplodere da un momento all'altro, ma nei fatti non è mai successo» mi disse Yu Hua, il più grande scrittore cinese contemporaneo. Le disuguaglianze erano lo sfondo di quasi tutti i suoi capolavori, da *Cronache di un venditore di sangue*, la storia di un uomo che per campare inizia a vendere il plasma agli ospedali, a *Brothers*, epica vicenda di due fratellastri i cui destini vengono separati dall'era delle riforme, con lo spregiudicato Li Testapelata che diventa miliardario e il dimesso Song Gang che resta povero in canna. «Lo sviluppo dell'economia può nascondere molti problemi,» continuò Yu Hua «ma finché non si ferma neanche la società avrà problemi.»

Ecco il fondamento del contratto sociale tra il Partito comunista e i cittadini: la garanzia che ogni giorno staranno meglio del precedente. Ma fino a quando la crescita potrà continuare? I segnali di rallentamento dell'economia sono evidenti. Prima che la pandemia falsasse ogni dato, il tasso di crescita del 2019 era stato del 6,1 per cento, un numero da far invidia a tutto il mondo ma che per il turbosviluppo della Cina è il più basso degli ultimi trent'anni. La frenata è in una certa misura un obiettivo consapevole della leadership. Decenni di corsa forsennata hanno prodotto conseguenze nefaste, a cominciare dagli incalcolabili danni ambientali. Ora i cittadini chiedono qualità, mentre il regime vuole guidare una transizione controllata verso un nuovo modello di crescita basato sull'innovazione e i consumi interni, una nuova normalità di crescita più lenta ma anche più sostenibile. Una ricetta che dovrebbe permettere alla Cina di proseguire la sua ascesa.

Ma nulla garantisce che questo cambio di paradigma, tutto da inventare, vada a buon fine. Specie se il rallentamento non si accompagnerà a una maggiore equità. Uno studio sulla mobilità sociale pubblicato nel 2020 dal World Economic Forum e intitolato *Global Social Mobility Index* colloca la Cina al quarantacinquesimo posto su ottantadue Paesi, dietro anche alla Russia. La mobilità sociale è qualcosa di ancora diverso dal livello di disuguaglianze, dà un'immagine dinamica anziché statica delle disparità. Si può esprimere in molti modi, per esempio misurando il vantaggio di nascere in una famiglia ricca piuttosto che in una povera. In Danimarca, se una coppia di genitori guadagna il 100 per cento più di un'altra, il loro figlio avrà un reddito superiore del 15 per cento al figlio della seconda coppia, negli Stati Uniti questo vantaggio ereditario sale al 50 per cento, in Cina arriva addirittura al 60 per cento. Il problema dunque non è solo la divaricazione di redditi e patrimoni, ma anche il fatto che all'interno di questa distribuzione sempre più estrema le possibilità di passare da un livello all'altro stanno diminuendo.

Nella *Pechino pieghevole* di Hao Jingfang praticamente nessuno degli abitanti della zona inferiore, una specie di oscuro sottosuolo, riesce a transitare verso l'alto, a prendere quello che noi chiamiamo «l'ascensore sociale». Un altro aspetto, questo, che rende la distopia della scrittrice molto simile alla Cina reale. L'evoluzione della società ha indebolito alcuni canali di ascesa tradizionali, come per esempio l'arruolamento nell'esercito o la rete di relazioni personali. E l'istruzione, che resta ancora il canale più potente, sta perdendo efficacia. Le famiglie cinesi continuano a credere ciecamente nella capacità della scuola di proiettare i figli verso uno status sociale più elevato. Ma da un lato i figli della «Cina invisibile» di cui parlano Hell e Rozelle accumulano fin da piccoli un ritardo che diventa spesso irrecuperabile e impedisce loro l'accesso a scuole superiori e università di livello. Dall'altro, con un'economia che rallenta e un numero sempre crescente di laureati pieni di aspettative, anche il valore relativo di un'educazione superiore sta scendendo. I rendimenti garantiti dagli investimenti finanziari o immobiliari sono superiori ai benefici che si ottengono sul mercato del lavoro attraverso lo stipendio e questo significa che le risorse si concentrano in settori meno produttivi, dove chi possiede di più è favorito, in media i più anziani. Un bel guaio per l'economia.

L'altra zavorra è il profondo senso di insicurezza che pervade i cittadini cinesi. Un sentimento stupefacente, considerato l'arricchimento che hanno sperimentato negli ultimi decenni. Eppure le famiglie del Dragone hanno tassi di risparmio tra i più alti al mondo e uno dei motivi principali è che il progresso economico e l'urbanizzazione hanno demolito la tradizionale rete di sostegno sociale senza che finora il governo sia stato in grado di costruirne un'altra. Molti cittadini risparmiano per garantirsi una sicurezza dopo che saranno andati in pensione, visto che la previdenza di Stato è un'incognita, altri per coprire i costi delle cure in caso di malattia, che spesso portano sul lastrico, altri ancora per finanziare un'istruzione di eccellenza per figli e nipoti. In ogni categoria di reddito, anche quelle più basse, i cinesi mettono da parte molti più soldi rispetto alla media mondiale. Un'attitudine che rivela un senso di precarietà e la paura di retrocedere, più che la fiducia di poter salire ancora più in alto.

La buona notizia è che le ricette per invertire questa ossificazione della società cinese ci sono; la cattiva notizia è che sono difficili da mettere in pratica. Tutti, per esempio, riconoscono che il sistema dell'*hukou* è uno dei principali ostacoli alla mobilità interna, una barriera che divide in due la Cina, tra una Repubblica Popolare Urbana, privilegiata, e una Repubblica Popolare Rurale, discriminata. Eppure, nonostante lo abbia reso in parte più elastico, il Partito non si decide ad abolirlo. Il motivo è lo stesso per cui Mao lo aveva introdotto nel 1959: anche nell'era del capitalismo di Stato il certificato di residenza è uno strumento potentissimo di controllo della popolazione. Il 64 per cento dei cittadini con *hukou* rurale fornisce un serbatoio di forza lavoro non qualificata per le grandi città, ma in caso di necessità, per esempio quando la disoccupazione sale e si rischiano tensioni sociali, quelle persone possono essere rispedite indietro nei villaggi d'origine, con le buone o con le cattive. Nell'inverno del 2018, poco prima del mio arrivo in Cina, dopo che un incendio aveva ucciso diciannove migranti accampati all'interno di un edificio di Pechino, tra cui nove bambini, le autorità hanno lanciato una campagna di ricollocamento forzato, radendo al suolo decine di villaggi di baracche e costringendo gli abitanti, in qualche caso residenti da anni, a lasciare la città.

La stessa valvola di sfogo è stata azionata anche durante il lockdown e nel successivo periodo di ripartenza dell'economia. Molti lavoratori migranti erano tornati ai villaggi d'origine prima delle vacanze del Capodanno lunare e per lungo tempo è stato loro impedito di rimettersi in viaggio verso le città. Alleggerendo la pressione demografica sulle metropoli il governo voleva scongiurare un aumento della disoccupazione. La parte di vita che quei cittadini conservano nelle campagne è servita come una sorta di ammortizzatore sociale, ma il risultato è che durante il blocco sono stati proprio i migranti interni a pagare il prezzo più alto in termini di stipendi persi. Secondo alcune stime solo tra i mesi di febbraio e marzo del 2020 avrebbero visto andare in fumo 214 miliardi di dollari, tra il 3 e il 4 per cento del reddito disponibile complessivo delle famiglie cinesi.

La seconda soluzione alle crescenti disuguaglianze è altrettanto nota: introdurre un sistema fiscale più efficace e più progressivo, sfruttando le entrate per investire nella creazione di un vero e proprio sistema nazionale di welfare, che oggi la Cina possiede solo in forma embrionale. Per esempio potenziando la sanità e soprattutto l'istruzione pubblica nelle aree meno sviluppate o creando misure di sostegno all'indigenza universali, che non si limitino alla povertà assoluta delle campagne ma considerino anche la nuova e multiforme povertà delle città. Questo spingerebbe le famiglie a risparmiare meno e a consumare di più. Solo che una riforma del fisco sarebbe altamente impopolare agli occhi dei cittadini, per decenni schiacciati dal Partito in un'uguaglianza al ribasso e poi improvvisamente convinti da Deng Xiaoping – l'architetto delle riforme che dagli anni Ottanta in avanti hanno cambiato volto al Paese – che «arricchirsi è glorioso».

Il problema in fondo è sempre lo stesso. Fino a oggi tutti o quasi i cinesi hanno potuto misurare in maniera concreta, giorno per giorno, il loro avanzamento personale e familiare: un'automobile, un frigorifero, qualche zero in più sul conto in banca. «I miei figli hanno tutti l'auto» mi disse una volta, orgoglioso, un anziano signore. «I miei genitori sono contadini» mi ha detto un ragazzo laureato, a cui avevo chiesto se il suo lavoro da 400 euro al mese lo soddisfacesse. Niente come questo contemporaneo avanzamento collettivo permette di nascondere le disuguaglianze, il fatto cioè che alcuni hanno guadagnato poco e altri moltissimo. Insieme alla cultura confuciana, rigidamente gerarchica, è uno dei motivi per cui le disparità sono generalmente tollerate dai cittadini cinesi. Ma fino a quando? Meno una società è mobile, più la sua economia ne risente. Più lo sviluppo frena, più la mancanza di equità diventa evidente. I ventenni e i trentenni cinesi sono cresciuti con la certezza che sarebbero stati meglio dei propri genitori, che avrebbero potuto avere di più e fare di più. Ma non è detto che riescano a trasmettere la stessa certezza ai loro figli.

IV
Figli unici

In mezzo al giardino un mucchio di giocattoli: frisbee, pupazzi, palle di ogni dimensione. Ma nessun bambino in vista. I cani sanno andare sullo scivolo? «Sylar sì, guarda!» A un gesto di Zhou Tianxiao, il border collie si lanciò di corsa, salì con due balzi la scaletta e poi scivolò dolcemente lungo la discesa, planando scodinzolante sull'erba. «Sylar ha dato un senso alla mia vita, volevo restituirgli qualcosa.» Alla faccia della restituzione: Zhou aveva comprato quel vecchio magazzino oltre il sesto anello stradale di Pechino, fuori dal perimetro della legge che vieta i cani più alti di 35 centimetri al garrese, e lo aveva trasformato in una specie di resort di lusso per quadrupedi. Parco giochi da 7000 metri quadrati con accessori di ogni tipo, cucce climatizzate e piscina coperta. In totale la ristrutturazione gli era costata più o meno mezzo milione di euro. Ma il suo debito nei confronti di Sylar, mi raccontò con una schiettezza rara per un cinese al primo incontro, era enorme. In mezzo a questo Paese dalla competizione sfrenata, dove tutti corrono verso il proprio obiettivo, lui era un ragazzo senza direzione. Un fallito, diremmo noi, anche se nel linguaggio schietto e crudele dei Millennials cinesi la parola più in voga è *diaosi*, che alla lettera significa «pelo pubico». Genitori divorziati e spariti chissà dove, scuola abbandonata a quindici anni, giusto alla fine dell'età dell'obbligo, «tanti videogiochi, tanto alcol». Fino a che l'incontro con Sylar non gli aveva restituito una motivazione. Zhou aveva iniziato ad addestrarlo per gioco, guardando i filmati su Internet, poi aveva cominciato a caricare sui social anche i suoi video, conquistando decine di migliaia di follower. Spesso le fortune della nuova Cina si costruiscono sul web e la vita di Zhou aveva svoltato quando aveva deciso di aprire un e-commerce di prodotti per animali.

Il momento non poteva essere migliore, visto che i cittadini del Dragone sono travolti da una sfrenata passione per le bestiole domestiche. Vietati come passatempo borghese in epoca maoista, gli animali sono tornati nelle case dei cinesi a partire dagli anni Novanta. Gli anziani degli *hutong*, i vicoletti del centro di Pechino, hanno ripreso l'antico passatempo di allevare grilli e piccioni da competizione, portati in giro in apposite gabbiette di legno. I giovani della nuova classe media, influenzati dal Giappone e dall'Occidente, stravedono per cani e gatti. I numeri stanno decollando, siamo già vicini ai 200 milioni di esemplari. Ovviamente, i padroni non badano a spese per coccolarli. L'ingresso al resort di Zhou è gratuito per i clienti del suo e-commerce, ma un bagnetto in piscina con il proprio cucciolo viene 150 yuan, circa 20 euro, mentre una giornata in suite privata con condizionatore, filtri per l'inquinamento e speciali poltroncine per animale che arrivano da Hong Kong è in listino a 50 euro. Il cibo viene da Nuova Zelanda o Stati Uniti, solo carne di prima qualità. Morale: a questo trentatreenne alto, smilzo e dinoccolato, con T-shirt larga da rapper del ghetto e una croce argentata al collo, le cose erano andate bene. Da qualche tempo girava con una Maserati blu elettrico, con la coperta tutta peli di Sylar sul sedile del passeggero.

Vista la schiettezza, alla fine mi decisi a chiederglielo: alcuni articoli usciti sulla stampa mettevano in relazione il boom degli animali domestici con il costante declino della natalità in Cina. L'ipotesi, non certo scientifica ma suggestiva, era che un cane o un gatto fossero una specie di surrogato, di compensazione, di rifugio per una generazione di figli unici cresciuti con il peso delle aspettative sulle spalle, giovani che ritardavano sempre di più il momento di avere bambini. «Guarda me,» rispose Zhou, accarezzando la zampa del border collie, «io non voglio avere bambini perché so bene a quanta pressione sono sottoposti in questo Paese. Sylar è la famiglia che non ho.»

Ogni anno la Cina fa meno figli. Nel 2019 sono nati 14 milioni e 650 mila bambini, numero enorme in assoluto, come una Lombardia e un Piemonte messi insieme, ma molto limitato per le proporzioni del Dragone. Le statistiche lo indicano come il più basso dal 1961, ultimo anno della Grande carestia che aveva ridotto ogni prospettiva alla pura sopravvivenza. Il tasso di natalità poi – 10,48 figli ogni mille persone – è addirittura il più basso dal 1949, cioè in tutta la storia della Cina comunista. E secondo i primi dati parziali il 2020 sarebbe andato anche peggio, con un ulteriore crollo dei bebè del 15 per cento.

La si potrebbe definire la maledizione del figlio unico, dal nome della misura lanciata nel 1980 sotto la leadership di Deng Xiaoping, la più radicale politica di controllo delle nascite mai sperimentata da un governo in epoca contemporanea. Gli studiosi dibattono sui reali effetti che l'introduzione di quel limite ha avuto sulla demografia cinese. Lo sforzo per contenere l'aumento della popolazione, infatti, era già iniziato nel decennio precedente sotto Mao, quando gli striscioni della propaganda invitavano i cittadini a *wan*, sposarsi «più tardi», *xi*, aspettare «a lungo» tra un figlio e l'altro, e *shao*, farne «pochi». La natalità era già precipitata quando la politica del figlio unico entrò in vigore, con il suo tragico corredo di aborti, sterilizzazioni forzate e tentativi delle mamme di nascondere la pancia agli occhi dei vicini delatori. E anche il successivo, ulteriore calo sembra più una conseguenza dell'aumento del benessere che un effetto dei divieti. Resta però il fatto che le nascite scesero e il Partito comunista come sempre si prese il merito, spiegando al popolo che quei 400 milioni di bambini mai nati, cifra calcolata non si sa bene come, avevano permesso di accelerare il progresso del Dragone. Meno bocche da sfamare uguale più pane per chi c'era: la brutale equazione tra figlio unico e ricchezza si era impressa nella retorica di regime. E nella mente dei cinesi.

Anche per questo il Partito ha faticato non poco a realizzare che la curva demografica si stava velocemente e pericolosamente sbilanciando dall'altro lato. Già all'inizio degli anni Novanta il tasso di fecondità era sceso sotto i 2,1 figli per donna, la soglia «di sostituzione» che garantisce a una società il ricambio generazionale, proseguendo poi la caduta fino all'attuale 1,6, cifra che secondo alcuni sarebbe addirittura sovrastimata. La prospettiva che oggi la Cina deve affrontare non è solo un declino di popolazione, che inizierà a un certo punto in questo decennio, bensì una vera e propria bomba demografica, il più rapido invecchiamento registrato da un Paese nella storia della civiltà, un fenomeno dalle conseguenze sociali, economiche e perfino psicologiche devastanti. Eccone una, non l'unica: la forza lavoro si riduce già da otto anni e secondo le proiezioni precipiterà di 200 milioni di persone entro il 2050, anno in cui gli over 60 saranno diventati 487 milioni. Di questo passo non ci saranno abbastanza lavoratori attivi per sostenere gli anziani pensionati.

I Paesi sviluppati, Italia compresa, conoscono bene questa crisi della fertilità. Solo che la Cina è ancora uno Stato in via di sviluppo. In mandarino c'è un'espressione per il grande incubo del Dragone, una prospettiva terrorizzante che sta prendendo forma davanti ai suoi occhi: *wei fu xian lao*, «diventare vecchi prima di diventare ricchi». L'Europa o il Giappone avevano già raggiunto livelli di reddito elevati prima di cominciare a invecchiare in modo incontrollato. La Cina invece ha iniziato mentre è ancora a metà strada nell'ascesa verso il compiuto benessere. È questa una delle più grandi minacce al «sogno cinese» di Xi Jinping e del Partito comunista, il «ringiovanimento nazionale» – notare l'involontaria ironia – che dovrebbe portare la Repubblica Popolare alla piena modernità nel 2049.

Non si può dire che la leadership ignori il problema. Periodicamente qualche studio dell'Accademia cinese delle scienze sociali, ripreso con toni allarmati dai media di regime, ne sottolinea la portata. Il fatto è che i correttivi introdotti finora sono stati timidi e inefficaci. Nel 2013 le maglie della politica del figlio unico sono state allargate, dal 2016 alle coppie è consentito avere un secondo figlio. Ma dopo un leggero aumento delle nascite nel primo anno del nuovo regime, in quelli successivi la curva è tornata a piegare verso il basso con ancora maggiore decisione. Ora si ipotizza di eliminare del tutto i limiti e lasciare le famiglie libere di avere quanti figli vogliono. È probabile che ci si arrivi presto, ma è difficile che l'apertura cambi qualcosa. Si può impedire per legge alle persone di avere più di un bambino, ma non le si può obbligare ad averne due o tre. E i motivi per cui il Dragone non fa più figli hanno ormai poco o nulla a che fare con i divieti formali.

Dopo una generazione e mezza di figli unici, questo per i cinesi è diventato l'archetipo di famiglia, lo schema attorno a cui l'intera società si è strutturata. Basta osservare le pubblicità in TV o in metropolitana, espressione delle aspirazioni più profonde di un popolo. Il numero perfetto della famiglia felice è sempre tre: padre, madre e figlio, uniche variazioni possibili la presenza dei nonni o del famoso cane (di razza). Se il presunto legame tra figli unici e benessere poteva risultare convincente trent'anni fa, nel pieno dell'era dello sviluppo, a maggior ragione lo è ora, visto che l'economia rallenta e la percezione di opportunità diminuisce. «Ne vogliamo uno, due non ce li possiamo permettere» mi disse un sabato pomeriggio una ragazza venticinquenne a passeggio con il fidanzato al centro commerciale China World di Pechino. Dopo l'ennesimo sconfortante dato sulla natalità ero partito alla caccia di opinioni, e lo *shopping mall*, non-luogo simbolo della Cina contemporanea, nei weekend si trasformava in un enorme parco giochi per famiglie. Molte delle risposte di genitori o aspiranti tali battevano sullo stesso tasto: fare figli costa troppo. Eppure, pensavo, siamo nel centro della capitale, in mezzo a negozi di lusso. I ragazzi che passeggiano qui sono i figli della nuova classe media, hanno borse firmate e iPhone ultimo modello, girano il mondo. Possibile che nessuno immagini di poter crescere due figli? Non quella ragazza: «Sarà già un problema pagare l'asilo».

Non citava l'asilo a caso: nel sistema educativo del Dragone le scuole per l'infanzia costano spesso e volentieri più delle superiori. Cioè tantissimo. Per capire il motivo bisogna tenere insieme due aspetti. Il primo è un'incrollabile, ammirevole fede nel valore dell'istruzione. Quali che siano le loro disponibilità, i genitori cinesi investono gran parte dei risparmi, a volte anche i soldi che non hanno, per garantire al figlio la migliore istruzione possibile, chiedendogli in cambio solo un impegno: fare al meglio il proprio dovere di studente.

Il secondo elemento è la percezione sempre più diffusa che la strada verso il successo, già lunga e accidentata, si stia progressivamente restringendo. In Cina le opportunità di carriera dipendono dal livello e dalle qualità dell'istruzione. I ragazzi che si laureano in una università di élite, come Beida a Pechino o Fudan a Shanghai, entrano di diritto nella classe dirigente del Paese, le aziende fanno la fila per assumerli ancora prima che finiscano gli studi; un gradino più in basso gli atenei provinciali di prima fascia assicurano comunque un impiego e uno stipendio di alto livello; scendere ancora significa affondare nella massa indistinta e sgomitante di laureati che la Cina sforna ogni anno, circa 9 milioni. Entrare oppure no nell'università dei propri sogni dipende dal risultato del *gaokao*, l'esame nazionale di ammissione che i ragazzi affrontano all'ultimo anno delle superiori. Ma prima ancora, alla fine delle medie c'è lo *zhongkao*, l'esame che decide se un ragazzo potrà iscriversi all'equivalente del nostro liceo oppure dovrà accontentarsi di un istituto tecnico o professionale, già proiettato verso un impiego di basso livello. La preparazione per quelle temutissime prove, momenti spartiacque nella vita di ogni ragazzo, inizia, letteralmente, dall'asilo.

A pagina 1 del manuale del buon genitore c'è dunque un principio chiave: «Non perdere alla linea di partenza». Iscrivere il figlio a una scuola dell'infanzia d'eccellenza significa aprirgli la strada per delle elementari di uguale livello, quindi prenotargli un posto per delle medie di prima fascia, quelle che aumentano le chance di eccellere negli esami nazionali. Le famiglie più accorte iniziano a progettare il curriculum del pargolo quando è ancora nella pancia di mamma. In prossimità delle scuole di Stato più prestigiose il prezzo degli affitti si impenna: molti genitori provano a trasferirsi nel distretto, perché la selezione si basa anche sulla residenza. Chi ha una rete di relazioni personali tenta di attivarla per saltare la fila. L'alternativa, l'istruzione privata, è ancora più costosa: una scuola dell'infanzia bilingue di Pechino – mandarino e inglese – può costare anche 200.000 renminbi l'anno, più o meno 30.000 euro.

Ma la scuola è solo l'inizio. Un'educazione che faccia la differenza non può limitarsi all'istruzione obbligatoria. Per le famiglie con ambizioni, cioè tutte, è imperativo iscrivere i figli a uno o più corsi pomeridiani. Musica e inglese restano sempre i più gettonati. Piattaforme online dai nomi pretenziosi, come VipKid, offrono lezioni con insegnanti madrelingua che vivono dall'altra parte del mondo. Da qualche tempo si stanno moltiplicando anche le accademie sportive di calcio, tennis o golf, da cui non ci si aspetta che facciano divertire e socializzare i bambini, quanto che allevino piccoli campioncini o almeno che diano loro delle qualità che gli serviranno nella vita adulta, come concentrazione e leadership. Oltre la metà degli studenti poi è seguita da un tutor nei pomeriggi e nei weekend, almeno per qualche ora.

Il risultato di questa inesauribile domanda di apprendimento è un mercato dai prezzi esosi. Tutto considerato, non stupisce che in un distretto centrale di Shanghai le famiglie spendano in media 100.000 euro per crescere un bambino dalla nascita alla fine della scuola dell'obbligo, il cosiddetto «nono grado». E se Shanghai rappresenta l'estremo più alto della ricchezza cinese, la quota di reddito dedicata ai figli nelle aree meno ricche è in proporzione ancora più alta. Nelle campagne molte delle decisioni di vita di una famiglia, a cominciare da quella di emigrare verso una metropoli lontana in cerca di uno stipendio più alto, nascono dalla volontà di garantire la migliore istruzione possibile al proprio bambino.

Finora, a parte dei periodici inviti a procreare per il bene del Paese, il governo non ha fatto granché per sostenere lo sforzo delle famiglie. Gli incentivi fiscali per chi ha figli sono minimi, senza contare che l'impegno di padri e madri non è solo economico, ma anche di tempo ed energie. Nonostante la profusione di scuole e corsi, di insegnanti e tutor, il manuale del buon genitore prevede infatti una presenza costante accanto al bambino. Nel libro *Little Soldiers* la scrittrice sino-americana Lenora Chu, cresciuta negli Stati Uniti, racconta l'esperienza vissuta dalla famiglia quando lei e il marito decisero di iscrivere Rainey, il figlio di tre anni, a un asilo di Stato di Shanghai, uno dei più prestigiosi della città. Il primo messaggio della preside, una specie di Signorina Rottenmeier in versione mandarina, era stato: noi non scegliamo i bambini, scegliamo i genitori. E se le chat di classe italiane vi sembrano un manicomio è perché non avete mai visto quelle dei genitori-tigre cinesi, dove l'insegnante assegna i compiti per casa alle famiglie e le madri fanno a gara per rispondere in fretta e mostrarsi diligenti, mettendosi pressione a vicenda.

Il presupposto è che i bambini debbano dedicare ogni energia all'apprendimento, quindi che la famiglia debba lavorare a tempo pieno per prendersi cura del resto. La formula «quattro-due-uno», quattro nonni e due genitori per ogni bimbo, fa sì che in molti casi papà e mamma abbiano un sostegno. In un Paese sempre più mobile non è detto però che i nonni siano a portata di mano e non tutti possono permettersi una *ayi*, una tata. Come in tante parti del mondo, Italia compresa, il carico finisce soprattutto sulle spalle delle madri. Ma in Cina l'incrocio fra una tradizione patriarcale ancora fortissima, la sensazione che ogni scelta sia decisiva per il destino del figlio e un'economia di mercato selvaggia rende questo peso ancora più gravoso. Guardatele in azione le mamme del Dragone: sui treni ad alta velocità, mentre fanno leggere un libro al figlio, al ristorante, dove parlano con lui in inglese, o in piscina, dove camminando a bordo vasca seguono bracciata per bracciata la lezione di nuoto. I sondaggi dicono che buona parte di loro finisce per lasciare il lavoro, alcune la rivendicano come una scelta, per altre è una necessità dettata dagli impegni del marito. Altre ancora, come una ragazza trentaduenne incontrata quel pomeriggio al centro commerciale, decidono che perfino uno è troppo, non avranno bimbi: «Voglio avere più tempo per me».

I figli unici del Dragone hanno un soprannome che ne rende bene la condizione: i «piccoli imperatori». La loro corte dorata non è la Città Proibita, ma la sezione per famiglie del centro commerciale China World, progettata in modo da permettere ai genitori della nuova facoltosa classe media di educarli o coccolarli, ovviamente spendendo cospicue somme di denaro. Attorno alla pista di pattinaggio i negozi hanno le stesse insegne di quelli degli adulti, solo in versione Kids: Armani, Fila, Versace, Dior, Burberry. Ci sono perfino vetrine di cosmetici e profumi: la Cina è il primo mercato al mondo del lusso, ma sta diventando il primissimo del lusso per minori, con relativo esercito di genitori influencer. Dentro la libreria il reparto bambini è ormai sconfinato, i testi educativi per l'infanzia sono il segmento che cresce di più e ogni negozio che si rispetti prevede uno spazio con banchi e seggiole in cui i genitori possono sedersi con i figli e farli leggere. Qualche metro più in là, ecco uno dei nuovi *members' clubs* per mamme; dietro alla reception si legge una scritta al neon, «la scelta delle mamme superstar». Sono le cosiddette *la ma*, le «mamme hot», giovani donne nate negli anni Ottanta o Novanta, benestanti e attente all'immagine, che aspirano a trasformare i figli in versioni miniaturizzate di se stesse. Non tutte le famiglie sono così, qui siamo a un estremo, ma è un estremo che fa tendenza.

Essere genitori in Cina, insomma, non è facile. Ma la vicenda si può e si deve guardare anche dalla prospettiva opposta: non è facile neppure essere bambini o ragazzi. Se la formula «quattro-due-uno» garantisce ai piccoli imperatori le risorse e le attenzioni indivise di sei adulti, li condanna anche a un carico equivalente di aspettative, perché un giorno quel rapporto si rovescerà e in nome del principio confuciano della pietà filiale saranno loro a doversi prendere cura di genitori e nonni. L'età della spensieratezza dura poco, ammesso che faccia parte dell'esperienza cosciente di un giovane cinese. I bambini entrano sempre più piccoli in un sistema educativo esigente e dalla disciplina rigidissima, in cui molto ruota attorno all'apprendimento mnemonico del mandarino. Il numero di caratteri che ogni alunno deve apprendere è rigidamente codificato, 2500 alla fine delle elementari, 1000 in più alle medie, e così via. La valutazione è costante, il confronto con i risultati degli altri compagni esplicito. Fuori dalla classe non va molto meglio: le ore di compiti sono in media tre al giorno, senza contare i vari corsi aggiuntivi. Molti dei bambini cinesi soffrono di *yanxue*, «avversione per lo studio», ed essere figli unici non aiuta ad alleviare la tensione, visto che le occasioni di interagire con i coetanei in contesti di gioco sono poche. I tassi di miopia nel Paese stanno esplodendo, e una delle ragioni è proprio che i piccoli cinesi passano troppo tempo al chiuso sui libri.

La pressione raggiunge l'apoteosi a ridosso del *gaokao*, letteralmente «l'alto esame». Tutti i cinesi sono consapevoli che la preparazione per questa prova è fine a se stessa, che non si studiano delle discipline ma solo come affrontare al meglio l'esame. In questo senso il *gaokao* è l'emblema assoluto della cultura dei test e dei punteggi che pervade l'intera società del Dragone, a tutti i livelli e a tutte le età. Eppure, in un Paese in cui la percezione delle disuguaglianze è sempre più acuta, molti ne esaltano l'equità: davanti a quel foglio bianco e a quelle quattro prove – mandarino, matematica, inglese per tutti, più un'ultima che varia a seconda dell'indirizzo scelto – i figli della Cina sentono di essere davvero uguali, di avere le stesse chance. Più difficile capire quanto la percezione corrisponda alla realtà, visto che il livello della scuola frequentata e la quantità di lezioni private che una famiglia può permettersi fanno la differenza.

Nel giugno del 2019, pochi giorni prima del test, sono riuscito a strappare qualche minuto al telefono a una ragazza diciottenne di nome Xiao. Concessione enorme, possibile solo grazie alla mediazione di un conoscente comune, visto che in quelle settimane ogni minuto assume un'importanza decisiva. «Tante persone vogliono passare da un ponte molto stretto» mi disse Xiao, le cui giornate si erano ridotte a un'unica continua sessione di ripasso. Sveglia alle 6, lezioni dalle 7 fino alle 18 intervallate solo da un pranzo veloce, dopo cena altre tre ore per i compiti. Ogni giorno la stessa routine, sabati e domeniche inclusi. Non esistevano distrazioni, non esistevano telefonate con gli amici, «tanto siamo tutti a scuola». Xiao era originaria di un villaggio rurale ma studiava in città, e per assisterla, lavarle i vestiti e prepararle i pasti sua madre aveva affittato per un paio di mesi un appartamento vicino alla scuola. La ragazza mi aveva stupito per la sua serenità, sapeva che quell'esame non era tutto. Avrei poi scoperto che la prova non era andata bene, il punteggio non le avrebbe permesso di iscriversi a Finanza all'Università di Xi'an, come desiderava fare.

Chi non era per niente tranquillo invece era il signor Wang, un padre di famiglia la cui figlia diciannovenne, non reggendo la pressione, era scappata da scuola prima dell'ultima simulazione dell'esame. Neanche i nonni, intervenuti per riportarla alla ragione, erano riusciti a convincerla a rimettersi sui libri. Papà Wang era un impiegato di Pechino, 1200 euro al mese di entrate, e quell'anno ne aveva spesi oltre 12.000 per pagare alla figlia le ripetizioni private. «Ma lo rifarei comunque: quale investimento vale di più del futuro dei nostri figli?»

I pregi del sistema educativo cinese sono noti e spesso elogiati, non solo dal regime. Nei più recenti test OCSE-PISA, che misurano il livello di competenze in lettura, matematica e scienze dei quindicenni di tutto il mondo, gli studenti del Dragone si sono piazzati al primo posto in tutte le discipline, anche se i risultati sono in parte falsati dal fatto che le prove sono state svolte solo in quattro tra le province più ricche del Paese. La compostezza e la tranquillità con cui i bambini cinesi stanno seduti al ristorante è l'invidia di ogni genitore occidentale, e su quello non si può barare. Eppure nella nazione dei figli unici sta aumentando anche il numero degli sconfitti, una realtà sempre più difficile da oscurare. Sono i ragazzi «lasciati indietro» nelle campagne, figli di genitori migrati lontano per pagare loro gli studi, ma che spesso finiscono per sviluppare problemi psicologici e lasciare la scuola. Sono gli adolescenti come la figlia del signor Wang, che non reggono la pressione. O i ragazzi che una volta terminato il percorso di guerra tra i banchi, quando arrivano all'università o dopo la laurea, sono assaliti da un improvviso senso di vuoto.

Definire il concetto di felicità è problematico, misurarlo ancora di più. Ma stupisce il fatto che nel *World Happiness Report* del 2020 la Cina – nonostante un benessere e un'aspettativa di vita in continuo aumento, fattori che di solito garantiscono un piazzamento in vetta – risulti al novantatreesimo posto in classifica su 156 Paesi, dietro anche al Tagikistan, alla Mongolia e alle Filippine. L'Organizzazione mondiale della sanità stima che 54 milioni di cittadini soffrano di depressione e 41 milioni di disturbi legati all'ansia. Questo disagio sembra particolarmente diffuso all'interno della generazione dei figli unici. Emerge spesso in Rete, lo spazio di espressione privilegiato per i cinesi nati dopo gli anni Ottanta, dove possono mostrare la loro debolezza senza perdere la faccia. Racconti di fallimento o frustrazione, magari anonimi, diventano virali, condivisi da milioni di persone. Ma anche uno dei più noti best seller degli ultimi anni, *Le tre porte*, parla di questo. L'autore del romanzo si chiama Han Han, uno scrittore geniale e ribelle nato nel 1982 a Shanghai e ritiratosi da una delle più prestigiose scuole superiori della città dopo aver mancato la sufficienza in sette materie per due anni di fila. Il protagonista Lin Yuxiang, studente delle superiori e suo alter ego, trascorre ore senza fine di vuoto e apprendimento passivo, precipitando inesorabilmente verso il fallimento, nonostante le pillole per aumentare il quoziente intellettivo comprategli dalla madre. Nel libro la scuola è descritta come una fabbrica che deve produrre tante bacchette della stessa dimensione, una satira rara, esplicita ed amara del sistema dell'istruzione cinese. Uscito nel 2000, è diventato un successo istantaneo, vendendo oltre due milioni di copie e dando voce alla frustrazione di un'intera generazione.

Il vocabolario dell'autodenigrazione dei Millennials cinesi si aggiorna di continuo con nuovi termini. Dopo *diaosi*, «pelo pubico», nel 2018 la parola dell'anno è stata *qiou*, crasi tra *qiong*, «povero», e *chou*, «brutto». Ma se l'etichetta di fallito in fondo rivela ancora una forma di aspirazione, per quanto frustrata, molti invece decidono direttamente di abbandonare la corsa. Si definiscono *foxi*, che letteralmente significa «buddhisti» ma indica coloro che vivono senza ambizioni, avvolti da un senso nichilistico di apatia per la società che li circonda. Tra le cose per cui questi ragazzi non vogliono sprecare il proprio tempo ci sono anche le relazioni di coppia, così finiscono per essere *danshen gou*, «cani solitari». Forse non è altro che l'ennesima espressione dell'individualismo dei piccoli imperatori, forse è l'effetto della sproporzione tra le aspettative con cui sono stati cresciuti e la realtà di una Cina all'improvviso normale, in cui il problema sono stipendi sempre troppo bassi per comprare case sempre più costose.

Alla fine del 2020 sui social del Dragone è diventato virale un altro termine, fino a quel momento riservato a un lessico accademico: *neijuan*, cioè «involuzione». È una parola che viene dall'antropologia e indica l'immobilità stagnante delle economie agricole tradizionali, in cui neanche quantità extra di lavoro aumentano il livello di produttività. La parola mandarina evoca l'immagine di qualcosa che si avvita su se stesso, il contrario dell'evoluzione. Dietro a quel termine, come ha spiegato l'antropologo Xiang Biao in un'intervista al sito *Sixth Tone*, non c'è solo la spietata competizione, ma anche il senso di una corsa in cui a maggiori sforzi non corrisponde alcun beneficio concreto e dalla quale però non ci si può ritirare, visto che la società cinese offre una definizione molto standard del successo. Nessuna via di fuga è contemplata. Sul web *neijuan* ha avuto una diffusione sorprendente, adottato da mamme costrette a casa per crescere i figli, studenti delle università di élite e programmatori con stipendi a vari zeri, ma sfiancati dalle maratone in ufficio. Un giorno mi stupì sentire dalla mia insegnante di mandarino, una ragazza colta e di estrazione sociale elevata, esattamente la stessa risposta che mi aveva dato Zhou, il padrone di Sylar: «Figli? Non voglio sottoporli alla stessa pressione che ho vissuto io».

Inseguire una storia letta sui giornali cinesi è sempre un azzardo. Spesso, arrivati sul posto, si scopre con grande frustrazione che la notizia era tutta propaganda e poca sostanza. A volte però, in qualche caso fortunato, può anche capitare di trovare una storia diversa, più interessante. Al villaggio di Xinzhuang, un'ora di automobile da Pechino, al confine settentrionale del territorio della metropoli, ero andato per scrivere di raccolta differenziata. Da qualche settimana, a metà del 2020, la capitale aveva introdotto l'obbligo di separare materiali riciclabili e no, una rivoluzione copernicana che aveva spiazzato non poco i cittadini, anche quelli meglio intenzionati, incerti di fronte ai quattro diversi bidoni della spazzatura. Vari media di regime raccontavano che a Xinzhuang vivevano dei pionieri, dato che il villaggio aveva iniziato con successo a differenziare già da qualche anno. Avevano una lezione da trasmettere? Volevo scoprirlo di persona. Era fine luglio e su Pechino era piombata la solita insopportabile cappa di caldo estivo, il periodo in cui neppure di notte la temperatura scende, tale è il calore accumulato dall'asfalto e dai palazzi. Mezza giornata fuori porta sarebbe stata comunque una piacevole boccata d'aria.

A Xinzhuang in effetti il termometro segnava 30 gradi, 5 in meno rispetto alla città, e una brezza rendeva l'aria respirabile. Il villaggio era un sonnolento gruppetto di case in mezzo ai campi, a poca distanza dalle montagne che a nord delimitano la piana di Pechino. Ai lati della strada, una serie di appezzamenti agricoli cinti da muretti. Yang Jing, la donna che i giornali descrivevano come la mente del progetto «rifiuti zero», mi aspettava di fronte al suo terreno. Era una signora di quarantatré anni, con la naturale, slanciata eleganza che hanno certe cinesi del Nord. Solo che rispetto alle coetanee di città lei non portava abiti di marca, bensì una maglietta bianca e un cappello di paglia. E anziché di porcellana come impone l'estetica dominante, la sua pelle era imbrunita dal lavoro all'aria aperta. Mi fece accomodare sotto una tenda, dove, insieme a una pentola di pannocchie bollite, ci aspettava un'altra donna, Gao, che avrebbe dato una mano con la traduzione. Aveva trentasei anni e parlava inglese e tedesco, aveva vissuto in Germania e ora dava una mano alla cooperativa dei rifiuti. Un'altra che in teoria c'entrava ben poco con quel contesto rurale.

Chiesi della differenziata quasi per cortesia, aspettando solo il momento per capire chi fossero davvero quelle due e che cosa ci facessero lì, in mezzo al compost e alle mosche. Il progetto «rifiuti zero», mi risposero, era iniziato quattro anni prima e in pochissimo tempo erano riuscite a coinvolgere gli abitanti del villaggio. Quindi loro non erano del posto? «No.» Yang Jing veniva da Pechino, aveva lasciato un lavoro da funzionaria pubblica, mentre Gao, originaria del Sud della Cina, era ingegnere ambientale. E come mai si erano trasferite? «Per i nostri figli.» Yang Jing aveva una bambina, Gao un bimbo. «Volevamo che crescessero in un ambiente meno stressante, con un'educazione più moderna rispetto a quella delle scuole cinesi. E qui c'è una scuola diversa.» Che scuola? «Metodo Waldorf, lo conosci?» Più o meno. Era il metodo steineriano, un approccio pedagogico basato sulle concezioni filosofiche di Rudolf Steiner, secondo il quale lo sviluppo del bambino richiede una prospettiva olistica, che lasci spazio alla creatività e alla fantasia. Un modello di apprendimento basato sulla sperimentazione, più che su trasmissione di nozioni, standard e verifiche. Il contrario della scuola cinese.

Tutto mi sarei aspettato meno che di trovarlo qui, in un villaggio alla periferia di Pechino. E invece a mia insaputa ero arrivato in un luogo particolare. A Xinzhuang all'inizio degli anni Novanta, cioè dopo la strage di Tiananmen e il successivo giro di vite, si era rifugiata una comunità di artisti. E nel 2012 era arrivata la scuola, guardata con sospetto dalle autorità comuniste per i suoi presunti contenuti confessionali, ma che in breve tempo aveva attratto circa duecento famiglie da tutta la Cina, desiderose di dare ai figli un'educazione diversa. Yang e Gao mi proposero di fare un giro. I nuovi arrivati avevano ristrutturato le vecchie case dei contadini. Erano designer, architetti, imprenditori, esponenti della classe intellettuale, molti dei mariti facevano ogni giorno avanti e indietro dal centro di Pechino. Una coppia tornata dal Giappone aveva aperto una caffetteria artigianale, molto instagrammabile, c'erano un panificio, un ristorante vegetariano, una biblioteca e, al centro di tutto, la scuola. Yang Jing mi spiegò che migliaia di persone in Cina stavano facendo la stessa scelta: fuggire dalle città e tornare a una vita di comunità in centri più piccoli. «Come dicono in Africa, ci vuole un villaggio per crescere un bambino.»

Definirla una tendenza sarebbe eccessivo. In Cina il grande flusso è sempre quello opposto, dalle campagne verso le città, milioni di persone che si spostano alla ricerca di benessere e opportunità che le aree rurali non offrono. Ma le Xinzhuang del Dragone sono il sintomo di una crescente insofferenza verso il sistema, specie tra la borghesia più istruita, e del fallimento dei tentativi del governo di cambiarlo. Periodicamente le autorità provano ad alleggerire il carico di studio che grava sulle spalle dei bambini, per esempio limitando la quantità di compiti o lezioni extra. Ma ogni volta sono i genitori a protestare con violenza, preoccupati che i figli restino indietro e perdano la loro occasione di ascesa sociale. Il governo ha anche provato a diminuire il peso attribuito a test e valutazioni, salvo doversi arrendere al fatto che il sistema cinese ne è dipendente. Quanto ad assegnare più spazio alla creatività e allo spirito critico, magari a discapito di un po' di propaganda patriottica, il Partito comunista non vuole certo tirarsi la lavagna sui piedi. «È un circolo vizioso» mi disse Yang Jing. «Il sistema educativo è parte centrale di una cultura, e quando tutto va così veloce tu non puoi rallentare.»

Non potendo cambiare la realtà, le famiglie di Xinzhuang avevano provato a ritagliarsene una diversa, fragile come il permesso che le autorità avevano concesso alla scuola. Il fine settimana successivo Gao mi mandò le foto di un picnic lungo il fiume, genitori e figli insieme sorridenti. Quella comunità, scoperta per caso, mi aveva colpito: era qualcosa di diverso, all'interno di una Cina che spesso appare così uniforme da essere sconfortante. Allo stesso tempo mi rendevo anche conto che la scelta di quei genitori, oltre che elitaria, restava profondamente cinese. Intere famiglie si erano trasferite, a volte all'altro capo del Paese, per garantire ai figli la migliore educazione possibile, nella convinzione che questo avrebbe dato loro la possibilità di distinguersi. I bimbi di Xinzhuang restavano pur sempre figli unici, piccoli imperatori del Dragone.

V

Meno della metà del cielo

«Nel caso il marito abbia solo picchiato la moglie, suggeriamo di venire qui per una consulenza.» *Solo picchiato*? Doveva esserci un errore di traduzione, così chiesi all'interprete di verificare. Invece no: Hou Zhiming, la signora seduta con ieratica compostezza sulla poltrona di fronte, aveva detto proprio così. E lo ribadì senza fare una piega: «Se il marito è un pericolo per la comunità, verrà denunciato alla polizia locale. Se ha solo picchiato la moglie, suggeriamo di venire qui per una consulenza». Qualche secondo per elaborare. *Solo picchiato*: evidentemente per capire la condizione femminile in Cina era necessario fare tabula rasa di ogni giudizio. Tanto più che a pronunciare quella frase, parole che altrove sarebbero suonate come bestemmie, era una signora che si proclamava «femminista» e da anni si batteva in difesa delle donne. Hou Zhiming, psicologa sessantanovenne, portamento da matrona, abito bordeaux e pantofole nere, da ormai trent'anni era la direttrice del centro di consulenza psicologica per donne L'Acero, un'organizzazione non governativa di Pechino. L'ufficio era in un piccolo appartamento al primo piano di un complesso residenziale, senza alcuna insegna sulla porta. Per poter esistere, sotto un regime per cui ONG fa rima con pericolo, quel luogo doveva tenere un profilo basso. In una stanzetta poco illuminata, una centralinista con le cuffiette e il microfono stava parlando al telefono. Tra le attività principali dell'Acero c'era un numero verde a cui le donne vittime di violenza domestica potevano rivolgersi. Arrivavano circa una ventina di chiamate al giorno, le assistenti del centro offrivano ascolto, consulenza psicologica e suggerimenti legali. Nei casi più gravi, cercavano di far venire le donne a Pechino per un periodo di distanziamento dal marito.

Dunque picchiare la moglie non è reato in Cina? «La questione è molto complessa» rispose Hou. Lo avevo intuito. «Solo nel marzo del 2016 è stata introdotta una norma sulla violenza domestica, un grande passo avanti perché prima non c'era alcun supporto legislativo. Ma la definizione delle punizioni resta vaga.» Se il pestaggio non provoca la morte della donna o infortuni gravi è molto difficile che rientri in una fattispecie contemplata dal Codice penale. Per gli altri casi il massimo previsto sono quattordici giorni di detenzione amministrativa. La legge inoltre spiega che, insieme alla tutela della moglie, l'obiettivo è preservare «l'armonia familiare» e «la stabilità sociale», concetti chiave del sistema cinese che reiterano una vecchia idea: la violenza domestica è questione privata, e quando il capovillaggio, il comitato di quartiere o perfino la polizia sono chiamati a intervenire il loro compito è prima di tutto mediare, provare a ricomporre l'unità dei coniugi.

In Cina la legge non è sovrana, ma è uno degli strumenti attraverso cui il sovrano, nella versione contemporanea il Partito, governa il Paese. Più che con *rule of law*, cioè «governo della legge», il cinese *fazhi* andrebbe forse tradotto con *rule by law*, «governo attraverso la legge», una preposizione che fa la differenza: mettere una norma per iscritto significa poco, tutto dipende dalla decisione (o dalla cautela) con cui le autorità decidono di applicarla. Il discorso fatto per le violenze domestiche vale a maggior ragione per quelle sessuali. Anche qui, dopo un vuoto durato decenni, una legge è arrivata: il nuovo Codice civile entrato in vigore il 1° gennaio 2021 integra per la prima volta la fattispecie di molestia sessuale «attraverso parole, messaggi, immagini o condotta fisica». Ma, daccapo, non si tratta ancora di una legge penale. Il modo in cui le vittime dovrebbero denunciare non è specificato e tutto fa pensare che la reazione dei poliziotti di fronte a un esposto resti quella di sempre, cioè sminuire, convincere la donna a lasciar cadere, ricordarle che tutta la famiglia rischia di perdere la faccia, *diu lian*, grande spauracchio dei cinesi. «Il mondo esterno non aiuta a denunciare e nel caso di molestie sul luogo di lavoro ci sono anche considerazioni legate all'impiego, alla carriera, alla reazione del marito» mi spiegò Hou. «Le denunce che vediamo sono solo la punta dell'iceberg.» Quanto sia grande è impossibile dirlo, visto che la Cina non pubblica dati sulle violenze domestiche e sessuali. Ma probabilmente è enorme, a giudicare dalle notizie o dai sondaggi informali che ogni tanto aprono uno scorcio su questa realtà. Secondo una ricerca pubblicata nel 2017 da un centro per la parità di genere di Pechino, quattro donne su dieci hanno subìto molestie sul luogo di lavoro. Un vecchio sondaggio dell'Acero va perfino oltre: otto su dieci.

Con queste premesse capivo un po' meglio quel «solo picchiato», la bomba che Hou Zhiming aveva lanciato durante la nostra conversazione. Era l'approccio di una psicologa che da decenni combatteva in prima linea in un sistema dagli spazi strettissimi e che, per convinzione o necessità, vedeva il bene, cioè la rivendicazione di pieni diritti per le donne, come nemico del meglio, il tentativo di non lasciarle sole di fronte alle violenze. Eppure, proprio nel periodo in cui avevo visitato l'ufficio di Hou, l'autunno del 2018, qualcosa di nuovo in Cina stava succedendo. Alcune ragazze coraggiose si erano fatte avanti denunciando gli abusi subiti in ufficio o all'università, a volte da uomini di fama e di potere. Nel clima di silenzio e omertà la loro voce era suonata rivoluzionaria. Molti lo avevano descritto come l'inizio di un MeToo cinese, il movimento contro le violenze sulle donne partito l'anno precedente negli Stati Uniti. Hou però era scettica: qui non sarebbe mai stato possibile nulla del genere, mi disse, e forse sarebbe stato addirittura controproducente; «le femministe radicali» non le piacevano. Chi ha ragione?

Per provare a rispondere bisogna allargare il campo. Perché nella Cina che corre verso la sua modernità la violenza sulle donne è solo un aspetto, per quanto tra i più tragici, della discriminazione di genere. Negli ultimi trent'anni i cinesi hanno vissuto una straordinaria ascesa collettiva verso il benessere, ma anche, lo abbiamo visto, crescenti disparità. E le quasi 700 milioni di donne con passaporto della Repubblica Popolare, un quarto di tutta la popolazione femminile del pianeta, sono tra gli esempi più lampanti di queste disuguaglianze. Nell'ultima edizione del *Global Gender Gap Report*, lo studio del World Economic Forum che misura la disparità di genere nei vari Paesi, la Cina si colloca al centoseiesimo posto, molto in basso. E dal 2006, quando era sessantatreesima, perde ogni anno qualche posizione. Nel complesso i vari indicatori considerati nello studio, che vanno dall'accesso all'educazione al diritto alla salute, mostrano dei piccoli miglioramenti, ma molto più lenti rispetto agli altri Paesi, anche quelli del gruppo in via di sviluppo.

E pensare che nei primi decenni dopo la fondazione della Cina comunista il Partito, desideroso di demolire ogni tradizione, buona o cattiva che fosse, aveva lanciato una battaglia contro l'immagine della donna subordinata e per l'uguaglianza di genere. In un discorso pronunciato nel 1968 Mao scolpì nelle menti dei cittadini uno dei suoi celebri aforismi: «Le donne reggono metà del cielo». Il regime voleva soprattutto metterle al lavoro, come testimoniano i poster della propaganda in cui le compagne faticano nei campi o nelle fabbriche a fianco agli uomini, uniformate a loro perfino nell'aspetto: capelli corti a caschetto e divisa militare. Era una visione di parità che cancellava la differenza femminile e restava per molti aspetti parziale, visto che la leadership del Partito-Stato continuava a essere composta quasi esclusivamente da uomini. Però aveva garantito alle donne una serie di passi avanti dal punto di vista dei diritti, a cominciare da una nuova legge sul matrimonio che, rispetto alle unioni combinate dell'epoca precedente, prevedeva il consenso di entrambi i coniugi e rendeva il divorzio più facile per le mogli.

Soprattutto nelle campagne, però, la tradizionale visione confuciana della famiglia, un patriarcato sedimentato da secoli di storia e comune a tutta l'Asia orientale, non era scomparsa. I grandi rotoli di pittura della Cina imperiale, che con il loro gioco di prospettive stendono in orizzontale la vita di un'intera città, mostrano bene come lo spazio pubblico della strada fosse riservato agli uomini, mentre le donne erano relegate a quello privato della casa. Fino all'inizio del Novecento la maggior parte di loro, specie nelle classi più elevate, aveva i piedi bendati, una pratica mutilante e dolorosa che limitava la possibilità di camminare. Nell'ordine dell'universo e della società la virtù femminile era l'obbedienza, al padre, al marito e quindi all'erede maschio. Dopo le riforme di mercato degli anni Ottanta e Novanta, che hanno demolito il sistema delle unità di lavoro di epoca maoista, questa concezione mai davvero tramontata è emersa di nuovo, mescolandosi all'assenza di tutele che ha caratterizzato lo sviluppo selvaggio del capitalismo cinese. Il risultato è che le donne hanno beneficiato molto meno degli uomini del balzo in avanti del Dragone. La giornalista e ricercatrice Leta Hong Fincher parla, in termini relativi tra i sessi, di «una drammatica riduzione di diritti e di crescita».

La società cinese ha un modo a dir poco crudele di etichettare le persone e il loro status. Il mandarino definisce modelli di perfezione, a cui tutti devono puntare, stabilisce precise gerarchie economiche, calcolate al centesimo di yuan, e infierisce senza pietà su chi è al fondo della scala. Questo darwinismo sociale vale per tutti, uomini compresi. Un ragazzo modello deve essere *gao, fu, shuai*, «alto», «ricco» – almeno 3-4000 euro al mese in città – e «bello»; all'altro estremo ci sono gli sfigati, quelli senza auto, casa e stipendio, per i quali sarà molto difficile trovare moglie. L'ideale di mascolinità fa scoppiare spesso guerre di religione. L'industria culturale propone giovani attori e cantanti dal volto di un pallore immacolato, tratti dolci e androgini, a volte anche con un filo di trucco. In gergo si chiamano *xiao xian rou*, «piccola carne fresca», e sono molto amati dalle ragazze. Periodicamente i tradizionalisti denunciano il rischio che i maschi cinesi crescano troppo «effeminati», lontani dall'ideale confuciano dell'uomo forte. Di recente il ministero dell'Educazione ha proposto di combattere la tendenza assumendo più insegnanti di educazione fisica nelle scuole, provocando una rivolta online.

Per le donne però il gioco dei modelli diventa ancora più perverso. Nel loro caso la triade perfetta è *bai, fu, mei*, «bianche» – cioè dalla pelle diafana –, «ricche» e «belle». L'attrice Fan Bingbing o l'influencer Angelababy ne sono due esempi illustri. Ma siccome per tradizione la ricchezza può venire dal marito, i canoni estetici sono rigidi: la vita non deve essere più larga di un foglio di carta A4 messo in verticale (21 centimetri), il viso deve avere una forma a «v», gli occhi devono essere larghi e con le doppie palpebre, la pelle di porcellana. I social media hanno appositi filtri per creare questi effetti, che agli occhi degli occidentali risultano spesso grotteschi, ma poiché non si può vivere solo negli smartphone anche le operazioni di chirurgia estetica in Cina stanno esplodendo. Le giovani donne devono trasmettere un'immagine di dolcezza infantile, sia nell'aspetto sia nei comportamenti, ma anche sexy. Un misto di innocenza capricciosa e seduzione, vista come l'attitudine migliore per avere dei benefici in una società patriarcale.

Ma la parola che più di ogni altra definisce il livello di pressione sociale a cui sono sottoposte le giovani è *shengnu*, «donne avanzo», proprio come *shengcai* è il cibo che resta sul tavolo dopo la cena: sono le ragazze che hanno più di ventisette anni ma non sono ancora sposate. Anche in questo caso esiste un equivalente maschile, i «rami secchi», ma non ha neppure lontanamente la stessa portata, visto che *shengnu* è un concentrato di due potenti aspettative. Da una parte la convinzione radicata nelle famiglie che una ragazza si debba sposare presto, quando è ancora nel fiore degli anni, in modo da attirare un buon partito e concepire dei figli con maggiore facilità. Dall'altra l'esigenza del Partito di correggere le distorsioni demografiche del Dragone. Oltre alla bomba dell'invecchiamento, la politica del figlio unico ha creato un clamoroso sbilanciamento di genere, provocato fra le altre cose dagli aborti selettivi dei genitori alla ricerca di un erede maschio. Il risultato è che oggi in Cina ci sono circa 35 milioni di uomini in più rispetto alle donne, in particolare tra gli under 40, quindi mancano mogli per tanti aspiranti mariti. E più cresce il livello di istruzione femminile, l'indicatore in cui la Cina mostra i livelli di equità più elevati, più le ragazze tendono a ritardare la decisione di sposarsi e avere figli.

Nel 2007 il governo definì quello dei giovani uomini non sposati come un problema di ordine pubblico e lanciò una campagna per «aumentare la qualità della popolazione». La missione, che prevedeva di stigmatizzare le ragazze che restavano single troppo a lungo, fu affidata alla Federazione delle donne cinesi, cioè l'organizzazione interna al Partito comunista che in teoria dovrebbe difendere gli interessi dell'altra metà del cielo. Fu la Federazione a canonizzare il termine *shengnu* e fissare l'età limite a ventisette anni. E fu sempre la Federazione, negli anni successivi, a pubblicare e far circolare una serie di commenti sessisti, tra cui uno intitolato «Le donne lasciate indietro meritano davvero la nostra simpatia?». La risposta, ovviamente, era no: le cinesi stavano diventando troppo selettive, dovevano abbassare i propri standard nella ricerca di un compagno. Quelle belle non avevano bisogno di studiare per trovarlo, e se quelle con un aspetto «nella media» pensavano di «aumentare la propria competitività» con l'istruzione (si intende, agli occhi degli uomini), in realtà si sbagliavano: una volta ottenuto il dottorato di ricerca «sarebbero state già vecchie, come perle ingiallite».

In Cina insomma le ventenni vengono bombardate di messaggi, pubblici e privati, sulla necessità di sposarsi. E questa pressione raggiunge il suo apice in occasione del Capodanno lunare, il periodo durante il quale i cinesi che vivono, studiano o lavorano nelle grandi metropoli tornano nelle cittadine o nei villaggi di origine per trascorrere le festività insieme alle famiglie. «L'anno scorso mia madre ha organizzato una riunione punitiva con tutti i parenti, gli zii e i nonni, per chiedermi perché non avessi ancora un fidanzato» mi raccontava Wendy, ventotto anni, nei giorni precedenti alla fatidica festa. Lei lavora a Pechino in una società di assicurazioni, ha uno stipendio decisamente sopra la media, ma i suoi genitori vivono in un piccolo villaggio dello Hubei, dove suo padre fa l'autotrasportatore. Due mondi troppo distanti, che ora non riuscivano più a comunicare: «Pensano che se non mi sposo non sarò felice. Quest'anno non vorrei tornare per Capodanno, ma se non lo faccio sarò triste, è sempre la mia famiglia. Mia mamma mi ha chiamato per dirmi che sta cucinando tante cose, poi mi ha fatto telefonare anche da mio fratello». Il terrore di Wendy era che le avessero fissato degli appuntamenti con i figli single di qualche famiglia del villaggio. La pratica di combinare incontri è diffusa non solo nella Cina rurale, ma in forma diversa anche nelle grandi città, dove si organizzano cene o addirittura grandi fiere del fidanzamento, in cui donne single vengono offerte, curriculum alla mano, all'attenzione di giovani interessati. «So che non si parlerà d'altro» aveva sospirato Wendy. Alla fine, avrebbe deciso di non tornare.

Essere *shengnu*, un «avanzo», è diventato allo stesso tempo uno stigma e un destino, uno stereotipo che alimenta le discriminazioni materiali di cui le donne cinesi soffrono rispetto agli uomini. Una delle più gravi, anche se poco appariscente, riguarda il patrimonio immobiliare. Negli ultimi trent'anni la casa è stata il principale canale di investimento per le famiglie del Dragone e prezzi in costante salita lo hanno reso un affare molto lucrativo. Chiunque abbia comprato un appartamento negli anni Novanta o nel primo decennio del nuovo millennio ha visto il suo valore raddoppiare, triplicare o magari decuplicare, a seconda del prestigio della città. Peccato che di questa bolla immobiliare le donne cinesi abbiano beneficiato in misura limitata.

La prassi tradizionale, molto spesso codificata nei contratti prematrimoniali tra le famiglie, prevede che sia il marito, con l'aiuto dei parenti, a provvedere all'abitazione. Nelle famiglie allargate è frequente che i genitori usino i risparmi per comprare casa al figlio, perfino a un cugino, piuttosto che alla figlia. Così l'abitazione finisce spesso per essere registrata a nome del marito, anche quando la moglie contribuisce ai lavori o paga una quota del mutuo. Secondo un sondaggio nazionale del 2010 solo il 38 per cento delle donne risultava proprietario (o comproprietario, insieme al marito) di casa, contro il 67 per cento degli uomini. E a rendere la situazione ancora più grave, una sentenza del 2011 della Corte suprema ha stabilito che in caso di divorzio il bene immobile finisca a chi ha il nome sul certificato di proprietà.

Questa discriminazione immobiliare smentisce una narrativa piuttosto diffusa sul presunto «materialismo» delle donne cinesi, secondo cui molte giovani vedrebbero ancora il matrimonio soprattutto come un canale di ascesa sociale. A sostegno di questa tesi viene spesso citato un sondaggio del 2010 della solita Federazione, secondo cui sette donne su dieci vogliono sposare un uomo che possiede una casa. Lo stesso anno una concorrente ventenne di un reality show per cuori solitari, di fronte alle *avances* di un pretendente disoccupato che le proponeva un giro in bici, rispose che «avrebbe preferito piangere su una BMW piuttosto che ridere su una bicicletta». La frase divenne una sorta di manifesto delle *gold diggers*, le donne che in un matrimonio cercano l'oro. Ma se è vero che nelle unioni cinesi l'aspetto economico resta molto importante, anche per le rispettive famiglie, questo materialismo non ha genere. E i dati sugli immobili dimostrano come le donne siano spesso la parte perdente dell'affare.

La disuguaglianza nei patrimoni è ulteriormente accresciuta dalle minori opportunità professionali. Che le giovani cinesi vogliano sempre di più fare carriera è una fisiologica e salutare evoluzione: il loro livello di istruzione ha raggiunto quello degli uomini, da un paio di anni le università hanno più iscritte che iscritti. La generazione delle Millennials è la più istruita della storia cinese, anche perché la politica del figlio unico ha fatto sì che non dovessero competere con i fratelli per le risorse educative. Anche loro sono piccole imperatrici, anche loro aspirano ad avere successo e fare carriera, spesso mostrando una grande determinazione. Il problema è che la parità finisce il giorno stesso in cui si laureano e fanno il primo passo nel mondo del lavoro. Tra gli annunci di assunzione è molto frequente trovare delle specifiche di genere, anche per le occupazioni più insospettabili. Secondo una ricerca di Human Rights Watch, perfino il 19 per cento dei bandi per la burocrazia statale indica una preferenza di qualche forma per gli uomini. Altri lavori – per esempio segretaria, assistente o addetta alla comunicazione – restano invece tipicamente femminili. Non di rado richiedono «bella presenza» e quasi sempre sono quelli meno pagati. Le donne poi restano in netta minoranza nell'ambito dell'industria hi-tech, una di quelle in cui negli ultimi anni si è creata la maggiore ricchezza.

La scelta di avere figli è un grave svantaggio nella carriera delle donne, tanto che si parla esplicitamente di «penalizzazione della maternità». In teoria la Cina prevede quattordici settimane di congedo retribuito per le neomamme, un periodo in linea con quello dei Paesi europei più sviluppati, anche perché la cultura tradizionale vuole che per ribilanciare lo yin e lo yang la donna stia a totale riposo per almeno un mese dopo il parto (in teoria non si potrebbe neppure lavare). Ovviamente è illegale licenziare le donne per maternità o informarsi sul loro stato civile al momento dell'assunzione. Ma in un recente sondaggio della piattaforma di annunci di lavoro Boss Zhiping, nove donne su dieci hanno dichiarato che durante il colloquio l'azienda aveva fatto domande sui piani familiari, mentre il 35 per cento ha rivelato che dopo aver annunciato la gravidanza il capo ha iniziato a cercare un sostituto. Per otto donne su dieci la maternità ha influito in maniera decisiva sulla carriera, anche perché il difficile mestiere di genitore ricade in gran parte sulle spalle delle madri. Dopo aver partorito, una su cinque non è più ritornata al lavoro. Si tratta di fenomeni comuni a diversi Paesi, anche sviluppati, ma che la selvaggia stagione delle riforme di mercato vissuta dalla Cina, in assenza di tutele specifiche per le donne, rende più pesanti. Negli anni Ottanta nella Repubblica Popolare otto su dieci lavoravano, una delle percentuali più alte al mondo, oggi sono meno di sette su dieci. La differenza nei salari è salita dal 15 per cento del 1990 al 25 per cento del 2000, restando più o meno costante fino a oggi.

Le discriminazioni spuntano un po' ovunque: dopo l'emergenza coronavirus le insegnanti delle scuole, comprese quelle internazionali, hanno dovuto sottoporsi anche a test ginecologici per poter rientrare in classe. E colpiscono a tutti livelli, perfino ai vertici dello sport olimpico, tra le atlete che fanno la gloria della Cina. Liu Hong è una delle marciatrici più forti della storia, primatista dei 20 e dei 50 chilometri, più volte campionessa del mondo, oro ai Giochi di Rio de Janeiro nel 2016. Eppure, quando la incontrai al villaggio olimpico di Pechino, in una stupenda giornata di primavera del 2019, si allenava da sola con il marito, anziché in Italia con il resto della nazionale cinese di marcia. Il motivo per cui si era trovata isolata era Xixi (Sissi, all'occidentale), la sua bambina, che la Federazione di atletica le impediva di portare con sé all'estero. «Mi chiedono di scegliere tra mia figlia e la marcia» mi disse questo portento di un metro e sessanta per cinquanta chili, muscoli come elastici capaci di farla fluttuare sull'asfalto. «Ora il mio obiettivo non è più vincere ori, ma essere un esempio per mia figlia e la Cina, per le altre donne.»

Liu Hong era furiosa perché, dopo il trionfo di Rio, quando a ventinove anni aveva annunciato la decisione di lasciare e dedicarsi alla maternità, la Federazione le aveva detto di prendersi il suo tempo: se poi avesse deciso di tornare alle gare l'avrebbero supportata in ogni modo. Solo che lei era tornata davvero, e a quel punto Xixi era diventata un problema. Per tradizione le atlete cinesi fanno una scelta chiara, lo sport o la famiglia: Liu Hong era la prima a chiedere di conciliarli. Possibilità non contemplata dalla disciplina militare dello sport professionistico cinese, nonostante gli inviti del governo a fare figli: «Gli slogan nazionali sono diversi dalla loro applicazione» attaccò Liu Hong, una delle critiche più esplicite che mi sia capitato di sentire in Cina. Ma lei non era certo tipo da piegare la testa. La sua stessa vita era una lotta contro le regole: era la terza figlia, quindi illegale, dei suoi genitori, la madre era scappata di casa per evitare l'aborto e poterla dare alla luce. Una famiglia di contadini dello Jiangxi, senza un soldo, che per pagare la multa e metterla in regola avevano consegnato alle autorità il televisore. Il talento sportivo di Liu Hong era stato il loro riscatto, quindi lei continuava ad allenarsi da sola, preparandosi per i mondiali di Doha. Qualche mese dopo il nostro incontro li avrebbe vinti, guadagnandosi un posto per i Giochi di Tokyo, dove dovrà difendere il titolo. «Un oro ce l'ho già» mi disse quel giorno dopo l'allenamento, prima di andare a prendere Xixi dai nonni. «Voglio ottenere qualcosa di diverso, cambiare la mentalità delle persone e delle autorità, mostrare che le atlete possono avere performance migliori dopo la maternità.»

Come in ogni campo, anche per l'emancipazione femminile il regime cinese ha i suoi modelli da mettere in vetrina. Durante la pandemia, per esempio, il maggiore generale Chen Wei, scienziata dell'esercito, è stata premiata tra gli eroi della guerra contro il virus per il suo lavoro a Wuhan e le successive ricerche sul vaccino. I media di Stato hanno ricordato come in diversi momenti della sua carriera, per permetterle di girare il mondo sulle tracce dei patogeni più letali, il marito sia rimasto a casa con i figli. La propaganda sottolinea anche come la Cina sia il Paese con il più alto numero di milionarie che si sono «fatte da sole», compresa la più ricca del mondo, la cinquantenne Zhou Qunfei. Originaria dello Hunan, una provincia molto povera, Zhou ha costruito una fortuna da 12 miliardi di dollari emigrando a Shenzhen all'inizio dell'era delle riforme e fondando a ventidue anni una fabbrica di vetri per orologi, poi convertita alla produzione di schermi per telefonini. Dai primi

Motorola a Apple, è probabile che il touchscreen del vostro smartphone venga da lì. Nella classifica «Forbes» sulle cento donne più potenti nel mondo, nove sono cinesi (compresa Hong Kong), tra cui Qu Cuirong, amministratore delegato della catena di fast food Yum!, e Kelly Zhang, che ricopre lo stesso ruolo per ByteDance, il colosso dell'intelligenza artificiale che ha creato la famosa app TikTok.

Eppure dietro ai singoli casi l'impressione evidente, suffragata dai dati, è che in Cina il soffitto di cristallo che blocca l'ascesa delle donne verso le posizioni di vertice sia spesso come sempre. Secondo il World Economic Forum solo il 17 per cento dei ruoli apicali – manager di alto livello, funzionari di governo o parlamentari – è ricoperto da donne. Alla discriminazione nelle assunzioni, alla difficoltà di conciliare lavoro e maternità, si aggiunge anche il fatto che l'età della pensione per loro è ferma a cinquant'anni, dieci meno degli uomini. Un grosso limite in un Paese dove all'interno delle organizzazioni si cresce per gradi.

Tutto questo è evidente nel *sancta sanctorum* del potere cinese, cioè la leadership del Partito comunista. Lì le cose non erano cambiate mai, neanche all'epoca di Mao e della sua proverbiale metà del cielo: dal 1949 a oggi solo sei donne sono entrate all'interno del Politburo, l'organo di venticinque membri che supervisiona le attività del Partito, e nessuna è mai salita al piano più alto, quello del Comitato permanente, al momento composto da otto membri, tra cui ovviamente il segretario generale Xi Jinping. La singola quota rosa all'interno delle massime istituzioni del Partito-Stato si chiama Sun Chunlan, ha settant'anni, è laureata in Meccanica ed è vicepremier con una serie di deleghe considerate tipicamente femminili, cioè educazione, salute, sport e cultura. Non è un caso che sia stata proprio lei il primo funzionario inviato a Wuhan durante l'epidemia di coronavirus, per tre mesi volto delle istituzioni nella peggiore crisi sanitaria della storia contemporanea, mentre Xi restava al sicuro a Pechino. A un popolo ferito è sempre meglio mostrare lineamenti di donna, in questo caso di nonna.

E così, oltre a essere una gerontocrazia, la Cina ha anche i tratti di un'androcrazia, del tutto simile in questo a molte potenze occidentali, a cominciare dagli Stati Uniti. Se Joe Biden, scegliendo per la prima volta una donna come vice, Kamala Harris, ha in parte ribilanciato la rappresentanza di genere, durante gli anni dell'amministrazione Trump i destini dei due Paesi più importanti del mondo, e dei loro rapporti, sono stati scritti da uomini anziani. Ha fatto molto discutere, anche in Oriente, la foto del più recente summit tra Donald Trump e Xi Jinping, quello del dicembre 2018 in Argentina a margine dei lavori del G20. Due file di signori ultrasessantenni, schierati con il broncio gli uni di fronte agli altri ai lati di una tavola imbandita, stavano prendendo le decisioni chiave per il futuro del pianeta. Anche ammesso che il Partito comunista governi al servizio del popolo, come da slogan di Mao, di certo nella sua composizione non lo rappresenta.

Tutto questo spiega perché in Cina il problema della violenza di genere sia così difficile da affrontare. Sia in casa che sul luogo di lavoro le donne restano subalterne, dal punto di vista delle condizioni materiali, dell'immagine sociale e dei diritti. Agli occhi del Partito comunista, anche nel 2020, il ruolo tradizionale della donna come moglie e madre è uno strumento per preservare la stabilità sociale del Paese, l'obiettivo prioritario di questa leadership. Ecco perché, di fronte a matrimoni che diminuiscono e divorzi che si impennano, il governo ha da poco introdotto, all'interno del nuovo Codice civile, una misura sul «raffreddamento»: dal 1° gennaio 2021 per ottenere un divorzio bisogna aspettare trenta giorni, al termine dei quali entrambi i coniugi dovranno presentarsi di nuovo davanti a un funzionario pubblico, altrimenti la richiesta verrà considerata decaduta. L'obiettivo ufficiale della legge è scongiurare decisioni di impulso, considerato che in Cina per lasciare la moglie o il marito basta una firma, ma agli occhi dei tanti critici rappresenta una riduzione della libertà di divorzio e quindi un ulteriore rischio per le vittime di violenza. Paradosso dei paradossi, è contenuta nello stesso Codice che per la prima volta ha riconosciuto la fattispecie di molestie.

Le reazioni molto accese contro la norma apparse sui social network mostrano come tra i giovani cinesi, sia donne che uomini, la sensibilità stia radicalmente cambiando. Solo che queste voci, all'interno della struttura sempre più repressiva del Partito-Stato, non hanno un canale per organizzarsi e diventare agenda politica. Nel 1995 in Cina si tenne una storica conferenza delle Nazioni Unite sull'uguaglianza di genere. Dal palco Hillary Clinton, allora First Lady degli Stati Uniti, pronunciò un celebre discorso intitolato «I diritti delle donne sono diritti umani». Il risultato di quel summit furono una Dichiarazione e una Piattaforma di azione dette «di Pechino» che rappresentano ancora oggi il progetto più progressista a sostegno dei diritti e dell'emancipazione femminile. Ospitando quell'appuntamento la Cina voleva mostrare sensibilità verso il problema, ma in realtà relegò la conferenza a distanza di sicurezza, a un'ora di strada da Pechino, nel distretto settentrionale di Huairou.

Come tutti i movimenti che hanno la potenzialità di mobilitare i cittadini al di fuori dei canali ufficiali, anche il «femminismo» rappresenta un pericolo agli occhi del Partito. E ancora di più agli occhi della leadership di Xi Jinping, ossessionata dal controllo. Nel 2015, proprio alla vigilia della Giornata internazionale della donna, cinque attiviste che avevano organizzato una distribuzione di adesivi contro le frequenti violenze sessuali in metropolitana furono arrestate in una retata di inaudita durezza e lasciate in carcere per oltre un mese. Il pugno di ferro contro «le cinque femministe», come sarebbero state poi soprannominate, era un chiaro segnale: qualsiasi protesta organizzata da parte di Organizzazioni non governative, anche su tematiche puntuali, non sarebbe stata più tollerata. «Delle forze occidentali ostili» stanno usando il «femminismo occidentale» per attaccare la politica di genere cinese, avrebbe scritto nel 2017 la vicepresidente della Federazione delle donne sul «Quotidiano del popolo», portavoce ufficiale del Partito. E l'anno successivo, sempre a ridosso della Giornata della donna, i profili social di *Feminist voices*, il media più attivo sulle tematiche di genere, sarebbero stati cancellati una volta per tutte dal web in mandarino.

La condanna del femminismo come forza estranea alla cultura nazionale corrisponde alla sensibilità di una parte della società cinese. Di certo a quella di molti uomini, specie i più anziani, abituati a vedere la donna in una posizione subalterna. Ma anche a quella di molte donne, che si riconoscono ancora in un'immagine tradizionale oppure sono convinte che rivendicazioni troppo aggressive finiscano per essere controproducenti. Quando una femminista come Hou Zhiming condannava il «femminismo estremo» diceva esattamente questo, per necessità o convinzione. Le Organizzazioni non governative per i diritti delle donne devono navigare costantemente lungo la linea rossa che separa ciò che è tollerato da ciò che non lo è, ciò che può essere detto ad alta voce da ciò che invece può essere solo sussurrato. Una linea che il Partito può ridisegnare a suo piacimento. Anche per questo molte delle protagoniste del movimento hanno finito per trasferirsi all'estero.

Questo, ovviamente, non significa che le tensioni da cui nascevano le loro proteste siano rientrate. Anzi: i mutamenti nella società cinese proseguono e per certi aspetti accelerano, specie tra i giovani della classe media urbana. Le donne cinesi sono sempre più istruite, appaiono spesso più intraprendenti dei loro coetanei maschi, le loro aspettative crescono e con esse la presa di coscienza delle discriminazioni e delle violenze subite. Le loro rivendicazioni emergono nel dibattito online e a volte sembrano diventare spontaneo movimento di opinione. All'inizio del 2018 all'Università di Pechino è tornato d'attualità un presunto caso di stupro ai danni di una studentessa commesso vent'anni prima da un professore. La ragazza si era poi suicidata, mentre il docente aveva ricevuto solo un'ammonizione. A riportare l'attenzione sull'episodio è stata una giovane studentessa e attivista di nome Yue Xin, che con un appello pubblico in Rete ha chiesto alle autorità accademiche di fare chiarezza. Nelle settimane successive, spinte dal coraggio di Yue Xin, numerose donne hanno denunciato le molestie subite sui luoghi di lavoro, in alcuni casi da parte di personaggi noti o con posizioni elevate (tra di loro, perfino l'abate di un importante tempio buddhista di Pechino). Questo effetto valanga, in cui ogni donna ne incoraggia altre a parlare, si era già visto nei mesi precedenti all'estero: sembrava proprio che MeToo, il movimento contro la violenza sulle donne, fosse arrivato anche in Cina.

A luglio del 2018 anche Zhou Xiaoxuan, una giovane sceneggiatrice attiva sui social con lo pseudonimo di Xianzi, si è fatta trascinare dalla valanga. Dopo aver letto lo sfogo di un'amica vittima di violenza, ha deciso che non poteva lasciarla sola e ha raccontato sui social la propria storia: quattro anni prima, quando ne aveva ventidue, durante uno stage negli studi della televisione di Stato CCTV, il noto conduttore Zhu Jun l'aveva molestata in camerino palpeggiandola e provando a baciarla. Zhu Jun in Cina è un idolo, più volte presentatore del galà di Capodanno, già membro dell'Assemblea nazionale. La storia è diventata subito virale e la denuncia di Xianzi un caso di pubblico dominio, visto che si trattava della prima causa civile per molestie sessuali nella storia della Cina: «Non mi importa come finirà il processo» mi disse la ragazza nella caffetteria di un centro commerciale a metà del 2019, tanto minuta quanto decisa. «Voglio solo che si discuta delle condizioni in cui vivono le donne cinesi, che le vittime di violenza capiscano che non è colpa loro.»

La storia personale di Xianzi è l'emblema di quanto sia difficile denunciare le molestie in Cina. La sera stessa in cui era andata a raccontare tutto alla polizia, le autorità avevano chiamato i suoi genitori a Wuhan, spiegando che il presentatore veicolava «un'energia positiva» e che nel caso fosse scoppiato uno scandalo la reputazione della ragazza sarebbe stata in pericolo. Anche la professoressa che le aveva procurato lo stage, una sceneggiatrice del programma, la pregò di lasciar stare, dicendole che rischiava di perdere il lavoro. Xianzi si convinse. Dopo la denuncia, mi raccontò, i messaggi di sostegno si mescolavano a quelli di odio. In Rete tanti la accusavano di mentire per avere notorietà, mentre Zhu, che si proclama innocente, l'aveva subito controcitata per diffamazione, pretendendo un risarcimento molto superiore a quello simbolico che aveva chiesto lei. Anche questa è prassi consolidata: spesso le vittime di abusi hanno mezzi inferiori e non potendo affrontare le spese legali finiscono per desistere.

Di fronte alle storie di molestie che si andavano accumulando in Rete in quelle settimane del 2018 il governo decise di intervenire, oscurando l'hashtag #MeToo e le relative conversazioni sul web. Come spesso succede, gli utenti cinesi diedero fondo alle infinite risorse del mandarino per aggirare la censura: la parola d'ordine divenne «coniglio del riso», che in cinese suona più o meno allo stesso modo, *mi tu*. Tuttavia, anche per l'azione delle autorità, la somma di voci improvvisamente emerse dal silenzio non riuscì a cristallizzarsi in una mobilitazione organica e duratura, e finì per perdere forza: «Non è un movimento,» ammise Zhou «ma almeno è un'onda, l'unica femminista vista qui negli ultimi anni».

Misurarne oggi le conseguenze è difficile. Anche per effetto di quella fiammata di indignazione un piccolo passo avanti c'è stato: il governo ha deciso di inserire la definizione di «molestie» nel Codice civile, cosa che ha permesso a Xianzi di aggiornare la sua accusa nei confronti di Zhu Jun, che all'inizio era solo «violazione della dignità personale». I limiti di quella norma sono noti, ma di fronte all'impossibilità di dare alle proprie istanze una dimensione politica, alle donne non resta che percorrere individualmente la strada delle corti. Provare a conquistare terreno attraverso le sentenze dei tribunali è una strategia a cui in Cina si sono rassegnati anche altri attivisti, per esempio la comunità LGBT. È una strada difficile, lunga e costosa, ad alto rischio di interferenza da parte della politica. Alla fine dello scorso anno, dopo mesi di attesa, il tribunale di Pechino ha finalmente tenuto l'udienza inaugurale della causa di Xianzi. Fuori dall'aula si era radunato un gruppetto di sostenitori e, prima che la polizia li sgomberasse, hanno esposto cartelli con scritte come «Cerchiamo una risposta dalla storia». «Sia che vinciamo, sia che perdiamo, il significato resta lo stesso» ha detto la ragazza. Che se ne parli, per le donne cinesi, è comunque un passo avanti.

VI
«China Speed»

La situazione era sfuggita di mano, bastava un'occhiata per capirlo. All'inizio del 2018, appena arrivato a Pechino, avevo trovato una città invasa dalle biciclette a noleggio. Erano ovunque: sui marciapiedi, nelle aiuole, dentro i canali, fuori dalla porta del mio residence, attorno alle uscite della metropolitana, agli incroci dei quartieri residenziali o dello shopping. Camminare per la capitale, impresa già proibitiva per le distanze, il traffico e l'inquinamento, ora richiedeva pure una buona dose di destrezza, una specie di gincana attorno alle biciclette.

Dopo averle usate, pochi si prendevano la briga di parcheggiarle e fissarle al cavalletto. La maggior parte era semplicemente buttata lì, su alberi o cancelli, accatastata in mucchi alti tre o quattro metri, grovigli di plastica e metallo, strane installazioni multicolori che a un certo punto i passanti avevano perfino smesso di fotografare e postare sui social. Facevano semplicemente parte dell'arredo urbano. Il giallo di Ofo e il grigio-arancione di Mobike, le due principali startup del bike sharing, dominavano la tavolozza, ma in mezzo c'erano il verde, l'azzurro, il bianco o il rosso di altre dozzine di aziende più piccole che si erano lanciate nella corsa, salvo fallire in breve tempo e lasciarsi alle spalle migliaia di carcasse a due ruote. I guardiani dei complessi residenziali le impilavano giusto qualche metro più in là, dove non sarebbero più state di loro competenza. Le foto dei cimiteri di biciclette, discariche di mezzi scassati che le società non avevano più i soldi per smaltire, avevano iniziato a fare il giro del mondo.

Era successo tutto troppo velocemente, ecco il problema. Nel giro di un paio d'anni il bike sharing aveva cambiato in maniera radicale le abitudini dei cinesi e il volto delle loro metropoli. Non l'aveva inventato la Cina: all'estero la pratica della bicicletta in condivisione era diffusa da tempo. Ma un gruppo di giovani startupper della prestigiosa Università di Pechino, la Harvard del Dragone, l'aveva importato e adattato al contesto locale. Formula *free floating*, per cui, grazie al GPS, le bici non si devono agganciare a delle rastrelliere, ma si possono lasciare ovunque. Si estrae il telefono, strumento tuttofare dei cinesi, si scansiona il codice QR, *et voilà*, il lucchetto è sbloccato.

Forti di questa semplicità di utilizzo, le due ruote erano presto uscite dai campus universitari e avevano conquistato le metropoli del Dragone. La Cina, un Paese di ciclisti che sull'onda del benessere si era convertito all'automobile, ingolfando le strade di smog, all'improvviso aveva riscoperto, in versione 2.0, l'utilità della cara vecchia bicicletta. Le tariffe erano ridicole, uno yuan, più o meno quindici centesimi ogni mezz'ora. E le autorità, attirate dalla possibilità di combattere l'inquinamento, come il presidente Xi comanda, avevano spianato la strada all'industria, garantendo licenze e agevolazioni a qualunque azienda si facesse avanti. La bici in condivisione era stata addirittura canonizzata dal Partito e dalla propaganda tra le «quattro nuove invenzioni», insieme al treno ad alta velocità, l'e-commerce e i pagamenti digitali con lo smartphone. Una versione contemporanea delle «quattro grandi invenzioni» della Cina classica, cioè la bussola, la polvere da sparo, la carta e la stampa. La dimostrazione che in questo inizio di XXI secolo il Dragone era finalmente tornato all'avanguardia.

Solo che, quando in Cina qualcosa sembra marciare, e per giunta riceve il sigillo di approvazione delle autorità, tutti provano a salire sul carro. Nel giro di qualche mese, dietro ai pionieri Ofo e Mobike, le startup di bike sharing si erano moltiplicate. A un certo punto qualcuno ne calcolò addirittura 80, con 23 milioni di mezzi sulle strade, uno ogni 60 abitanti, neonati e ultranovantenni compresi. Era chiaro che solo una minima parte di quelle aziende sarebbe sopravvissuta. Si era scatenata una corsa ad arrivare primi e conquistare clienti, a colorare le strade con le bici del proprio colore. E nel caso delle startup più grosse era una sfida internazionale: un mercato dopo l'altro, le gialle di Ofo erano arrivate anche in Italia, il bike sharing cinese alla conquista del mondo. Dal punto di vista finanziario, tra filiali da aprire a cadenza settimanale e mezzi da sostituire di continuo, si trattava di un bagno di sangue, che teneva le startup costantemente sull'orlo della bancarotta, costrette a chiedere nuovi fondi ai propri investitori a cadenza mensile. Ma l'idea era che i conti alla fine sarebbero tornati, almeno per il vincitore.

Quando nel giugno del 2018 contattai Ofo per chiedere un'intervista al fondatore, il ventisettenne prodigio Dai Wei, le voci su un possibile fallimento si inseguivano già con insistenza. Alla fine dell'anno precedente era suonato il primo grande campanello d'allarme, il crack di Bluegogo, numero tre del settore. Poi in aprile la principale rivale Mobike era stata acquisita da un pesce ancora più grosso, il gigante delle consegne a domicilio Meituan. Il giovane Dai Wei, invece, si era ostinato a non vendere Ofo: non voleva perdere il controllo della sua azienda, a costo di andare contro il parere del maggiore investitore, cioè il colosso dell'e-commerce Alibaba, proprio quello di Jack Ma. Molti sostenevano che la testardaggine di Dai Wei era stata l'inizio della fine.

All'interno della sede della società, tre piani di uno scintillante grattacielo nel quartiere di Zhongguancun, il distretto pechinese dell'innovazione, affitti proibitivi per i comuni mortali, poco lasciava presagire un'apocalisse in arrivo. Decine di ragazzi, età media venticinque anni, lavoravano silenziosi con la testa affondata nel pc, una mano sul mouse e l'altra sull'immancabile beverone, tè con le bolle o frappuccino Starbucks. Qualche giorno prima, però, Dai Wei aveva riunito tutti i dipendenti nella sala conferenze e, pescando nel repertorio militare, quello favorito dai capitani d'impresa cinesi, aveva paragonato il momento dell'azienda all'«ora più buia» dell'Inghilterra durante la Seconda guerra mondiale. Lottate o andatevene, questo era il messaggio del novello Churchill.

«Voleva spronarci» mi disse Hillary, responsabile della comunicazione, mentre mi portava in giro a visitare la sede così nuova da sembrare appena aperta. Da una grande finestra, nonostante lo smog, si vedeva dall'altra parte della strada il campus alberato di Beida, l'Università di Pechino, lì dove tante cose sono iniziate nella storia della Cina, bike sharing compreso. Hillary era rimasta, come gli altri, ma le sue occhiaie raccontavano la stanchezza per i mesi appena trascorsi, passati a lavorare giorno e notte per portare le biciclette gialle ai quattro angoli del mondo, un'espansione rivelatasi inutile se non addirittura dannosa. E le sue risposte, brevi ed evasive, così distanti dalla positività a tutti i costi che una startup deve trasmettere, testimoniavano una profonda incertezza per il futuro.

Me ne andai con i gadget d'ordinanza, che evidentemente non erano stati ancora tagliati: una borraccia di plastica gialla e un portachiavi, entrambi con scritta nera «Ofo» su fondo giallo. Bella trovata quel nome: le sue lettere disegnano la forma di un uomo che pedala. Non riuscii a incontrare Dai Wei, ma ottenni di inviare qualche domanda al suo numero due, il direttore operativo della società, il ventisettenne Yanqi Zhang. Un altro ragazzo prodigio nel mondo delle startup cinesi: prima di inforcare la bicicletta era stato il general manager di Uber in Cina, responsabile del tentativo dell'azienda californiana delle corse a noleggio di conquistare il mercato del Dragone, sfociato in una guerra all'ultimo sangue contro il rivale locale Didi e conclusosi con una ritirata strategica. «Ofo resterà indipendente, perché siamo la società che per prima ha realizzato l'idea del bike sharing senza stazioni» mi rispose via mail. «Noi fondatori crediamo ancora di poter guidare questo settore verso un futuro migliore. Il nostro modello è sostenibile.»

Ci credeva davvero? L'idea era che nel lungo termine i profitti sarebbero arrivati dai dati sugli spostamenti e le abitudini degli utenti, ma nessuno aveva davvero chiaro come. E ben presto si capì che per tenere sotto controllo i costi non sarebbe bastato ritirarsi dai mercati stranieri. Le autorità di Pechino, seguite a ruota da altre metropoli, avevano iniziato a mettere un freno al settore, perché quei mucchi di biciclette abbandonate costituivano un attentato al decoro e un rischio per la sicurezza. Le amministrazioni smisero di rilasciare nuove licenze e imposero alle società di prendersi cura dei propri mezzi, raccogliendo quelli abbandonati e parcheggiandoli in appositi spazi, un ulteriore aggravio dei costi. Mentre Mobike continuava a migliorare le sue biciclette, quelle di Ofo invecchiavano a vista d'occhio; ormai quelle rotte erano più numerose di quelle funzionanti. I creditori, le aziende che gliele vendevano, iniziarono a esigere le somme non pagate, e gli azionisti, forse anche irritati dall'orgoglio di Dai Wei, decisero che non valeva più la pena buttare soldi nel buco nero.

Pochi mesi dopo la mia visita al quartier generale, tra voci di insolvenza sempre più insistenti, migliaia di utenti si misero in fila davanti alla porta del grattacielo, chiedendo indietro i 250 *kuai*, circa 30 euro, versati come cauzione per iscriversi al servizio. Io alla fine li ho persi, come tanti altri. Quando provai a ricontattare Hillary, la replica fu telegrafica: «Non lavoro più per Ofo». Stessa risposta dal team italiano, anche quello scaricato, evidentemente con accordi di confidenzialità che vietavano loro di parlare. Poche settimane dopo sarebbe arrivata ufficialmente la bancarotta.

Ci hanno messo un po' le biciclette gialle a sparire dalle strade cinesi. In qualche periferia capita ancora di vederne una dentro un cespuglio, magari senza una ruota. Di recente i residenti della città di Changsha si sono lamentati per le voci registrate che arrivano giorno e notte da una discarica: «La piccola bici gialla è caduta, per favore aiutatela!». Era il messaggio automatico con cui Ofo aveva cercato, senza successo, di incoraggiare gli utenti a parcheggiare meglio, diventato una specie di epitaffio. A Pechino il giallo canarino non si vede più: le arancioni di Mobike, nel frattempo assorbito da Meituan, e le azzurre di Hellobike, l'alternativa creata *ex novo* dal colosso Alibaba, sono rimaste le uniche in giro. Bisogna posteggiarle in aree delimitate da strisce bianche, altrimenti il lucchetto non si chiude. Salvo rare eccezioni, i mucchi sono spariti, ma le biciclette a noleggio restano un tassello fondamentale della mobilità urbana cinese, specie per gli spostamenti brevi. Dai Wei, invece, è finito sulla «lista nera» dei debitori insolventi. Pare che a un certo punto, lui che ha la paternità di una delle quattro nuove invenzioni della Cina contemporanea, non potesse neppure più comprare un biglietto dell'aereo. Da un po' non se ne sente più parlare.

Spesso l'innovazione cinese avanza così, per ondate travolgenti seguite da inevitabili riflussi. Quando emerge un nuovo settore, supportato o almeno non ostacolato dalle autorità, migliaia di aspiranti imprenditori fiutano l'occasione e gettano l'ambizione oltre l'ostacolo. In molti casi perfino oltre le proprie competenze. Se va bene, questa spinta accelera in maniera travolgente lo sviluppo; se va male, gonfia una bolla più o meno grande, che scoppiando lascerà sul campo relitti di vario genere, bici spompate, aziende decotte e debiti insoluti. Nella maggior parte dei casi il risultato, dopo che le autorità sono passate a ripulire, è una via di mezzo tra i due.

Il bike sharing è solo un esempio molto visibile di queste bolle, ma negli ultimi anni la Cina ne ha gonfiate parecchie, nei settori più diversi. Il fotovoltaico, per esempio: grazie a incentivi generosissimi per chi produceva e per chi acquistava i pannelli, il Dragone è balzato in pochi anni al primo posto mondiale nell'industria solare. Quando però, all'improvviso, il governo ha deciso che non c'era più bisogno dei sussidi, migliaia di imprese sono finite gambe all'aria. Altro esempio notevole, anche se più di nicchia, è quello del *peer-to-peer lending*, o prestito tra privati, una forma di credito online in cui sono dei cittadini «investitori» a mettere a disposizione i loro soldi per altri cittadini «debitori». All'apice, tre anni fa, la Cina contava la bellezza di 6000 piattaforme e veniva esaltata come il coraggioso pioniere di questo innovativo canale di credito, alternativo a quello delle banche tradizionali. Ma il fallimento di numerose aziende, sprovvedute o criminali, ha scatenato un'ondata di proteste da parte degli investitori truffati, che a un certo punto hanno addirittura portato la propria petizione a Pechino. Disordini nelle strade? Per il Partito comunista era decisamente troppo e la reazione è stata draconiana: i nuovi requisiti introdotti per il settore lo hanno soffocato. Nel novembre del 2020 il governo annunciava che nel Paese non era rimasto più alcun operatore. Il prestito tra privati non esisteva più.

Queste spericolate accelerazioni sono un effetto diretto della natura dell'innovazione in Cina. Com'è normale per un Paese che recupera da dietro, finora quasi mai i suoi imprenditori sono stati i primi a mettere a punto una nuova tecnologia. Consideriamo le «nuove grandi invenzioni» di cui sopra: propriamente parlando, nessuna dovrebbe essere definita tale. I treni ad alta velocità esistevano da tempo in tutto il mondo, nel vicino Giappone il glorioso Shinkansen sfreccia addirittura da sessant'anni. Stesso discorso per le bici in condivisione, l'e-commerce o le tecnologie che fanno viaggiare i pagamenti digitali. Più che nella scoperta di nuove tecnologie, la forza dell'innovazione cinese sta a valle, nella loro applicazione e commercializzazione. Lo si può definire «copiare», pratica che in Cina ha una solida tradizione. Una delle scorciatoie più diffuse nei media occidentali è definire le aziende del Dragone come «la Facebook cinese», «la Google cinese», «la Uber cinese» ecc. Ma è una descrizione riduttiva, perché portare un'idea sul mercato e farla funzionare è una fase del processo di innovazione importante tanto quanto l'ideazione. Richiede qualità diverse, però. La barriera delle competenze si abbassa e la velocità di esecuzione diventa il fattore chiave.

In tutto il mondo le startup sono profezie che devono avverarsi da sole: chi arriva prima ha più visibilità, raccoglie maggiori investimenti, può spendere di più per conquistare clienti e innescare economie di scala, quindi ha più possibilità di successo. Nella cultura cinese, e di riflesso nei suoi imprenditori, questo senso di urgenza raggiunge livelli spasmodici. I cittadini vivono con l'idea che l'opportunità che hanno di fronte possa sparire da un momento all'altro e che per coglierla si dovrà sgomitare in mezzo a una massa affamata di concorrenti. Pensiero comprensibile quando vivi in un Paese di 1,4 miliardi di abitanti, in cui ciò che il giorno prima era vietato, per esempio arricchirsi, il giorno dopo può diventare improvvisamente glorioso. O viceversa. Per farcela ci vuole quella che qualcuno chiama «Shenzhen Speed», la velocità Shenzhen, la metropoli del Sud simbolo del salto del Dragone nella modernità, quella che per prima ha sperimentato le riforme di mercato e che oggi è diventata la capitale tecnologica del Paese.

Ma la velocità di Shenzhen, oggi, è quella a cui viaggia buona parte della Cina. «Possiamo raggiungere i razzi di SpaceX in dieci, vent'anni» spiega sicuro di sé Shu Chang, il fondatore di OneSpace. Ecco un altro settore in cui lo sprint è partito, una delle facce più suggestive del balzo in avanti tecnologico progettato dal Dragone: lo spazio. Il presidente Xi Jinping ha detto che vuole fare della Cina una potenza anche tra le stelle e l'Amministrazione nazionale dello spazio, versione in mandarino della NASA, è al lavoro per accontentarlo. I piani sono faraonici e avanzano spediti: negli ultimi mesi la Cina ha completato la messa in orbita di BeiDou, la costellazione di satelliti che fa concorrenza al GPS americano, lanciato missioni di esplorazione su Marte e sulla Luna, e ora prepara la messa in orbita della sua stazione spaziale, alternativa a quella internazionale.

Tuttavia per competere con gli Stati Uniti in queste nuove «guerre stellari» c'è bisogno anche del contributo degli imprenditori privati. Così, tanti aspiranti Elon Musk, l'uomo che con la sua SpaceX sta aiutando la NASA a riconquistare le stelle, si sono subito gettati nella mischia, e il trentatreenne ingegnere Shu Chang è uno di loro. Ciuffo pettinato da un lato, camicia bianca stiratissima, pantaloni neri aderenti, scarpe eleganti: i giovani startupper cinesi saranno pure dei nerd, come i loro colleghi della Silicon Valley, ma raramente si presentano in T-shirt e infradito. Non è un'immagine di creatività quella che devono proiettare, bensì di affidabilità. Ero andato a visitare la sede di OneSpace a metà del 2018, dopo aver letto che la startup era stata la prima società privata in Cina ad aver lanciato «con successo» un razzo, uno dei vettori che si usano per mettere in orbita piccoli satelliti. Alcuni pezzi del piccolo missile, ammaccati e bruciacchiati, erano esposti come reliquie all'interno della sede, un hangar in un parco industriale alla periferia meridionale di Pechino. Il razzo aveva volato per 300 secondi, senza uscire dall'atmosfera e senza neppure centrare l'area prevista di atterraggio, particolare che i media di Stato avevano omesso ma che avevo ottenuto da Shu senza troppa fatica («ma, per favore, non scriverlo»). Altro che i bestioni di SpaceX, capaci di liberare in orbita carichi di decine di tonnellate e poi tornare a posarsi a terra delicati come ballerine. OneSpace ne aveva ancora di strada da fare. Eppure il giovane ingegnere, sorseggiando un tè caldo per riprendersi dalla cena di lavoro della sera prima, la classica maratona alcolica a base di liquore di riso, mi spiegava che il suo modello non erano le meraviglie hi-tech dell'imprenditore californiano: «Possiamo essere una Huawei dello spazio». Una Huawei, cioè un'azienda che inizia conquistando il mercato con prodotti a basso costo, e poi, un gradino dopo l'altro, risale la scala dell'innovazione.

In che senso Huawei è un modello dell'hi-tech cinese, tanto che perfino uno startupper come Shu Chang la cita come esempio? Non è difficile capirlo. Fondata alla fine degli anni Ottanta da un ex ingegnere dell'esercito, Ren Zhengfei, l'azienda ha iniziato producendo switch telefonici, cioè gli «interruttori» che servono a dirigere il traffico di dati. In quel periodo Shenzhen, designata da Deng Xiaoping come laboratorio delle riforme di mercato, era in piena espansione e i cittadini si lanciavano con eroico furore in questa novità chiamata libera impresa. Facevano quello che fanno tutti gli emergenti: osservavano i prodotti in arrivo da Hong Kong, dal Giappone o da chissà quale altro Paese avanzato, e cercavano di replicarli abbassando i costi.

Imitazione, certo. Ma poi, lo sappiamo, è l'esecuzione che conta. E la sua prima fortuna Ren la fece con l'intuizione di dedicarsi alle città periferiche e alle aree rurali del Paese, dove le altre compagnie (di Stato) non arrivavano, fornendo un prodotto economico e garantendo l'assistenza. Guardatela trent'anni dopo Huawei, nome che significa «il successo della Cina». La società è appena diventata il primo produttore mondiale di smartphone, superando Samsung, con telefoni che per qualità e prestazioni fanno concorrenza a quelli di Apple. Soprattutto, grazie a massicci investimenti in ricerca e generosi sussidi del governo, è arrivata per prima a sviluppare il 5G, l'infrastruttura di comunicazione di nuova generazione da cui nel prossimo futuro passeranno tutti i nostri dati. Poiché il 5G è una tecnologia evolutiva rispetto alle reti precedenti, più che un vero e proprio salto di paradigma, non si può parlare di rivoluzione. Eppure, grazie a Ren, per la prima volta la Cina ha preceduto il resto del mondo nella corsa all'innovazione. Huawei è il simbolo dell'avanzamento del Dragone e, di riflesso, la principale incarnazione del timore dell'America di essere sorpassata.

Quando incontrai Ren, nel luglio del 2019, l'offensiva della Casa Bianca nei confronti di Huawei era appena salita di livello. Qualche mese prima Meng Wanzhou, figlia del fondatore e direttrice finanziaria della società, era stata arrestata in Canada su mandato americano, con l'accusa di aver fatto affari con l'Iran sotto embargo. Nel frattempo Huawei, etichettata – pur senza pistole fumanti – come un potenziale strumento dello spionaggio comunista, era finita in cima alla lista nera delle aziende cinesi da boicottare. Di lì a poco la Casa Bianca avrebbe vietato alle imprese americane di venderle i loro prodotti. Così Ren, un bisbetico settantaquattrenne, riservato e allergico ai giornalisti, era stato convinto dai consulenti assoldati dall'azienda per fronteggiare la crisi a metterci la faccia, in una campagna di comunicazione globale che prevedeva interviste con i media dei principali Paesi e aveva l'obiettivo di mostrare l'indipendenza di Huawei rispetto al Partito comunista.

Ero atterrato a Shenzhen all'inizio dell'estate tropicale, insieme a un gruppo di colleghi delle principali testate italiane. E per prima cosa ci avevano portato a visitare il nuovo mega-campus di Dongguan, costruito a un'oretta circa dalla città. Alla banchina della fermata Parigi, un trionfo di marmi lucidati a specchio e sculture in gesso, delle hostess sorridenti ci avevano invitato a salire sul trenino elettrico che i dipendenti usavano per muoversi dentro la struttura, un convoglio di carrozze rosse con bordi dorati.

Usciti da una galleria, il campus si era spalancato davanti ai nostri occhi in tutta la sua magnificenza. Attorno a un laghetto circondato da prati verdissimi, fra stradine di mattonelle tirate a lustro, sorgeva una serie di edifici monumentali, che nello stile ricordavano l'architettura classica europea. O meglio, più che ricordarla la imitavano, come ci spiegò la guida. Una fermata del trenino dopo l'altra, passavamo attraverso le repliche di Friburgo, Oxford, Bologna, Bruges, Granada e Verona, con tanto di balcone di Giulietta e Romeo. Ogni «quartiere» ospitava alcuni reparti dell'azienda, per un totale di venticinquemila persone. Ci spiegarono che era stato Ren Zhengfei in persona ad approvare il progetto, un omaggio alla tradizione culturale europea costato oltre un miliardo di dollari. Evitai di chiedere spiegazioni sui finti rinoceronti che pascolavano attorno al laghetto.

Da europeo, l'omaggio era gradito, ma ero anche stupito dal fatto che l'azienda simbolo dell'innovazione cinese, nel dare forma alla sua casa, si fosse affidata all'imitazione del passato. Per di più un passato d'Occidente, la terra del tramonto, mentre qui siamo nel bel mezzo di una travolgente ascesa. Mi sarei aspettato un'architettura che incarnasse l'idea di futuro, di Huawei e, per estensione, della Cina. Qualcosa come Infinite Loop, la megagalattica sede ad anello pensata per Apple da Steve Jobs e completata dopo la sua morte a Cupertino, in California. Un simbolo di precisione, armonia, innovazione, una forma a suo modo anche molto orientale. Ma in Cina la concezione del tempo non è lineare, nel futuro c'è sempre una parte di passato. Piccola o, come in questo campus, grande.

La visita a Dongguan mi aveva restituito l'immagine di una società dalla cultura paradossalmente tradizionale. E l'intervista con il fondatore l'avrebbe confermata in pieno. Ren Zhengfei, molto pimpante, camicia rosa sbottonata su completo antracite, ci accolse in un sontuoso salone neoclassico arredato come la reggia di Versailles, tra stucchi, tappeti e pianoforti a coda. Ci raccontò che di fronte ai boicottaggi americani aveva distribuito a tutti i dipendenti l'immagine di un aereo russo della Seconda guerra mondiale, un trabiccolo che continuava a volare nonostante fosse tutto sforacchiato di colpi. Quei «buchi» erano i prodotti americani che Huawei non avrebbe più potuto acquistare, ma che con uno sforzo senza precedenti sarebbe riuscita a sostituire in pochissimo tempo, all'occorrenza producendoli in casa: «Siamo già completamente indipendenti dagli Stati Uniti».

Era decisamente troppo ottimista: senza il sistema operativo Android e gli altri servizi Google i suoi telefoni avrebbero sofferto eccome, specie fuori dalla Cina. Stessa cosa per i chip, visto che i più avanzati vengono prodotti con tecnologie americane. La mobilitazione di Huawei per individuare e tappare le falle restava però impressionante, una nuova incarnazione della leggendaria cultura aziendale dello «spirito del lupo», secondo cui bisogna agire con la forza e la velocità di un branco. Gli straordinari, già di norma richiesti ai dipendenti, si erano allungati fino a turni di ventiquattro ore, con brandine accanto alle scrivanie per veloci riposini. I lavoratori di Huawei saranno pure tra i migliori laureati del Paese, ma all'occorrenza possono essere spremuti come operai di una catena di montaggio fordista. Qui si timbra il cartellino, e a volte non lo si stimbra per giorni: «In fondo quello di cui abbiamo bisogno sono soprattutto ottimi esecutori» mi aveva detto in un'occasione precedente un alto dirigente della società. Una frase che mi aveva stupito: ad altre latitudini dell'industria tecnologica, dove la creatività è una religione, sarebbe suonata come una bestemmia.

Pensate a Google, dove i dipendenti vengono valutati sulla base dei risultati, non delle ore passate in ufficio, e possono dedicare parte del tempo a progetti personali (o a tenere corsi di ceramica per i colleghi). Niente di più diverso in Cina, non solo in un'azienda dalle dimensioni colossali come Huawei. In tutta l'industria digitale del Dragone la cultura del lavoro non assomiglia per nulla a quella della Silicon Valley, perché diverse sono le dinamiche dell'innovazione: qui, lo sappiamo, l'imperativo è arrivare primi.

Di startup in Cina ne ho visitate parecchie e nei loro uffici, nonostante sia uno sport nazionale, non ho mai trovato l'iconico tavolo da ping-pong delle aziende californiane, emblema del clima spensierato, dell'attenzione per i dipendenti, dell'informalità dei rapporti e dell'invito a pensare *out of the box*, fuori dagli schemi. Solo grandi open space con scrivanie disposte a file compatte e tanti ragazzi silenziosi concentrati sul lavoro. Ingegneri con stipendi molto sopra la media, ma anche costretti a turni massacranti. C'è un numero tristemente famoso in Cina che riassume tutto questo: 996. Significa dalle nove di mattina alle nove di sera, per sei giorni la settimana. È l'orario, del tutto illegale secondo le norme sul lavoro ma ormai diventato uno standard, che le aziende hi-tech impongono ai programmatori, spesso senza pagare loro neppure uno yuan di straordinario.

L'anno scorso sulla piattaforma per informatici GitHub è apparso un manifesto contro questa nuova versione di sfruttamento, intitolato 996.icu. La parte dopo il punto, che imita l'estensione di un file, è in realtà l'acronimo di *intensive care unit*, cioè «terapia intensiva», il posto dove i programmatori cinesi temono di finire se continueranno con questi ritmi. L'appello chiedeva alle aziende di tornare entro il termine legale delle otto ore al giorno ed è diventato virale in un baleno. La sua diffusione ha scatenato una specie di guerra civile all'interno dell'industria tecnologica cinese: imprenditori e aziende da un lato, ovviamente a difesa degli ordinari straordinari, lavoratori dall'altro. Il grande Jack Ma, il fondatore di Alibaba, si è schierato a favore del 996, definendo quella cultura una «benedizione» per la Cina. Aziende come Xiaomi e Tencent, campioni dell'hi-tech *made in China*, hanno direttamente bloccato l'accesso al manifesto dai computer dei loro uffici. Come a dire: quello che va bene in California non va bene qui, dall'altra parte del mondo tecnologico.

La protesta al momento è rientrata e nei distretti dell'innovazione si lavora esattamente come prima, motivo per cui trovare un posto presso una multinazionale straniera resta un sogno. Molti programmatori hanno abbandonato l'idea di ribilanciare lavoro e tempo libero, accontentandosi di saltare tra un'azienda e l'altra, cosa che fanno di frequente negoziando ogni volta stipendi più alti. Il disagio però rimane, come mi ha testimoniato un giorno una ragazza ventottenne, informatica in una delle startup più famose della Cina: «Tornerei anche subito da Starbucks» mi ha detto, rimpiangendo l'epoca in cui per pagarsi gli studi serviva cappuccini e simili dietro il bancone della caffetteria americana. «Guadagnavo troppo poco. Ma la cultura del lavoro era molto migliore. E avevo ancora una vita.»

C'è un'altra forza motrice dietro alle dinamiche dell'innovazione cinese, alle sue spericolate accelerazioni e ai frequenti incidenti di percorso. Una forza decisiva: il ruolo del Partito-Stato. Anche in Cina a volte capita che un settore si sviluppi dal basso, attraverso l'iniziativa di imprenditori privati che esplorano un campo vergine e privo di norme, per esempio l'e-commerce. Più spesso, però, nella cosiddetta «economia socialista di mercato» l'impulso ha origine dall'alto e gli attori statali dominano l'intero processo. La loro prima prerogativa, attributo fondamentale della leadership comunista, è individuare le tecnologie chiave per lo sviluppo del Paese. Nel maggio del 2015 il governo ha pubblicato un famoso documento intitolato *Made in China 2025*. Il programma, parte del Piano economico quinquennale, elencava una serie di settori chiave in cui la quota di produzione domestica sarebbe dovuta salire al 40 per cento del fabbisogno nazionale entro cinque anni e al 70 per cento entro dieci. Tra questi c'erano i microchip, l'intelligenza artificiale, l'industria aerospaziale, i veicoli elettrici. Quel documento tracciava la strada che la Cina avrebbe dovuto seguire per diventare una superpotenza tecnologica: metterla nero su bianco ha rivelato al mondo le reali ambizioni del regime, tanto che le stesse autorità sembrano essersi pentite di averlo pubblicato. Da un paio d'anni *Made in China 2025* non viene più citato, ma la sostanza resta valida.

Quando un settore, per esempio quello delle auto elettriche, viene identificato come strategico, le conseguenze si sprigionano a cascata lungo tutta la struttura dello Stato. Fondi per la ricerca e lo sviluppo vengono allocati prioritariamente ai dipartimenti universitari e alle imprese che studiano quella tecnologia. Le aziende di Stato sono le prime a essere mobilitate, ma gli incentivi diventano enormi anche per i privati. Le grandi banche, che in Cina sono statali, mettono i relativi prestiti in corsia preferenziale. Ogni funzionario di provincia o città lancerà un piano per la mobilità elettrica, sapendo bene che sarà un punto decisivo della sua valutazione, il voto che gli potrebbe garantire una bella promozione. Ogni metropoli che si rispetti costruirà un parco tecnologico riservato ai veicoli elettrici – non importa quanto improbabile –, monterà colonnine di ricarica lungo le strade e stenderà un tappeto rosso, fatto di autorizzazioni facili e generosi sconti fiscali, alle aziende del settore, senza badare troppo alla loro solidità. Nei report da inviare a Pechino è il numero che conta. Di imprenditori se ne materializzeranno tantissimi, mossi dall'urgenza di cogliere i sussidi in arrivo e ben consapevoli che, quando il vertice parla, tutti sotto si adeguano. Per inciso, l'esempio dei veicoli elettrici non è scelto a caso. Negli ultimi anni, grazie a questo modello, la Cina è diventata il primo mercato al mondo per le auto elettriche. Nel frattempo le imprese del settore si sono moltiplicate e ogni volta che il governo ipotizza di ridurre gli incentivi le più fragili finiscono in bancarotta. Ondata e riflusso, la solita storia.

Molte delle grandi innovazioni del Dragone sono state realizzate direttamente dallo Stato. A cominciare da quello che resta tuttora un fiore all'occhiello della modernizzazione cinese, cioè la rete ferroviaria ad alta velocità. Un popolo che fino a quindici anni fa viaggiava a 100 chilometri all'ora sugli ostici sedili di seconda classe – anche se il termine «classe» in un Paese socialista non si poteva usare – ora si sposta a oltre 300 chilometri all'ora. Il primo viaggio del *gaotie*, l'«alta velocità», risale al 2008, l'anno delle Olimpiadi, tra Pechino e la vicina metropoli di Tianjin. Dieci anni dopo siamo a 25.000 chilometri di rotaie, la rete più estesa al mondo, il tessuto connettivo del Paese.

Questa impresa ha prodotto parecchie bolle e cattedrali nel deserto: il colosso di Stato China Railway ha una voragine di debiti, 635 miliardi di dollari, e tra le varie stazioni costruite in mezzo al nulla ce n'è una da leggenda, a 50 chilometri di distanza da ogni centro abitato. Tuttavia il governo cinese progetta le infrastrutture in crescita, autostrade, rotaie e aeroporti che se non servono oggi magari si riveleranno utili domani: «Se vuoi diventare ricco, prima costruisci una strada» recita il mantra. E la mano dello Stato è decisiva anche nell'indirizzare e supportare l'innovazione privata: senza di essa neppure il 5G di Huawei sarebbe stato possibile, vista la quantità di incentivi di cui l'azienda ha goduto negli anni e le commesse che riceve dalle maggiori aziende telefoniche, tutte sotto il controllo del governo. Stato imprenditore, Stato investitore, Stato finanziatore e alla fine, a chiudere il cerchio, anche Stato acquirente.

I vantaggi di questa regia dall'alto non sono solo materiali. Anzi, per imprenditori che operano in settori di frontiera spesso sono più importanti quelli immateriali. Pix Moving è una giovane startup che costruisce veicoli a guida autonoma. Ha sede a Guiyang, capoluogo del Guizhou, una delle province più povere della Cina. I suoi prodotti non sono automobili per il trasporto privato, bensì mezzi più piccoli, robot da utilizzare per una serie di servizi, per esempio come negozi mobili oppure come armadietti per le consegne a domicilio. Nell'agosto del 2020, quando l'ho visitata, all'interno del suo capannone un braccio meccanico stava stampando strato dopo strato un telaio in carbonio, che poi il cliente avrebbe personalizzato montandoci sopra un pod, una capsula con gli accessori desiderati. L'ottimo inglese del vicepresidente Sean Zhu, raro anche tra i cinesi più giovani, dava subito la misura della qualità dell'azienda. Pix aveva anche un laboratorio nella Silicon Valley e si divideva tra i due mercati, gli Stati Uniti e la Cina.

Tuttavia mi sorprese, e molto, quello che Zhu ci disse alla fine del tour, cioè che da qualche tempo la loro visione del futuro era cambiata in modo radicale. Erano sempre stati convinti che l'America sarebbe stata il loro primo mercato, ora invece si erano focalizzati quasi esclusivamente sulla Cina. Grazie ai generosi incentivi del governo locale, a cominciare dall'affitto gratuito dei terreni, stavano costruendo il loro primo vero stabilimento lì a Guiyang, tra le verdi e ripide colline del Guizhou, sulla carta non proprio il centro dell'universo hi-tech. La ragione è che il coronavirus aveva dato un'improvvisa e inattesa impennata al business. Con il distanziamento da mantenere, le aziende cinesi delle consegne a domicilio stavano puntando forte sul recapito automatizzato, quindi avevano ordinato a Pix decine di veicoli per sperimentarlo, cominciando dalle aree recintate come i campus universitari. Non solo: mentre nel resto del mondo, Stati Uniti compresi, la guida autonoma viene ancora vista con diffidenza, la Cina l'ha ormai inserita fra le tecnologie chiave del suo futuro sviluppo urbanistico. Diverse città hanno aree in cui le aziende possono testare le auto senza pilota e le nuove autostrade vengono costruite in modo da supportarle. «Non ho dubbi che questa tecnologia si diffonda prima qui» mi ha detto Zhu. «Il governo ha un grande potere e quando identifica una priorità gli ostacoli normativi vengono tutti abbattuti.»

Si dibatte, spesso in maniera forsennata, sulla capacità della Cina di produrre innovazione. Se ne discute soprattutto paragonandola all'Occidente, in particolare agli Stati Uniti. Non è un mistero che perfino nella Silicon Valley qualche imprenditore guardi con invidia al modello del 996, ritenendo che i tavoli da ping-pong, le mense *sugar free* e i corsi di yoga abbiano smorzato un po' del sacro fuoco che muoveva la precedente generazione di imprenditori digitali. Di certo molti invidiano l'attitudine più aperta del regime e dei suoi cittadini verso le innovazioni, che prima vengono lanciate e solo dopo, in caso di problemi, regolate. La semplice osservazione dice che negli ultimi quindici anni, più o meno incentivati dallo Stato, spesso favoriti dall'assenza di norme, in Cina sono nati campioni hi-tech di dimensioni colossali, accompagnando nell'era digitale un Paese che oggi ha un miliardo di utenti Internet perennemente connessi.

Sono aziende che in molti casi hanno iniziato copiando, ma nell'applicazione delle idee al mercato hanno dato vita a un ecosistema web unico e peculiare, indecifrabile per un utente occidentale. Si chiamano Alibaba, gigante dell'e-commerce e della logistica. WeChat, la super-app di Tencent attraverso la quale i cinesi fanno tutto; oppure, per l'ultima generazione, ByteDance, il campione dell'intelligenza artificiale i cui algoritmi leggono e aggregano notizie (l'app Toutiao) o immagini (TikTok, che nella versione cinese è Douyin). Definirle la «Amazon cinese» o la «WhatsApp cinese» sarebbe un errore colossale: sono qualcosa di diverso e unico.

La Cina resta ancora indietro in due risorse decisive, in parte legate: la ricerca e il capitale umano. Sulla prima Pechino ha investito e continua a investire molto, specie per un Paese in via di sviluppo, e i risultati si vedono: in diversi campi il Dragone è il Paese al mondo che produce più paper accademici e nel 2019 ha raggiunto uno storico primato anche nella classifica dei brevetti internazionali, proprio ai danni degli Stati Uniti. Ma la quantità non dice tutto. Università e docenti spesso moltiplicano le pubblicazioni per rispondere a un imperativo politico, sulla cui base saranno valutati, invece di seguire logiche di qualità scientifica. Quanto ai brevetti, la maggior parte è costituita dai cosiddetti «modelli di utilità», cioè nuove versioni di prodotti precedenti, anziché vere e proprie invenzioni. Ogni 100 richieste depositate in Cina, solo 4 vengono presentate anche all'estero, segno di un reale valore dell'innovazione da proteggere. Per gli Stati Uniti l'incidenza è 44 su 100.

Quanto alle risorse umane, ogni anno gli atenei del Dragone producono ben 600.000 nuovi laureati in Ingegneria, categoria cui appartiene anche Xi Jinping e che nel Paese gode di un rispetto sacrale. Ma i metodi di insegnamento restano tradizionali e non incoraggiano l'intraprendenza e il pensiero critico. Gli sforzi per attrarre cervelli dall'estero, ma anche per impedire che i propri talenti più brillanti espatrino, sono ben lontani dal successo. Uno dei grandi vantaggi competitivi dell'America è il magnetismo della sua accademia e delle sue aziende, capaci di reclutare menti da tutto il mondo, Cina compresa. Cervelli che poi produrranno ricerche da Nobel o fonderanno startup miliardarie. Nell'accademia cinese invece, come vedremo, gli spazi per il pensiero critico si restringono sempre di più. Per dirla con l'artista Ai Weiwei, in un'intervista al «Guardian»:

«Se sei contrario a qualunque valore essenziale dell'individualismo e del pensiero indipendente, alla volontà di correre rischi e sopportarne le conseguenze ... che tipo di creatività ti puoi aspettare?». Parafrasando il celebre discorso di Steve Jobs ai neolaureati dell'Università di Stanford, i cinesi sono sicuramente *hungry*, affamati di successo, ma vivono in un sistema che non permette loro di essere *foolish*, folli in senso positivo.

Nel 2019 un famoso informatico e investitore americano di origini taiwanesi di nome Kai-fu Lee ha pubblicato un libro intitolato *AI Superpowers*, le «superpotenze dell'intelligenza artificiale». Il libro è stato un successo, da un lato per il curriculum di Lee, che ha lavorato alle frontiere degli algoritmi per Microsoft e Google, dall'altro per la tesi provocatoria sui rapporti di forza tra Cina e Stati Uniti. L'idea di Lee è che nelle tecnologie legate all'intelligenza artificiale – ma il ragionamento è estendibile senza troppe forzature ad altri campi dell'innovazione – il Dragone stia sorpassando l'America. Pur riconoscendo i ritardi della Cina nella ricerca, lo scienziato-imprenditore sostiene che l'AI stia passando a una fase applicativa, nella quale contano di più altri fattori: la fame di arrivare, regole più aperte, una quantità enorme di dati da dare in pasto agli algoritmi per renderli intelligenti. Tutte caratteristiche che l'ecosistema cinese possiede in misura maggiore, come dimostrano i suoi campioni del riconoscimento facciale e vocale.

La tesi di Lee è provocatoria, perché attacca alla base il concetto occidentale di innovazione, che noi riteniamo strettamente legato alla libertà di indagine scientifica e all'esercizio del pensiero critico. È stata anche molto contestata, spesso in modo fondato. Alcuni hanno ribattuto che, se è vero che la Cina e le sue aziende dispongono di una quantità sterminata di input, grazie al miliardo di cittadini connessi, non è detto che quei dati siano di alta qualità. Altri hanno fatto notare come la fase di ricerca sia tutt'altro che terminata, per l'intelligenza artificiale e non solo, e come sotto questo aspetto il distacco della Cina resti abissale.

Ma al di là delle previsioni sul futuro, che nel caso del Dragone sono state spesso e volentieri smentite, è interessante notare come nel sistema dell'innovazione cinese le stesse caratteristiche siano punti di forza e di debolezza, a seconda della prospettiva da cui le si osserva. Gli enormi incentivi ad arrivare primi sul mercato, la «China Speed», scoraggiano l'investimento di risorse nella ricerca di base, una debolezza che per esempio è emersa nella corsa al vaccino contro Sars-CoV-2, a cui le aziende del Dragone sono arrivate in ritardo e senza adeguati livelli di trasparenza. Il ruolo del Partito-Stato spiana la strada alle tecnologie che sono in linea con le priorità politiche di sviluppo e stabilità, ma toglie ossigeno alle altre. E qualche volta le soffoca pure. Accanto ai casi di successo, le innovazioni celebrate dal regime, ci sono clamorosi fallimenti. Il più palese è il progetto decennale di creare un modello cinese di aereo di linea con cui fare concorrenza a Boeing e Airbus. Nonostante investimenti miliardari la società di Stato Comac finora non è riuscita a produrre alcun velivolo con standard di qualità e sicurezza adeguati alla commercializzazione.

Tutto fa pensare che nei prossimi anni la centralità del Partito-Stato nei processi di innovazione continuerà ad aumentare. La competizione con l'America è ormai lanciata e il primato nelle tecnologie di frontiera, civili, militari o spesso ibride, sarà il fronte decisivo. Visto dalla Cina, l'avvicendamento alla Casa Bianca cambia poco: l'obiettivo degli Stati Uniti resterà comunque contenerla, facendo leva sull'attuale superiorità hi-tech per privarla di forniture chiave e frenarne l'ascesa. La risposta di Pechino è stata rilanciare con forza un concetto che rientrava già nel vocabolario maoista (e in quello di ogni regime autoritario), cioè «autosufficienza». Il nuovo Piano economico quinquennale, il cui orizzonte si allunga fino al 2035, indica nell'innovazione tecnologica uno dei grandi pilastri della crescita del Paese e della sua sicurezza nazionale. Solo rendendosi indipendente in una serie di settori essenziali la Cina si assicurerà di non essere ricattabile, o peggio boicottabile.

Questo significa che i fondi e gli incentivi per la filiera hi-tech diventeranno ancora più sostanziosi. Tra i sicuri beneficiari c'è il settore dei chip, oggi grande tallone d'Achille del Dragone. Gli ultimi boicottaggi americani hanno mostrato come la Cina sia dipendente dai microprocessori importati dall'estero, tutti o quasi fabbricati con tecnologie statunitensi, quindi soggetti ai blocchi introdotti dalla Casa Bianca. I principali produttori internazionali sono in grado di stampare microprocessori a 5 nanometri e hanno iniziato ad avventurarsi verso i 3. Il primo produttore cinese, Smic di Shanghai, insegue da lontano a 14 nanometri. Solo per fare un esempio, senza quei gioiellini di elettronica miniaturizzata Huawei non è in grado di impacchettare i suoi ultimi modelli di smartphone, una falla sull'aereo che Mister Ren non può tappare. Il governo vuole metterci una pezza, per questo sta mobilitando tutte le risorse di cui dispone, statali e private. La corsa a saltare sul carro è già cominciata: l'anno scorso, solo da gennaio a ottobre, ben 50.000 aziende avevano registrato il loro business nel settore dei semiconduttori. E puntuali sono iniziati ad arrivare anche i primi roboanti fallimenti. Ondata e riflusso, insieme.

Per realizzare il sogno di ringiovanimento nazionale, Xi Jinping e il Partito comunista hanno un estremo bisogno di innovazione e di innovatori. Le regole tra il settore hi-tech e il regime sono state a lungo molto chiare, una specie di patto di mutuo beneficio. Le aziende hanno contribuito alla modernizzazione del Paese e aiutato la censura a controllare e orientare l'opinione pubblica su Internet. In cambio, la Grande Muraglia Digitale costruita dalla leadership attorno al web in mandarino le ha liberate dalla concorrenza straniera, permettendo loro di pascolare indisturbate sul mercato digitale più grande del mondo, un mercato di fatto privo delle regole antitrust o sulla privacy che vincolano i loro pari in Occidente. Le varie Alibaba, Tencent o Meituan hanno potuto espandere le proprie attività in settori paralleli e rischiosi, come la finanza, utilizzando a piacimento i dati degli utenti, facendosi guerre a colpi di esclusive e senza rispettare i requisiti imposti ai loro concorrenti offline.

In questa cavalcata hanno accumulato miliardi di utili e cambiato volto alla Cina. Ma una leadership sempre più accentratrice, la cui vocazione è tenere sotto controllo ogni aspetto del Paese, non può non vedere lo sviluppo tecnologico anche come un potenziale fattore di rischio. In fondo, uno dei termini che nella Silicon Valley definiscono l'innovazione è *disruption*, «rottura». L'introduzione di nuove tecnologie è una scossa tellurica che riscrive le abitudini, sbilancia rapporti di forza e di potere, apre spazi di espressione e di azione, crea vincitori e vinti, quotazioni miliardarie e fallimenti, nuovi occupati e nuovi disoccupati. Per un partito ossessionato dal mantenimento della stabilità, che ha fatto la rivoluzione una volta ma poi ha cancellato il termine dai dizionari ufficiali, è fondamentale governare questo processo, assicurarsi che i suoi protagonisti, diventati nel frattempo gli uomini più ricchi del Paese, non diventino degli elementi di disordine. O addirittura dei potenziali avversari.

Durante l'intervista a Ren Zhengfei, nel salone stile Versailles della reggia Huawei, un collega gli chiese quale fosse la sfida maggiore che la tecnologia ha di fronte. Ecco cosa rispose: «Bisogna eliminare la povertà attraverso lo sviluppo tecnologico ed evitare l'instabilità: quando la società è stabile si sviluppa più velocemente, e questo a sua volta crea maggiore stabilità». È una risposta che nessun imprenditore occidentale avrebbe mai dato. Ma è una risposta profondamente cinese, e ancora più vera nella Cina di Xi, dove alle aziende si chiede un'effettiva adesione alle priorità politiche, che siano quelle dell'innovazione, dell'armonia, del controllo o della sorveglianza. Dove «China Inc.», il complesso industriale cinese, si sta trasformando sempre di più in «CCP Inc.», l'industria del Partito Comunista. Xi Jinping ha detto che c'è bisogno di «imprenditori patriottici»: tutti devono aderire alle grandi battaglie nazionali, nessuno può sfidare le regole.

È anche in questa veste di regolatore che il ruolo del Partito-Stato nell'innovazione si sta rafforzando, riscrivendo con impressionante velocità i termini del patto con l'industria hi-tech. A sperimentarlo sulla propria pelle è stato nientemeno che il più illustre e ammirato imprenditore cinese, Ma Yun, per noi Jack Ma. Nel 2020 Maestro Jack, il genio che con Alibaba ha portato il Dragone nell'era dell'e-commerce, l'unico capitano d'impresa cinese capace di affascinare sia l'Oriente sia l'Occidente, stava per aggiungere un nuovo capitolo alla sua epopea di successo: lo sbarco in Borsa di Ant Group, la società con cui ha rivoluzionato la finanza, digitalizzando pagamenti, prestiti e investimenti. Tutto era pronto a Shanghai per la quotazione più ricca della storia, che avrebbe attribuito alla società un valore di 300 miliardi di dollari. Ma un paio di settimane prima, forse sentendo il risultato in tasca, forse annusando la stretta in arrivo, Jack Ma ha avuto l'ardire di criticare in un discorso pubblico le autorità, a suo modo di vedere talmente ossessionate dalla prevenzione dei rischi – uno degli imperativi categorici del presidente Xi – da ostacolare l'innovazione. «Non esiste un'innovazione priva di rischi» ha dichiarato. «Spesso, azzerare i rischi è il rischio più grande.»

La risposta del regime è stata esemplare. A meno di quarantotto ore da un debutto a cui tutto il mondo guardava, la quotazione di Ant è stata sospesa, sembrerebbe con l'autorizzazione dello stesso segretario generale. L'apoteosi di

Jack Ma, membro del Partito comunista e pluripremiato campione nazionale dell'innovazione, veniva in un baleno cancellata. Non solo la quotazione di Ant era rimandata a data da destinarsi, ma alla società veniva chiesto di ristrutturare le attività e di abbandonare quelle più rischiose e lucrative. Cioè di ridimensionarsi.

In Cina si dice: «Uccidere il pollo per spaventare le scimmie», cioè punire qualcuno di poca importanza per avvertire i pezzi grossi. Solo che Jack Ma non è il pollo, bensì la più grande delle scimmie. E le autorità hanno cominciato da lui perché il loro obiettivo è una stretta sull'economia digitale nel suo complesso. Tra la fine del 2020 e l'inizio del 2021 il governo ha approvato nuovi regolamenti in serie: il settore dei prestiti online è stato di fatto azzerato, i comportamenti monopolistici dei colossi del web messi nel mirino, le regole sulla privacy rafforzate.

Secondo molti analisti questa campagna segna la fine dell'epoca d'oro per il settore digitale cinese, l'era dello sviluppo selvaggio. Come sempre quando scrive le norme, la leadership ha un duplice intento. Da un lato risponde alle esigenze dei cittadini, sempre più insofferenti verso i giganti digitali, in particolare per come abusano dei dati personali. Castigando Big Tech, il regime difende gli interessi del popolo. Dall'altro serve le proprie esigenze di controllo. Il messaggio che manda è chiarissimo, e il suo impatto sull'industria tecnologica cinese e i suoi imprenditori si potrà misurare appieno solo nei prossimi anni. Prima dell'innovazione, in Cina viene la stabilità. Prima del mercato, viene il Partito.

VII
Verde e nero

Pochi se l'aspettavano, perfino tra gli alti papaveri di regime. L'annuncio di Xi Jinping è stato una fuga in avanti. Ma dopo la crisi virale la Cina e il Partito avevano bisogno di ripulire la propria immagine, agli occhi dei cittadini e a quelli del mondo. Quale tema migliore dell'ambiente per farlo? Così il 22 settembre 2020 all'Assemblea generale delle Nazioni Unite il presidente ha fatto due promesse inattese. La prima è che la Repubblica Popolare raggiungerà il picco delle emissioni di anidride carbonica «prima del 2030», e non «attorno al 2030» come aveva stabilito in precedenza. La seconda, molto più importante, è che nel 2060 arriverà alla neutralità carbonica. Cioè, di fatto, a emissioni zero.

Una svolta clamorosa per l'economia più inquinante del pianeta, prima responsabile della CO_2 rilasciata nell'atmosfera. In passato la Cina aveva sempre esitato a prendere impegni precisi di riduzione delle emissioni, difendendo il proprio diritto di Paese in via di sviluppo a crescere senza vincoli. Xi ha cambiato registro, portando il Dragone in prima linea nella lotta al cambiamento climatico. Eppure le sue parole hanno suscitato reazioni ambivalenti nella comunità internazionale, con parti uguali di ottimismo e scetticismo. L'ottimismo è facile da spiegare: il grande obiettivo fissato dall'Accordo sul clima di Parigi del 2015, contenere cioè l'aumento della temperatura della Terra sotto i 2 gradi, passa in gran parte dalle azioni di Pechino. Saranno le scelte della Cina a decidere se il pianeta riuscirà a salvarsi oppure no. Ma anche lo scetticismo è comprensibile: non sempre le azioni del regime sono coerenti con le sue parole. Proprio mentre Xi Jinping formalizzava l'impegno solenne davanti all'ONU, il governo continuava ad approvare la costruzione di nuove centrali a carbone. E le industrie siderurgiche nazionali, le più inquinanti, sfornavano una quantità record di acciaio.

Hanno ragione gli ottimisti o gli scettici? La Cina ha davvero abbracciato una nuova ideologia verde oppure resta color nero carbone? La realtà, come spesso succede per il Dragone, è una tensione tra opposti. Quando lancia la sua guerra all'inquinamento, Xi fa sul serio: i primi risultati nei cieli del Paese si sono già visti. La battaglia per creare una «civiltà ecologica» è parte di un piano ancora più vasto che vuole cambiare volto all'intero modello di sviluppo cinese: dal paradigma «fabbrica del mondo», quello che ha sollevato il Dragone fin dove si trova ora con costi ambientali e sociali altissimi, a una nuova crescita meno forsennata, basata su innovazione, qualità e sostenibilità. Il problema è che questa transizione è difficile e costosa, anche da un punto di vista politico, perfino per un leader potente come Xi. Si tratta di cambiare direzione a un mastodontico sistema economico, fatto di interessi consolidati intrecciati a quelli del Partito comunista, senza sacrificare altri obiettivi fondamentali per il regime come la crescita e la stabilità. Un dilemma. Come ha scritto la giornalista del «Financial Times» Leslie Hook, oggi la Cina è «allo stesso tempo il Paese più verde e il più inquinante del mondo».

Per capire quanto la svolta verde sia strategica per Xi Jinping bisogna raccontare dov'è iniziata. Tornare cioè a quei giorni di gennaio del 2013 che i cittadini di Pechino, con umorismo nerissimo, avevano ribattezzato «Air-mageddon» o

«Air-pocalypse». La capitale, come tante altre metropoli del Dragone, era abituata allo smog fuori controllo. Rispetto ai 25 microgrammi per metro cubo, la soglia massima di polveri sottili giudicata «salutare» dall'Organizzazione mondiale della sanità, era frequente vedere i rilevatori scollinare oltre quota 300 («aria cattiva») o addirittura 500 («aria dannosa»). In quel mese di gennaio però il particolato più sottile arrivò a 866, restando fuori scala per quasi una settimana. Una coltre grigia e densa aveva avvolto la città, offuscando il sole e nascondendo perfino i grattacieli dall'altra parte della strada. Ai cittadini era stato consigliato di limitare il più possibile le uscite. Chi si avventurava fuori casa, anche se armato di mascherina, dopo qualche minuto veniva assalito da tosse e senso di debolezza. L'umore era sotto i tacchi.

Per Xi quelli erano giorni speciali. Due mesi prima, il XVIII Congresso del Partito comunista lo aveva nominato nuovo segretario generale, consegnandogli la guida del Paese. Entro qualche settimana proprio a Pechino l'Assemblea nazionale si sarebbe riunita per eleggerlo presidente della Repubblica Popolare. Non poteva esserci scenografia meno propizia per l'incoronazione, in un Paese che ha sempre venerato *Tian*, il Cielo. Per il nuovo leader l'Apocalisse da inquinamento era un problema di immagine internazionale, anche perché i primi ad aver misurato e diffuso i dati sulle polveri sottili erano stati i diplomatici americani grazie a un rilevatore piazzato sul tetto dell'ambasciata. Giornali e telegiornali di tutto il mondo mostravano le immagini di piazza Tiananmen avvolta dallo smog. Ma la coltre fetida era soprattutto un problema di legittimità interna. Ai cittadini era noto che lo spettacolare sviluppo del Dragone aveva provocato danni enormi all'ambiente avvelenando suoli, falde acquifere e cieli. In quel momento però il livello inaccettabile di degrado divenne evidente anche agli abitanti di Pechino, la cui nuova classe media era sempre più sensibile ai temi della salute.

Era una crisi pratica e simbolica allo stesso tempo. I cinesi cominciavano a capire che il benessere è questione più rotonda del semplice conto in banca. E ricordavano la storia imperiale, quando i disastri ambientali erano sempre stati preludio del collasso di una dinastia. Ma Xi non aveva alcuna intenzione di cadere e per questo mise il tema al vertice della sua agenda. L'anno successivo, a novembre, Pechino ospitò il vertice dell'Associazione economica Asia-Pacifico (APEC), con visita in città del presidente americano Obama. Per ripulire l'aria della capitale il governo adottò una serie di misure draconiane, tra cui mettere in ferie forzate i dipendenti degli uffici e chiudere le fabbriche: il risultato fu spettacolare, un cielo limpido che permetteva perfino di ammirare le montagne a nord. Nel discorso di apertura del summit, Xi disse che sperava di vedere «ogni giorno un cielo azzurro, montagne verdi e fiumi trasparenti, non solo a Pechino ma in tutta la Cina, in modo che i nostri figli possano vivere in un ambiente sano». Durante l'incontro bilaterale con Obama le due potenze, i maggiori inquinatori del pianeta, raggiunsero una storica intesa sulla riduzione delle emissioni che avrebbe aperto la strada all'Accordo di Parigi del 2015.

Molti cittadini accolsero con diffidenza gli impegni del nuovo leader. Il precedente segretario generale, Hu Jintao, parlava già di «civiltà ecologica», eppure i pessimi risultati delle sue politiche erano davanti agli occhi di tutti. Nei giorni del vertice internazionale la gente uscì di casa per scattare delle foto e le condivise sui social con la sarcastica locuzione «blu APEC», per indicare qualcosa di meraviglioso ma destinato a durare poco, il tempo di un summit. In definitiva, un falso. Poche settimane dopo, sul web uscì *Under the Dome*, sotto la cupola (di smog), un documentario realizzato da un'ex giornalista della televisione di Stato che denunciava il completo fallimento delle politiche ambientali della leadership. In tre giorni lo guardarono 150 milioni di persone, un caso nazionale. Xi però stava facendo sul serio e lo avrebbe dimostrato in breve tempo. Nel gennaio del 2015 entrò in vigore una nuova legge per la protezione dell'ambiente, e il presidente si intestò la battaglia per «cieli azzurri, montagne verdi e fiumi trasparenti», rendendola una delle tre sfide fondamentali della sua leadership insieme alla lotta contro la povertà e a quella contro i rischi finanziari. Una di quelle battaglie che non si possono perdere, su cui i funzionari di ogni livello vengono valutati.

Quando mi sono trasferito a Pechino nel 2018 il livello dell'inquinamento in città era drasticamente sceso, grazie a un misto di misure nazionali e locali, adottate con la durezza di cui è capace il regime. I riscaldamenti a carbone erano stati dichiarati illegali, migliaia di abitazioni dei migranti che utilizzavano stufe di quel tipo erano state rase al suolo, gli inquilini ricacciati verso i villaggi d'origine. Il traffico automobilistico era stato limitato con un sistema di targhe alterne e le industrie più inquinanti spostate lontano, in modo che i fumi non arrivassero sopra la capitale. C'erano ancora dei periodi di polveri sottili fuori scala, con alcune punte sopra i 400 microgrammi per metro cubo, ma la situazione migliorava a vista d'occhio.

«Ora nessuno condivide più le foto dei cieli azzurri, sono normali» mi disse Zhang, trentasette anni, un podista dilettante che incontrai a settembre di quell'anno al quartier generale della Maratona di Pechino, con il pettorale rosso già addosso. Nei giorni precedenti una nuvola di fumo grigio aveva avvolto la città, minacciando la gara, ma quella domenica l'aria era tornata limpida e nessuno più sospettava che il governo l'avesse ripulita per decreto. Un runner come Zhang, quattro sgambate a settimana, sapeva il fatto suo: «Ci stiamo mettendo molto meno tempo di Londra per pulire il cielo» mi spiegò, ripetendo uno dei grandi vanti della propaganda di Stato. Il miglioramento era stato evidente e rapido, bisognava riconoscerlo. Ma il cielo di Pechino, a cui il regime aveva dedicato così tanta attenzione, era solo una piccola parte dei cieli della Cina. Anche il signor Zhang lo sapeva: «Il processo è ancora lungo».

Allargando l'orizzonte, la pagella ambientale del Dragone si rivela molto più problematica. Negli ultimi anni il governo ha investito risorse miliardarie nella filiera delle energie rinnovabili, rendendo la Cina il primo produttore al mondo di pannelli solari e facendole superare gli Stati Uniti per energia eolica installata. Non solo: con un misto di incentivi e vincoli la Repubblica Popolare è diventata anche il primo mercato globale per le auto elettriche, la mobilità del futuro. Chi acquista un'auto verde ha diritto a bonus fino a 50.000 yuan, oltre 6000 euro, mentre chi ne compra una a benzina rischia di doverla lasciare in garage. Nelle metropoli le nuove targhe di circolazione, rigidamente contingentate, vengono estratte a sorte ogni due mesi attraverso una lotteria. Le probabilità di «vittoria» sono bassissime, a Pechino una ogni 2000 persone che fanno richiesta. Ma per i veicoli elettrici l'assegnazione è molto più semplice, in alcune città perfino automatica. I risultati si vedono: alla fine del 2020 in Cina circolavano 4,5 milioni di auto a propulsione alternativa, il 42 per cento dell'intero parco globale, e 500.000 bus elettrici, il 98 per cento del totale. A Pechino e Shanghai anche tutti i motorini sono «verdi»; quando si attraversa bisogna fare attenzione: non fanno rumore.

Ma se l'elettrificazione della mobilità avanza e nelle case del Nord le stufe a carbone sono state quasi tutte sostituite da impianti a gas, la conversione del sistema industriale procede molto più a rilento. Per la produzione di energia la Cina dipende dal carbone, la fonte fossile più inquinante. Non siamo più ai livelli del 2007 quando valeva l'80 per cento di tutta l'elettricità generata, ma restiamo pur sempre al 64 per cento, una percentuale altissima (l'India è al 70; la Germania, altra grande economia industriale, sotto il 30). Il Dragone è il primo produttore e il primo consumatore di carbone al mondo. Al di là dei costi, storicamente più bassi rispetto a quelli delle altre fonti, è anche una questione di sicurezza degli approvvigionamenti: la materia prima in Cina abbonda, a differenza del gas o del petrolio che devono essere importati dalla Russia, dall'Iran o dai Paesi del Golfo. E «sicurezza» è una parola chiave per il regime. L'altro problema è la scarsa efficienza energetica dell'industria pesante: le fabbriche di cemento e acciaio rilasciano da sole quasi il 20 per cento delle emissioni. Dopo essersi assestata verso la metà dello scorso decennio, negli ultimi tre anni la quantità di anidride carbonica che il Dragone libera nell'aria ha ripreso a crescere.

Energia a buon mercato e industria sono due dei principali fattori del balzo in avanti compiuto dalla Cina negli ultimi trent'anni, insieme alla manodopera a basso costo e agli investimenti statali nelle infrastrutture. Il Dragone ha realizzato la prima eroica fase della sua modernizzazione in buona misura grazie a questo modello di sviluppo molto inquinante, dominato dalla pianificazione pubblica, finanziato dalle banche di Stato e messo in opera da grandi aziende, anch'esse di Stato. È la Cina «fabbrica del mondo», il luogo dove tutto il pianeta ha delocalizzato le proprie catene di montaggio, più o meno sporche, sfruttando l'assenza di standard ambientali di un Paese che aveva fretta di crescere. Oggi il modello è in parte cambiato: i consumi dei cittadini valgono oltre la metà del prodotto interno lordo; l'imprenditoria privata produce più valore aggiunto e nuovi posti di lavoro di quella di Stato. Non più solo potenza manifatturiera ed esportatrice, la Cina sta diventando anche il mercato del mondo, una trasformazione che Xi Jinping vuole ulteriormente accelerare. Ma il tradizionale complesso energetico e produttivo continua a essere una risorsa decisiva per il regime, come si è visto proprio nell'anno del coronavirus.

All'uscita dal lockdown, quando la priorità era riavviare al più presto l'economia, il governo ha varato un piano di stimolo vecchio stampo, ordinando ai governi provinciali di indebitarsi per finanziare massicci investimenti in infrastrutture. Dopo aver chiuso il primo trimestre in recessione da decenni, quello tra gennaio e marzo del 2020, il regime doveva evitare un aumento incontrollato della disoccupazione, che avrebbe potuto generare instabilità sociale. Ci voleva uno shock: in tutto il Paese i cantieri si sono moltiplicati. Molti progetti infrastrutturali erano già approvati e la loro filiera, dalla committenza all'esecuzione, è costituita quasi per intero da soggetti statali, che la leadership poteva mobilitare più facilmente. Le grandi opere hanno garantito migliaia di buste paga e un effetto moltiplicatore anche a monte, perché per costruire ponti, edifici e ferrovie c'è bisogno di cemento, acciaio e altri materiali di base.

Il piano è riuscito: l'economia cinese è rimbalzata rapidamente ed è stata una delle pochissime al mondo a chiudere l'anno della pandemia in crescita, mentre il tasso di disoccupazione ufficiale tornava sotto i livelli di guardia. Ma la ricetta a base di debito, grandi opere, edilizia e industria di Stato ha arrestato se non addirittura invertito la trasformazione del sistema produttivo, anche dal punto di vista ambientale. Nel 2020 le fabbriche hanno sfornato quantità record di acciaio, oltre un miliardo di tonnellate, quando l'obiettivo era ridurre un settore sovradimensionato e inefficiente. Anche l'estrazione di carbone è tornata ai massimi dal 2015, quasi 4 miliardi di tonnellate. Il governo ha perfino approvato la costruzione di nuove centrali, tra lo sconcerto degli ambientalisti. Secondo le stime, l'anno si è chiuso con un ulteriore aumento delle emissioni: in settembre il loro livello aveva già superato quello precedente alla pandemia. E gli effetti si sono visti addirittura nei cieli di Pechino: tra la fine di novembre e l'inizio di dicembre del 2020, poche settimane dopo che Xi Jinping aveva fatto le sue promesse all'ONU, la capitale ha vissuto un allarme-inquinamento durato diversi giorni. Non una nuova Apocalisse, ma comunque aria brutta. Segno che la leadership aveva deciso di sacrificare, almeno temporaneamente, i cieli azzurri sull'altare di altre e superiori priorità, vale a dire crescita e sicurezza.

Ogni grande progetto ambientale della Cina incarna questa tensione. Anche quello che il regime ha chiamato Grande Muraglia Verde: un fronte di centinaia di milioni di alberi da piantare lungo 4800 chilometri nel Nord del Paese per contenere l'avanzata del deserto. «Pensa che qui una volta era tutto sabbia» mi raccontò Xu Linghua, giovane biologa, mentre passeggiavamo tra i campi di cetrioli, angurie, meloni bianchi, uva, nocciole e pomodori. Non era difficile crederle. Oltre i campi verdi il deserto si vedeva ancora: dune alte metri a perdita d'occhio, come onde di un mare ocra. Lì a Kubuqi, però, nella regione autonoma della Mongolia Interna, dove ero andato per vedere di persona un tratto della Muraglia Verde, la battaglia era vinta. Il fronte arido non solo era stato solo fermato, ma addirittura ricacciato indietro. «Il segreto è la liquirizia» mi spiegò Xu. Con le radici grosse e solide stabilizza il suolo, il suo ciclo vitale lo arricchisce di nutrienti. In cinque anni la pianta riesce a far tornare coltivabile anche una terra che sembrava essersi inaridita per sempre.

Nel Nord della Cina, poverissimo di acqua, la desertificazione è un'emergenza. Lo è diventata ancora di più dopo i decenni del grande sviluppo, dell'urbanizzazione selvaggia e dell'utilizzo indiscriminato di risorse. Nei periodi peggiori la sabbia mangiava 2400 chilometri quadrati di terra l'anno, ricoprendo tutto quello che trovava sulla sua strada. Spesso dalle steppe settentrionali, al confine con la Mongolia, i granelli turbinavano per centinaia di chilometri fino a Pechino, rendendo all'improvviso giallo il cielo della capitale e la sua aria irrespirabile. Anche per questo il governo ha accelerato gli sforzi, identificando la zona di Kubuqi, settimo deserto più grande della Cina, come una delle esperienze modello da imitare in tutto il Paese.

Dalla cima di una duna si vedevano gli esili pioppi e i piccoli pini piantati nella sabbia a intervalli regolari: decine di migliaia di alberelli. Dagli anni Novanta a oggi, secondo le cifre presentate nel centro visitatori, l'area verde, o almeno verde-ocra, era passata dal 3 al 53 per cento. Sono anche tornati gli animali, uccelli, cicogne enormi, quaglie, fagiani e conigli. Dietro a questo risultato c'è un'azienda privata, il cui nome campeggia su cartelli e manifesti: Elion Group. Fondata alla fine degli anni Ottanta dall'imprenditore Wang Wenbiao, la società aveva preso in affitto la terra dai cittadini locali della minoranza mongola, che ora impiegava come contadini, quindi aveva piantato i pini e i pomodori. In tutto controllava 6000 chilometri quadrati di deserto, un terzo della sua estensione totale. Ma tutto questo sarebbe stato impossibile senza il mandato delle autorità locali e i superincentivi che da anni il governo stanzia per la grande campagna di afforestamento.

Tra il 2000 e il 2017 la Cina è stata responsabile di un quarto dell'intero incremento delle aree verdi registrato sulla Terra, e il 42 per cento di queste fa parte di zone di rimboschimento supportate dallo Stato. La propaganda esalta il traguardo, sostenendo che la Repubblica Popolare ha piantato oltre settanta milioni di alberi, ma diversi ambientalisti sono critici. Nei progetti, infatti, viene impiegato un numero molto limitato di specie, soprattutto quelle che crescono veloci come pini e pioppi. Alcuni studi hanno mostrato che la maggior parte degli esemplari non sopravvive e che il gran numero di piante non autoctone rischia di prosciugare le falde acquifere e rendere più fragile l'ecosistema. L'impatto di medio e lungo periodo della Grande Muraglia Verde non è chiaro e potrebbe addirittura essere negativo. Ma né Elion né il governo cinese sembrano avere dubbi: sono esclusivamente loro a raccogliere e analizzare i dati che certificano il successo dell'iniziativa, senza coinvolgere voci terze e indipendenti.

«Siamo un'industria ecologica» provò a convincermi nel lussuoso quartier generale di Pechino il fondatore Wang Wenbiao, sessant'anni, volto marziale, ex parlamentare, due foto giganti a fianco del presidente Xi appese in bella vista. «Il nostro modello di business è una torta a tre strati: primo restaurare l'ecosistema, secondo far aumentare il valore della terra, quella agricola o industriale ha un prezzo molto più alto, terzo iniettare una serie di attività ecologiche, come pannelli fotovoltaici e turismo.» È chiaro che per Wang, nato proprio nel deserto della Mongolia Interna, «sviluppare» e «conservare» sono due parole che insieme non stonano. Lo avevo già capito a Kubuqi, dove un'area del deserto è stata recintata per farne un mega-resort «verde». Si chiama Sette Stelle, come i sette bacini d'acqua della regione, offre casette in legno sostenibili per campeggiatori sulle sponde di un bellissimo lago e, dall'altra parte, un colossale hotel tutto marmo in stile arabeggiante, con annessi centro congressi e campo golf da diciotto buche. Ma le contraddizioni di Elion non sono finite: un altro ramo di attività è l'industria chimica, una serie di «-sfati» o «-etani» prodotti in uno stabilimento in mezzo al deserto, a cui il governo concede sgravi fiscali pluriennali.

Il progetto non solo doveva frenare la sabbia ma anche combattere un'altra delle battaglie del presidente Xi, la lotta alla povertà nelle aree remote. Secondo Wang 100.000 abitanti del luogo, per lo più della minoranza mongola, si erano sollevati dall'indigenza affittando la terra a Elion o lavorando per l'azienda. Me ne avevano presentato uno di nome Sirenbabu, quarantadue anni, la carnagione scura e le braccia forti. Era un pastore, come tutti qui, fino a che nel 2004 aveva accettato di abbandonare la vita nomade e trasferirsi in una casa di mattoni costruita dal governo. Ora la sua famiglia si occupava di «agritainment», come da cartello sulla porta: alberghetto, ristorante e affitto dei quad per sgommare sulle dune. A Sirenbabu era andata bene, ad altri meno, come testimoniava il vicino centro di Duguitara, una distesa di palazzoni in stile sovietico mai ultimati: il governo li aveva tirati su prevedendo di ricollocare lì migliaia di mongoli, che avevano invece preferito andare a vivere altrove. Erano rimasti quegli scheletri di edifici, piantati dritti contro il deserto.

A Kubuqi avevo visto un condensato dell'approccio della Repubblica Popolare alle emergenze ambientali. Nel saggio *China Goes Green*, gli studiosi Yifei Li e Judith Shapiro lo definiscono un «ambientalismo autoritario», cioè un sistema in cui lo Stato definisce le priorità verdi, dirige in prima persona gli interventi e conserva il monopolio del discorso ambientale, utilizzando tutti gli strumenti propri di un regime autoritario, compresa la coercizione. È un modello dall'alto che può apparire molto efficace nel mezzo dell'emergenza climatica che stiamo vivendo, soprattutto se confrontato alle indecisioni e alla litigiosità mostrate dalle democrazie liberali. Tuttavia, pur riconoscendo che Pechino ha raggiunto traguardi significativi in alcuni settori, come la riduzione dello smog, gli autori spiegano che le sue azioni hanno spesso effetti opinabili, a volte impattando negativamente sulla qualità della vita dei cittadini, altre danneggiando la natura che sostengono di voler proteggere.

Le grandi campagne modello della Cina, basate su metodi uniformi e rigidi obiettivi numerici, possono portare i funzionari a adottare misure poco calibrate, affrettate o arbitrarie. La Grande Muraglia Verde non è l'unico esempio. Quando Xi ha lanciato la lotta contro lo smog a Pechino, è capitato che venissero fermate tutte le industrie delle aree circostanti, senza distinguere tra quelle inquinanti e quelle virtuose. Nel 2017, quando il governo ha deciso di spegnere il riscaldamento a carbone, la nuova politica è stata introdotta così velocemente che la rete del gas ancora non era pronta. Decine di milioni di persone quell'inverno si sono ritrovate al gelo, costringendo le autorità a riaccendere in fretta le stufe.

Politiche muscolari come queste possono anche raggiungere l'obiettivo, ma anziché educare i cittadini al rispetto delle regole e dell'ambiente rischiano di far percepire gli obiettivi verdi come l'ennesima imposizione. Lo stesso si può dire dei primi esperimenti di raccolta differenziata obbligatoria che la Cina ha lanciato, partendo nell'estate del 2019 da Shanghai e poi estendendoli nel 2020 a Pechino. Le etichette assegnate alle quattro categorie di rifiuti, «secchi», «umidi», «riciclabili» e «pericolosi», sono tuttora poco comprensibili per gli abitanti. Per ragioni logistiche, poi, i centri di raccolta di quartiere a Shanghai sono stati aperti solo dalle 7 alle 9 e dalle 18 alle 20, suscitando molte proteste. La nuova industria del riciclo ha anche privato del lavoro migliaia di «raccoglitori» informali che per anni avevano smistato i rifiuti delle città, ritirando plastica e carta casa per casa, accatastandole sui loro carretti e trasportandole verso le discariche fuori città.

Un'altra campagna che finora non sembra aver prodotto grandi risultati è quella contro lo spreco alimentare battezzata *guang pan*, cioè «piatto vuoto». Al ristorante molti cinesi sono soliti ordinare un numero esagerato di portate comuni, salvo poi consumarle solo in parte. Questa abitudine ha una spiegazione culturale: per una società che ancora ricorda la fame, l'abbondanza di cibo è un indicatore di benessere e ospitalità, mentre un piatto vuoto è motivo di vergogna. Le conseguenze però sono pessime. In Cina ogni anno vanno sprecati 35 milioni di tonnellate di cibo, quanto basta per sfamare dai 30 ai 50 milioni di persone. Periodicamente il governo cerca di convincere i cittadini a limitare banchetti pantagruelici e ordinazioni eccessive; l'ultimo appello del presidente Xi è arrivato lo scorso anno, in un periodo di stress per le riserve alimentari del Paese. Come sempre i media di regime hanno iniziato a rilanciare il messaggio; alcuni zelanti ristoratori, contro il loro stesso interesse, sono arrivati al punto di stabilire un numero massimo di piatti che i commensali possono ordinare. Nel giro di qualche settimana, però, il tam tam si era già smorzato. E le tavole dei ristoranti sono rimaste piene di piatti non finiti.

Ma le ambiguità dell'ambientalismo cinese sono ancora più profonde. Come avevo potuto vedere a Kubuqi, le politiche verdi del regime integrano spesso obiettivi che con la natura hanno poco a che fare: dallo sviluppo economico delle aree periferiche al controllo e all'assimilazione delle popolazioni che ci vivono, in molti casi minoranze etniche. Un caso tipico è la costruzione delle enormi dighe, progetti su cui una leadership costituita in gran parte da ingegneri investe moltissimo: oggi l'idroelettrico è la principale fonte di energia alternativa del Dragone, ma la cementificazione dei fiumi ha spesso un impatto devastante sull'equilibrio naturale e sulla vita delle popolazioni che abitano lungo le sponde. Più volte i locali hanno tentato di opporsi; raramente hanno avuto successo, finendo per essere costretti a spostarsi altrove. Solo per la costruzione della diga delle Tre Gole sul Fiume Azzurro, la seconda più grande del mondo, quasi un milione e mezzo di persone ha dovuto lasciare le proprie case, sommerse dalle acque.

Anche quando il governo identifica un'area naturale da proteggere, spesso ne approfitta per trasferire la popolazione che ci vive, rendendo sedentari i nomadi oppure ricollocando in zone urbane gli abitanti delle zone rurali più arretrate. Si chiamano «migrazioni ecologiche». Di recente la leadership cinese ha lanciato un nuovo progetto per creare la prima rete di parchi nazionali controllati dal governo, sul modello americano. Il più esteso, Sanjiangyuan, nella provincia occidentale del Qinghai, sarà tredici volte più grande del parco di Yellowstone. Nel frattempo però le autorità stanno svuotando l'altopiano dei suoi abitanti, per lo più appartenenti alla minoranza tibetana: l'obiettivo finale è trasformare quelle aree in fortezze naturali recintate, in cui solo i turisti potranno entrare, rompendo così il millenario equilibrio tra le popolazioni locali e l'ambiente.

Tutto ciò porta Li e Shapiro, nel loro *China Goes Green*, a invertire i termini della definizione. Quello della Cina non è tanto un «ambientalismo autoritario», cioè una politica verde condotta con metodi coercitivi propri di un regime, quanto un «autoritarismo ambientale», l'azione di uno Stato che «approfitta della crisi per proiettarsi come il solo soggetto legittimato alla protezione dell'ambiente» e la usa per «obiettivi non ambientali, come rafforzare la propria autorità».

Ogni iniziativa nell'era di Xi Jinping è anche, o prima di tutto, una questione di potere. Vale per la svolta ambientalista della Cina e ovviamente anche per la protezione del suo animale simbolo. Al Centro di ricerca per l'allevamento del panda gigante alla periferia di Chengdu, capoluogo della provincia del Sichuan, le guide spiegano ai visitatori che l'adorabile urside «è una specie in pericolo». Non è del tutto vero: cinque anni fa, l'Unione per la conservazione della natura lo ha riclassificato da animale «in pericolo» a «vulnerabile», un passo più lontano dal baratro dell'estinzione. Eppure il Centro continua a lavorare alla riproduzione della specie. Il ritmo va alla grande, anche grazie ai filmati porno proposti ai pigri e impacciati mammiferi: «Le autorità provinciali ci hanno dato come obiettivo dagli 8 ai 10 nuovi esemplari l'anno, noi facciamo sempre meglio» mi disse una delle veterinarie durante un tour organizzato. Quando era stata aperta, nel 1978, la struttura ospitava appena 6 esemplari. Quarant'anni dopo, un cucciolo dopo l'altro, siamo arrivati a 184. Non ci stanno più nei recinti, presto lo spazio verrà triplicato per la gioia dei visitatori grandi e piccini, che devono sgomitare per conquistare la prima fila utile a scattarsi dei memorabili selfie.

Dal punto di vista turistico nessun dubbio, il parco dei panda di Chengdu, il principale in Cina dedicato al goffo orso bianconero, è un successo: oltre 5 milioni di ingressi l'anno, una delle maggiori attrazioni del Paese. iPanda, il canale video che gestisce il Centro insieme alla televisione di Stato, ha milioni di follower sulle piattaforme social di tutto il mondo. Le immagini di panda ruzzolanti che circolano sulle nostre bacheche sono girate lì. Dal punto di vista della conservazione, però, qualche dubbio viene. Quando chiesi alla veterinaria quanti panda erano stati liberati fece scena muta. La risposta è zero, ecco il problema. Il Centro è uno zoo e un allevamento, a cui il governo ha dato mandato di produrre quanti più animali possibili, non di reinserirli nel loro ambiente naturale. E a giudicare dai numeri, non è l'unico in Cina. Di circa 2000 esemplari di panda censiti, quelli in cattività sono oltre 500, una proporzione che diversi esperti giudicano eccessiva. L'obiettivo, dicono, dovrebbe essere quello di dare loro una casa in natura, ma liberare gli esemplari nati nei centri di riproduzione si sta rivelando impossibile. Come se alle autorità il simbolo nazionale andasse bene anche in cattività. L'importante è mostrarlo a comitive di cittadini come trofeo della nuova Cina «verde» o magari concederlo agli zoo di mezzo mondo come strumento di diplomazia: ogni prestito, pagato un milione di dollari l'anno, va autorizzato dal governo. Chengdu ha 19 esemplari all'estero.

Altri ambientalisti, e ovviamente le autorità cinesi, difendono il modello. Dicono che gli animali di questi centri sono degli «ambasciatori», che è grazie a loro, alle attenzioni e ai fondi che attirano, che Pechino ha potuto iniziare a preservare il territorio in cui gli altri della specie vivono liberi. Anche la popolazione in natura è aumentata ed entro il 2023 dovrebbe essere creato un nuovo mega-rifugio nelle montagne del Sichuan, habitat naturale dei *daxiongmao*, i «grandi orsi gatto», come li chiamano in Cina. A Chengdu però c'è bisogno delle stanze con l'aria condizionata per rendere loro sopportabile il caldo torrido della pianura. E nella sala delle incubatrici, a dispetto dei cartelli «silenzio» e «no flash», tutti fotografano gli spelacchiati cuccioli di poche settimane con il flash, mentre gli inservienti strillano al megafono di circolare. C'è una targa fuori: il pugile americano Floyd Mayweather ha pagato 100.000 euro per poter battezzare uno dei panda. Lo ha chiamato TMT, The Money Team, il brand di moda di cui è proprietario.

Strano destino per l'animale che la Cina ha scelto come emblema. Volto decisamente più amichevole dell'aggressivo dragone, per molti irresistibile, è la mascotte di ogni grande evento che si tiene nel Paese. All'inizio del 2022 lo sarà anche delle Olimpiadi invernali di Pechino, disegnato con un cappuccio per ripararsi dal freddo. La Repubblica Popolare lo preserva e lo fa riprodurre, ma nel frattempo lo trasforma anche in una nuova specie, che nasce e cresce in cattività, per essere messa in vetrina.

La battaglia ambientale di Xi ha avuto nuovo impulso dopo il coronavirus. E non è un caso. Serve per risollevare l'immagine globale del Dragone, che come abbiamo visto è stata fortemente compromessa dalla gestione dell'epidemia. Nell'impegno a promuovere una «civiltà ecologica» la Cina può presentarsi alla comunità internazionale come una nazione-guida e un attore responsabile. Il clima è anche uno dei pochi temi in cui un dialogo con la nuova amministrazione americana sembra possibile. Come all'epoca dell'Apocalisse di smog a Pechino, però, la ragione principale per vestirsi di verde è di legittimità interna. Il coronavirus, per quanto contenuto con grande efficacia, è l'ennesima emergenza sanitaria scoppiata sul territorio del Dragone. I cittadini hanno negli occhi il collasso del sistema sanitario di Wuhan, impreparato ad affrontare la crisi. La svolta ambientalista di Xi ha prima di tutto un aspetto di «salute pubblica»: l'ambiente deve essere preservato in modo che le persone siano sane. E rispetto al 2013 la sensibilità dei cinesi per la qualità della vita è aumentata ancora.

Nel suo discorso all'ONU il presidente non ha spiegato come la Cina intenda raggiungere il traguardo delle emissioni zero. Ma dopo quelle parole la leadership ha fatto subito capire che l'impegno andava preso molto seriamente. Il Piano economico quinquennale al 2025, appena approvato dall'Assemblea nazionale, è stato aggiornato in tutta fretta per integrare una serie di misure che avviino il processo di transizione. I primi traguardi parziali potrebbero essere ulteriormente definiti da uno specifico documento che verrà pubblicato durante l'anno. Nel frattempo la Commissione nazionale per l'energia, l'autorità che vigila sul settore, è stata criticata da un gruppo di ispettori del Partito comunista per essersi concentrata esclusivamente sulla sicurezza degli approvvigionamenti (cioè sul carbone) e non sulla promozione delle fonti rinnovabili. La tirata d'orecchi pubblica, tanto inusuale quanto brutale, mostra a tutti i funzionari la volontà del presidente.

Il Dragone ha fissato l'obiettivo emissioni zero dieci anni dopo l'Europa o il Giappone, che si sono impegnati per il 2050, ma per un'economia alimentata a carbone come quella cinese centrarlo è un'impresa titanica. Alcuni analisti hanno valutato che serviranno investimenti, dalle energie rinnovabili alle tecnologie di cattura del carbone, dell'ordine di 15.000 miliardi di dollari. Ma soprattutto servirà una radicale riconversione del sistema industriale. Da un certo punto di vista se c'è un Paese in grado di affrontare questa sfida è proprio la Cina di Xi Jinping con il suo «ambientalismo autoritario». Il regime ha mostrato di saper pianificare e portare avanti politiche di lungo periodo, come quella per l'eliminazione della povertà, e un leader potente come l'attuale segretario generale può avere la forza di allineare verso l'obiettivo tutti gli attori chiave del sistema, compresi funzionari locali e aziende di Stato.

Ma nella prospettiva di un «autoritarismo ambientale» i punti di forza diventano debolezze. Una leadership ossessionata dalla sicurezza deve rivoluzionare un apparato industriale ed economico che rappresenta un fondamentale strumento di stabilità. Molti produttori di carbone e acciaio, così come molte aziende energetiche, sono controllati dalle autorità provinciali. Sono centri di potere, serbatoi di occupazione e fonti di preziosissime entrate fiscali per alcune delle aree più povere del Paese. Per raggiungere la neutralità carbonica la Cina deve ridurre in modo radicale la sovracapacità produttiva accumulata in quei settori, spegnendo gli impianti più piccoli e meno efficienti. Anche le centrali e le miniere a carbone dovrebbero essere gradualmente chiuse. Milioni di persone perderebbero un posto di lavoro sicuro, quello che i cinesi chiamano *tiefanwan*, «ciotola di metallo per il riso», e assorbirli in altri settori si preannuncia complesso.

Questa «dipendenza dal passato», dal percorso e dagli attori che hanno portato la Cina dove è oggi, è ciò che rende difficili non solo gli obiettivi verdi, ma l'intero processo di riconversione dell'economia del Dragone. La leadership sa che il modello «fabbrica del mondo» non è più sostenibile, che per crescere c'è bisogno di riforme. Le aziende di Stato, sacche di inefficienza che la proprietà pubblica protegge dal fallimento, vanno normalizzate e messe in competizione con quelle private. La produttività, che ristagna già da anni, va rimessa in movimento con massicce iniezioni di innovazione. La quantità complessiva di debito, grande motore dello sviluppo, va ridimensionata. All'atto pratico però i passi avanti su questi punti sono lenti e precari. Anzi, lo stimolo approvato dopo il coronavirus ha rappresentato un passo indietro: altro debito, altre infrastrutture, aziende di Stato rafforzate, altro inquinamento. Il colore dei cieli della Cina nei prossimi anni non indicherà solo il successo o il fallimento della sua battaglia ambientale, ma anche della sua complessiva modernizzazione.

VIII
Scenografie

«Se porto una comitiva in un posto dove non c'è nessuno, pensano che li sto fregando.» La nostra guida cinese, nome occidentale Mary, ce lo disse con un tono di scusa, o forse era quello che volevo pensare. Da ore io e Laura, mia moglie, schivavamo frotte di turisti nei pittoreschi vicoletti della città vecchia di Lijiang. L'idea del viaggio era andare alla scoperta dello Yunnan, una delle province più belle della Cina. Nella sua parte settentrionale, fra antichi villaggi, parchi naturali e contee abitate dalle minoranze, il paesaggio si arrampica fin sopra i 5000 metri di altitudine, le cime più orientali della catena dell'Himalaya. Qua e là lungo il nostro itinerario avevamo trovato quello che cercavamo. Per larghi tratti però il viaggio si stava rivelando qualcosa di diverso, un'esperienza meno rilassante ma altrettanto interessante, un'immersione in una delle nuove grandi passioni della classe media cinese: il turismo.

Lijiang è uno dei cinquantacinque siti della Repubblica Popolare inseriti tra i patrimoni dell'Unesco. E queste certificazioni per i cittadini del Dragone contano. Rendono un luogo una tappa obbligata di qualsiasi viaggio. Nulla da obiettare: per quanto in gran parte ricostruito dopo il terremoto del 1997, il centro in legno e pietra di Lijiang, con i canaletti che scorrono in mezzo alla città, è unico. Il problema è che tanta fama l'ha trasformato in un'attrazione: i negozi si ripetono in serie (ninnoli d'argento, latte di yak, ristorante, funghi, tè, ristorante), e in alta stagione, come in quell'inizio di settembre, le stradine si ingolfano di turisti che mangiano a tutte le ore, bevono e si scattano fotografie. Per provare a facilitare gli spostamenti delle masse alcuni display segnalano in tempo reale la quantità di persone nei vari settori, un po' come quelli che informano sul traffico chi guida nelle circonvallazioni di Pechino. Anche il risultato però è lo stesso: tutto rosso intasato, una coda a ogni ponticello. Le alternative esistevano, avremmo scoperto. A meno di dieci chilometri di distanza c'è Baisha, un centro altrettanto pittoresco, ma più piccolino e tranquillo. Ancora più su, lungo la valle, altri villaggi tradizionali sonnecchiano fuori dalle strade battute. Ma la guida dell'agenzia aveva applicato anche a noi il criterio standard: in Cina se un posto è bello, se merita di essere visto, è un posto pieno di gente. Che rovesciando l'equazione diventa: se è pieno di gente, allora ne vale senz'altro la pena.

Nelle nostre società del benessere il turismo non è un'attività come le altre. In un certo senso ne rappresenta l'apoteosi. Provate a estraniarvi per un secondo da questa abitudine: utilizziamo giorni liberi e soldi, spesso molti, per trascorrere un certo periodo di tempo in un luogo diverso da quello in cui viviamo. Strano davvero. In Occidente il turismo di massa non esisteva fino al dopoguerra, ma in Cina non esisteva fino all'altro ieri. Il Dragone si è aperto ai visitatori stranieri dalla fine degli anni Settanta, più che altro per incamerare pregiata valuta estera, mentre i suoi cittadini hanno iniziato a viaggiare per diletto solo dopo l'inizio dell'era delle riforme di mercato, quindi dagli anni Ottanta. Sono partiti lentamente, pochi all'inizio se lo potevano permettere, ma come in tutte le graduatorie di consumo hanno recuperato in fretta. Già dal 2012 sono la prima forza del turismo globale, una presenza evidente nelle capitali di tutto il mondo. La maggior parte di loro però viaggia ancora all'interno del Paese. Nel 2018, secondo l'Ufficio nazionale di statistica, in Cina sono stati fatti 5,5 miliardi di viaggi, circa 4 per abitante, neonati compresi. Sono i gruppi di anziani che dalle province arrivano a Pechino e, tra lo spaesato e il commosso, si fotografano davanti al ritratto di Mao in piazza Tiananmen, le famiglie che visitano il Centro per la riproduzione dei panda a Chengdu, o le coppiette che arrivano a Lijiang per farsi immortalare sui ponticelli e mangiare specialità non per forza locali.

Un rito collettivo, che per lo più si celebra ancora in comitiva. Una visita guidata, nel senso più pieno della parola. Prima cosa: le aree turistiche del Dragone sono specifiche e delimitate. Il centro antico di Lijiang ha degli ingressi, altri hanno addirittura dei tornelli. Non sono vere cittadine, nessuno ci vive, la sera i turisti restano a dormire negli alberghi, ma i lavoratori chiudono le serrande dei negozi ed escono. Lo stesso vale per le attrazioni naturali, che in mandarino sono chiamate, con un termine rivelatore, «luoghi scenici». La tappa successiva del nostro itinerario era il parco della Montagna del Drago di Giada, categoria AAAAA, il massimo nel sistema di classificazione del ministero del Turismo. Altra tappa obbligata quindi, e altro pienone. Sul pullman che dal centro visitatori porta ai piedi del monte una guida locale, con microfono e amplificatore fissato alla cintura, recita davanti ai visitatori la classica presentazione di benvenuto delle attrazioni nazionali, un racconto cronologico della storia del parco, o meglio dell'istituzione parco (fondato nel... riconosciuto di interesse nazionale nel...), e un'enumerazione dei suoi primati (altitudine, chilometri quadrati, numero di visitatori e aumento percentuale). Grandi numeri, sempre e comunque.

Sotto la montagna, alta 5600 metri, l'acqua che scende dal ghiacciaio forma una serie di laghetti di un turchese cristallino, uno scenario incantevole. Anche lì però i turisti erano ovunque, armati di selfie stick e piccole bombolette d'ossigeno per compensare l'aria rarefatta delle vette. Volevamo scappare dalla pazza folla e convincemmo la nostra accompagnatrice, assai titubante, a proseguire oltre: un altro pulmino, questo più piccolo, poi una seggiovia sopra il bosco, su verso un pianoro chiamato «pascolo degli yak». Finalmente. Pochi visitatori si prendevano la briga di arrivare così lontano: nella graduatoria dei posti «da vedere» quello non era tra i primi. Non era scenico come i laghetti, ma era comunque un paradiso: un pratone sconfinato con vista sulla vetta del monte e un piccolo tempio buddhista con due monaci in preghiera. Tuttavia anche lì il percorso era obbligato: dei cartelli mettevano in guardia i visitatori dal pericolo di avventurarsi sull'erba o avvicinarsi agli yak. Cosa mai poteva succedere? Le stesse bestie mansuete giù a valle venivano fatte cavalcare dai bambini. *Weile ninde anquan* – «per la nostra sicurezza», una delle frasi più ricorrenti in Cina – dovevamo muoverci lungo la passerella di legno con corrimano che attraversava la radura. Un anello circolare, tempo di percorrenza stimato 30 minuti. Anche lì, a oltre 4000 metri, noi viaggiatori della nuova Cina eravamo su un percorso guidato.

Certo, anche in Occidente l'industria del turismo è una finzione. Eppure la promessa che fa ai suoi clienti, anche quando non la mantiene, è diversa: isolamento, esplorazione, immersione nella natura, autenticità, vita locale. Meno il turismo è «turistico», più prende le sembianze di un vero viaggio, meglio è. A Lijiang, invece, finire in una trappola per turisti sembrava stare benissimo ai visitatori. Che cosa cercano i cittadini cinesi quando viaggiano? Dopo quella vacanza nello Yunnan la domanda mi è sempre rimasta in testa. E si è rifatta viva a ogni nuova attrazione che ho visitato, dalla foresta di pietra di Shilin, con il laghetto artificiale aggiunto negli anni Sessanta per volontà del premier Zhou Enlai, perché secondo lui riflettendosi nell'acqua i massi calcarei sarebbero stati ancora più belli, alle grotte del

Guizhou, dove ragazze rigorosamente dell'etnia dominante *han* cantano le canzoni della minoranza locale *miao*, tra finti fossili scolpiti sulle pareti. Probabilmente questo modo di viaggiare non è poi così diverso da quello dell'Italia degli anni Cinquanta o Sessanta, quando anche noi iniziammo a scoprire il piacere della vacanza. Eppure nel modo in cui la classe media cinese sta facendo proprio questo rito collettivo, così come ogni altra esperienza della società del benessere, sembra accadere qualcosa, un piccolo grande spostamento. Una reinterpretazione che rende difficile capire che cosa ci sia dietro a quelle scelte di consumo. Che cosa considerano bello i cittadini del Dragone? Che cosa percepiscono come autentico? Che cosa vogliono, ora che possono?

Ecco, se c'erano delle curiosità che mi ero portato in valigia al mio arrivo in Cina erano proprio queste. E lo confesso subito: non sono riuscito a darmi delle risposte compiute. Qualche spunto di ricerca però l'ho trovato, e la prima cosa che va tenuta presente è da dove la Cina è partita, o meglio ripartita. Alla morte di Mao, quarantacinque anni fa, il Dragone era un Paese dove possibilità e scelte individuali, soprattutto nella vita quotidiana, erano ridotte ai minimi termini. In parte era una questione di mezzi materiali: il livello di ricchezza non era molto superiore a quello dell'attuale Corea del Nord, l'esistenza era ridotta alla sopravvivenza, il superfluo inesistente. In parte era una questione sociale: erano le unità di lavoro, *danwei*, ad assegnare a ciascun individuo una professione o autorizzare una coppia a sposarsi, ed erano i genitori a scegliere per i figli il partner. E in parte era una questione culturale: il furore rivoluzionario del maoismo aveva distrutto ogni retaggio del passato «feudale» e schiacciato i cittadini in un'uguaglianza al ribasso, demonizzando qualsiasi elemento di distinzione come borghese, cioè antirivoluzionario. Basta guardare le foto dell'epoca: i cinesi erano un popolo in uniforme. Poteva essere il verde dell'esercito oppure il blu delle fabbriche, ma altri colori non esistevano. Neppure per le donne, che in nome dell'uguaglianza dovevano vestirsi esattamente come gli uomini.

L'impatto di questa cancellazione della storia in nome degli ideali rivoluzionari, in teoria una visione di modernità, è stato profondo e traumatico. A Pechino, per esempio, ha sconvolto la stessa struttura della città. In un articolo intitolato *La morte dei mille tagli*, scritto all'inizio degli anni Ottanta, Tiziano Terzani racconta come la capitale, considerata per secoli una delle città più belle del mondo, con la sua pianta disegnata dagli urbanisti dell'imperatore in modo da integrarsi nella geometria dell'universo, sia stata distrutta negli anni del maoismo. Le maestose mura che la cingevano sono state abbattute, i templi trasformati in fabbriche e dormitori per operai e militari, le *siheyuan*, le tipiche abitazioni familiari a corte, divise e spartite tra vari nuclei «proletari», una stanza ciascuno con bagni in comune per strada, ogni manufatto antico sequestrato o distrutto.

«Nel 1958» scrive Terzani «il governo ordinò un censimento di tutti i monumenti di Pechino che avessero un qualche valore storico, religioso, culturale o artistico: ne venne fatta una lista di ottomila. Fu deciso di conservarne settantotto.» Al loro posto vennero eretti i mastodontici edifici pubblici simbolo del regime, dalla Grande Sala del Popolo su piazza Tiananmen allo Stadio dei lavoratori, ipertrofici spazi di autocelebrazione in totale contrasto con i pochi metri quadrati concessi alla vita privata. E insieme alla cultura più alta veniva cancellata anche quella materiale, i laboratori di sarti, barbieri, falegnami o artigiani per cui Pechino era famosa, sostituiti dalle fabbriche di Stato: nel 1949 nella capitale c'erano oltre 70.000 botteghe, racconta Terzani, negli anni Ottanta si erano ridotte a 10.000.

«Non esisteva cultura, non esisteva alcuna moda» mi disse un pomeriggio Guo Pei nel suo atelier, in mezzo alle vetrine in cui erano esibiti alcuni degli abiti più spettacolari che aveva realizzato. Guo Pei è la regina del ricamo, una delle più famose stiliste cinesi, l'unica asiatica a essere stata ammessa nella Chambre de la Haute Couture di Parigi, il gotha della moda globale. Il suo vestito più celebre, quello che l'ha consacrata anche in Occidente, è un mantello dorato da regina indossato da Rihanna sulla passerella dei MET del 2015, definito «l'omelette». Tanto i capi di Guo Pei sono decorati quanto lei mi appariva sobria, camiciona nera, leggings e sandali. Ma la cosa straordinaria nell'ascoltare i racconti della stilista, con i suoi cinquantasette anni portati benissimo, è che iniziano nella Cina di ieri. Il suo primo ricordo di cucito è aiutare la madre, debole di vista, a infilare i fili nella cruna degli aghi, perché durante la Rivoluzione culturale i vestiti si producevano in casa, «sempre verde esercito». Che potesse esistere qualcosa di diverso, l'abbigliamento come elemento distintivo, Guo Pei lo poteva immaginare solo grazie ai racconti della nonna, che prima di darle la buonanotte le parlava degli abiti riccamente decorati della dinastia Qing, alla fine dell'Ottocento.

Dopo la morte di Mao, diversità e possibilità ricominciarono a materializzarsi davanti agli occhi dei cinesi, dietro alla formula di Deng Xiaoping delle «riforme» e delle «aperture», cioè la proprietà privata e l'economia di mercato. La svolta era appena stata lanciata, quando nel 1979, a Pechino, successe una cosa straordinaria: lo stilista francese di origini italiane Pierre Cardin venne autorizzato a organizzare la prima sfilata di moda nella storia della Cina, addirittura all'interno della Città Proibita. L'ingresso fu riservato solo agli addetti ai lavori, il popolo non era ancora pronto per essere esposto a quella cosa chiamata «lusso» e fino a qualche mese prima bollata come una degenerazione borghese. Un seme però era stato piantato, e non era l'unico. Le soap opera e i racconti dei parenti che iniziavano ad arrivare da Hong Kong e Taiwan, pezzi del mondo cinese che si erano sviluppati su percorsi diversi, mandavano immagini di abbondanza dal futuro. Guo Pei ricorda di aver speso un intero stipendio per comprare una delle prime riviste di moda giapponesi, con quattro pagine centrali a colori, a costo di patire la fame per un mese. Dopo essersi diplomata in sartoria, trovò lavoro in una fabbrica di Stato di abiti per bambini, con poca fantasia chiamata «Terza fabbrica di vestiti per bambini di Pechino». Ma si dimise dopo appena un anno per spostarsi in Tianma, una delle prime aziende private nate dopo il 1989, quando le riforme iniziarono ad accelerare per davvero.

Il cambiamento di abitudini e mentalità è inimmaginabile per noi. Prima era lo Stato a gestire la produzione e il commercio, ogni famiglia aveva diritto a una razione di beni di prima necessità e se le persone avevano bisogno di altro, come un vestito o una bicicletta, dovevano chiedere e ottenere un'autorizzazione. Ora la Cina stava scoprendo due libertà complementari, quella di intraprendere e quella di consumare. Guo Pei racconta quella rivoluzione come la possibilità dei colori, dopo decenni di verde, blu e grigio. Il giallo, per esempio, che a lungo non si poté usare perché era la tinta dell'imperatore: «A un certo punto tutti lo portavano». Si stavano liberando delle forze selvagge: se la proprietà privata era consentita e arricchirsi era «glorioso», come da massima del leader Deng Xiaoping, la ricchezza poteva – perfino doveva – essere mostrata. Ma se hai vissuto tutta una vita senza alternative, dopo aver soddisfatto i bisogni primari non è facile capire cosa scegliere. Fu naturale per i cinesi guardare ai modelli che arrivavano dal mondo sviluppato, i marchi occidentali per chi se li poteva permettere o le loro imitazioni *low cost* locali per tutti gli altri. Ho già citato *Brothers*, il romanzo dello scrittore Yu Hua che racconta le vicende di due fratelli a cavallo tra la fine del maoismo e l'era delle riforme. Quando Li Testapelata, il più immorale e spregiudicato tra i due, diventa ricco commerciando spazzatura, una delle prime cose che fa è andare in città e comprarsi un completo di Armani. La cultura tradizionale era stata cancellata dalla Rivoluzione culturale, poi nel tempo di un mattino anche l'egualitarismo comunista era stato rovesciato. Altri simboli e altri riti, molto più materiali, erano pronti a colmare quei vuoti. Con un concetto di bello tutto da reinventare.

A metà degli anni Novanta, mentre questa rivoluzione dei costumi diventava vertiginosa, Guo Pei decise di lasciare Tianma e investire tutto quello che aveva guadagnato per mettersi in proprio, fondando il suo atelier di abiti su misura, con materiali e lavorazioni di prima qualità. Quasi nessuno in Cina voleva fare lo stesso, non conveniva: perché dedicarsi all'eccellenza, quando un intero Paese di un miliardo di abitanti abituati a indossare stracci doveva essere rivestito? «Qualche anno dopo, qualcuno mi ha detto che stavo facendo la haute couture» mi disse la stilista, sorridendo. Guo Pei aveva recuperato la tradizione cinese del ricamo, rendendola contemporanea. Ai nostri occhi i suoi abiti possono apparire eccessivi, impossibili da portare, ma per i nuovi ricchi sono diventati pezzi unici da collezione, se non addirittura investimenti. Come un cappotto esposto nell'atelier, con la fodera interna di seta italiana e l'esterno tutto ricami floreali, fili d'oro da 6 e 12 carati cuciti in oltre due anni di lavoro. Costo: 3 milioni di renminbi, circa 350.000 euro. «La cliente l'ha portato una sola volta, per la mia prima sfilata a Parigi» spiegò Guo Pei. «Ora vuole che resti ai suoi figli.» La Cina in cui è cresciuta, quella dei vestiti cuciti in casa, è un ricordo lontano anni luce.

Oggi, quarant'anni dopo l'inizio dell'era delle riforme, i gusti e le scelte di consumo dei cinesi decidono le sorti di alcune delle principali industrie globali. La Cina acquista un terzo delle automobili vendute nel mondo, la metà sono modelli stranieri. Vale circa il 35 per cento del mercato del lusso ed entro il 2025 la quota salirà al 40 per cento. Gli incassi del botteghino cinematografico hanno appena superato quelli degli Stati Uniti e garantito il primo posto assoluto, un sorpasso previsto e accelerato dal coronavirus. Presto dovrebbe arrivare anche quello sul mercato dei cosmetici. Ma l'aspetto più sconvolgente in questa transizione dal comunismo al consumismo è che siamo appena all'inizio: se è vero che la classe media conta circa 300 milioni di persone, al momento solo i suoi segmenti medio-alti o alti, insieme ovviamente ai ricchissimi, hanno un reddito disponibile tale da potersi permettere i cosiddetti «acquisti discrezionali».

L'accostamento agli Stati Uniti, modello di ogni società dei consumi, è inevitabile. Vista dalla Cina, l'America è stata a lungo il grande nemico imperialista, l'oppressore di tutti i popoli del mondo, ma nell'era delle riforme, quando il Dragone ha finalmente potuto ammettere di essere povero, l'avversario è diventato un modello di potere e benessere. La centralità degli *shopping malls* e delle vie commerciali nella vita delle nuove metropoli cinesi le rende più simili alle città americane che a quelle europee. Eppure, oltre all'enorme divario di ricchezza tra i due Paesi – il reddito pro capite del Dragone è un sesto di quello americano –, anche dietro alla comune passione per gli acquisti ci sono logiche diverse. Semplificando un po': per l'americano consumare è un'espressione della propria libertà individuale; per il cinese, invece, ogni acquisto ha una fortissima dimensione sociale. Ciò che una persona compra e quello che fa nel tempo libero diventano parte di un capitale interpersonale, che ne definisce l'immagine e lo status all'interno della gerarchia sociale.

Questo desiderio di esprimere e veder riconosciuto il proprio (crescente) valore è una delle caratteristiche più evidenti della Cina contemporanea, a livello nazionale, collettivo e individuale, all'interno e all'esterno. È il prodotto di una cultura tradizionalmente gerarchica e basata sulle classificazioni, ma a cui dopo le riforme si è aggiunta una selvaggia competizione per distinguersi. Per misurarsi ci vogliono delle scale, punti di riferimento, e la vita quotidiana in Cina è piena di questi indicatori di valore, ufficiali e non.

Nelle province più profonde, per i funzionari o gli imprenditori locali, sono ancora i pacchetti di sigarette incredibilmente costosi che portano nel taschino della giacca e all'inizio di un banchetto lanciano verso gli altri commensali. Per i ristoranti sono gli attestati di anzianità («dal 2005», capita di leggere, e qui è già molto) o di qualità che espongono su una parete all'ingresso, rilasciati da varie autorità competenti. Per le attrazioni culturali la scala da una a cinque «A» conferite dal ministero del Turismo.

Ma poiché tutti i cittadini sanno che gli standard nazionali sono più bassi, una certificazione internazionale ha un valore molto superiore, in qualsiasi campo. Negli ultimi anni il governo ha speso energie enormi per far ottenere a quanti più siti culturali possibili il riconoscimento da parte dell'Unesco di «patrimonio mondiale dell'umanità»: attualmente sono cinquantacinque, primo posto a pari merito con l'Italia, ma è sicuro che le autorità non si accontenteranno a lungo di un *ex aequo*. La prima edizione della Guida Michelin dedicata a Pechino, uscita due anni fa, si è trasformata in un affare di Stato: pare che non pochi funzionari di Partito si siano spesi per far ottenere la famosa stella al loro locale preferito. E il mercato cinese è anche quello in cui crescono più velocemente le applicazioni per entrare nel Guinness dei primati. Il *noodle* più lungo del mondo o l'origami più grande (otto persone per piegarlo) potranno anche sembrare dei vezzi, ma non lo sono. Sono un'altra testimonianza della necessità del Dragone di vedere confermata la propria potenza. E nel caso il tentativo di primato fallisca, si sfiora lo psicodramma: significa perdere la faccia, per di più di fronte allo straniero, l'onta più grande.

I grandi marchi internazionali per i cittadini cinesi, nel loro processo di scoperta del benessere, sono stati e sono tuttora questo: un bel certificato da portare addosso, uno di quelli che tutti o quasi identificano al primo sguardo. Un attestato di sicura validità, perché riconosciuto in tutto il mondo. Nel

2019 la società di consulenza McKinsey ha svolto un sondaggio su quale fosse il fattore più importante nelle scelte di acquisto di prodotti di lusso in Cina, offrendo come opzioni il marchio, il design, il materiale, la produzione o il prezzo. Il 94 per cento delle persone nate negli anni Sessanta o negli anni Settanta, la primissima generazione ad aver scoperto i consumi, ha risposto: il brand. Un plebiscito a favore dei loghi, di cui la proliferazione di copie e tarocchi più o meno fedeli, grande specialità nazionale, è una logica conseguenza.

«Misuro il mio successo dalle cose che possiedo»: nel 2013 la società di ricerca Ipsos chiese ai cittadini di una serie di Paesi quanto fossero d'accordo con questa affermazione. La Cina, con il 71 per cento di risposte positive, si piazzò al primo posto, staccando nettamente la seconda, l'India, ferma al 58 per cento, e quasi doppiando la media mondiale. Non c'è dubbio che il consumatore cinese sia materialista, spesso in un modo che ai nostri occhi risulta estremo o pacchiano. Allo stesso tempo il Dragone evolve a una velocità inconcepibile per gli standard occidentali: si dice che le generazioni cambino ogni cinque anni, qualcuno sostiene addirittura ogni tre. Ed è evidente che soprattutto tra i giovani delle grandi città, l'avanguardia della società cinese e la futura classe dirigente del Paese, stiano emergendo gusti e valori che vanno oltre il puro e semplice consumo.

Lo stesso sondaggio di McKinsey sul lusso, per esempio, mostra che per i più giovani i marchi stanno diventando relativamente (sottolineo: relativamente) meno importanti: sono il fattore decisivo di acquisto per il 72 per cento dei Millennials, cioè le persone nate negli anni Ottanta, e per il 68 per cento degli esponenti della Generazione Z, i figli degli anni Novanta. È il riflesso di un processo di apprendimento in corso, che aumenta la sensibilità per il design o la qualità dei prodotti. Una tendenza simile si vede anche nel turismo: sei giovani su dieci, addirittura otto su dieci nelle grandi città, dicono che preferiscono organizzarsi un viaggio da soli piuttosto che intrupparsi nei classici tour in comitiva. Un'altra ossessione delle nuove generazioni è quella per uno stile di vita sano, con tutto ciò che ci ruota attorno. Le vendite di yogurt e succhi di frutta, percepiti come alimenti nutrienti, stanno decollando, così come gli acquisti di abbigliamento sportivo e gli abbonamenti in palestre superaccessoriate.

Ciò che però non cambia, e anzi sembra aumentare ancora di più a mano a mano che la crescita economica frena e la competizione si intensifica, è il valore sociale del consumo, la ricerca di distinzione e riconoscimento, che nella cultura del Dragone passa attraverso l'adesione a modelli di successo definiti in maniera molto ristretta. Per i ventenni e i trentenni, perennemente attaccati allo smartphone, *sociale* significa ovviamente «social». Dove andare in vacanza, quale borsa, crema o macchina fotografica comprare, a quale palestra iscriversi: ogni loro processo di acquisto inizia in Rete. Quello è il luogo dove si coltivano le relazioni con amici e conoscenti, le cerchie a cui si desidera appartenere; lì si possono trovare modelli di riferimento nuovi e diversi rispetto a quelli imposti dalla cultura tradizionale o dalla propaganda ufficiale. Gli influencer non sono certo una peculiarità cinese (in fondo, la più illustre rappresentante della professione è italiana), ma le caratteristiche della società del Dragone amplificano il fenomeno fino a fargli raggiungere proporzioni inedite altrove. Le piattaforme social, WeChat, Weibo, Douyin o Xiaohongshu (l'equivalente di Instagram), traboccano di personaggi più o meno noti, che vanno dalle decine di migliaia alle decine di milioni di follower, il cui mestiere è raccontare la propria vita e i propri consumi. Volti che le aziende cinesi e quelle straniere si contendono a suon di contratti milionari. Si chiamano *wanghong*, letteralmente i «rossi (di celebrità) del web», e la loro popolarità, quando dura più dei quindici minuti di Andy Warhol, spesso supera quella di cantanti e attori.

Molti sono i classici bellocci da webcam, ma non tutti. I *wanghong* incarnano modelli differenti, di una varietà anche sorprendente se paragonata all'uniformità che il discorso sociale cinese proietta all'esterno. Alcuni addirittura sfidano, seppure in modo non esplicito, gli stereotipi della società, dal tabù dell'omosessualità al ruolo subordinato della donna. Eppure nella cura maniacale della propria immagine e dei contenuti che postano, realizzati da vere e proprie società di produzione, li accomuna il fatto di avere un profilo netto e riconoscibile, di costituire appunto dei modelli.

Tao Liang, soprannominato «Mr Bags», è un ragazzo di ventinove anni che, dopo gli studi in alcune delle università più importanti degli Stati Uniti e un inizio di carriera in finanza, ha cominciato a recensire le borse dei grandi marchi internazionali, cosa che gli ha procurato milioni di follower e cachet a molti zeri. Becky Li è una giornalista diventata blogger di moda; è conosciuta anche come *mai shen*, la «dea dello shopping», visto che dal suo profilo WeChat è riuscita a vendere ai follower cento Mini Cooper edizione limitata del suo colore preferito, Caribbean Aqua, nel giro di cinque minuti. Non è la classica superbellezza da passerella: Becky Li mette in scena un ideale di donna colta, sofisticata, e in una foto scattata in Italia leggeva addirittura un quotidiano (i suoi collaboratori, evidentemente non troppo esperti di editoria tricolore, avevano scelto «L'Osservatore Romano»). Li Jiaqi, il «re del rossetto», è un ex commesso di un negozio L'Oréal, che una prova dopo l'altra, rigorosamente sulle proprie labbra, ha ammassato 40 milioni di seguaci su Douyin, la versione cinese di TikTok. Li Jiaqi impersona il (bel) ragazzo della porta accanto che non le manda a dire, criticando perfino dei prodotti quando è il caso. Nella nuova tendenza dell'e-commerce cinese, cioè le vendite in diretta streaming, ha un primato non facile da battere: su Taobao, la piattaforma di shopping digitale di Alibaba, ha piazzato 15.000 rossetti nel giro di cinque minuti.

I giovani cinesi non comprano per forza online. Anzi, soprattutto per gli acquisti di lusso preferiscono i negozi fisici, magari con l'assistenza in tempo reale via WeChat degli amici. Ma i social sono il luogo in cui i loro desideri nascono e si definiscono: ogni genere, dal più alto al più basso, ha i suoi influencer, che si tratti di viaggi, yoga, rossetti o automobili, da cui i seguaci apprendono con avidità come aderire al canone più avanzato di stile. E alla fine del giro i social sono anche il luogo dove le persone condividono ciò che comprano o quello che fanno, in modo che diventi parte della loro immagine pubblica.

Condividere non è solo parte dell'esperienza, ma spesso il cuore dell'esperienza stessa. Il 798 di Pechino, un enorme complesso industriale costruito negli anni Cinquanta da progettisti della Germania dell'Est, e dagli anni Novanta riqualificato come distretto dell'arte, ora è diventato una specie di grande set fotografico: la maggior parte dei ragazzi ci va perché la sua architettura Bauhaus, con dentro installazioni d'arte, costituisce uno sfondo ideale, fotogenico e sofisticato, davanti al quale mettersi in posa. Per lo più arrivano in coppia, soprattutto ragazze. L'ultima volta che l'ho visitato, all'interno di una mostra dedicata al trauma del coronavirus, davanti a un'opera composta da un muro di megafoni che mandavano suoni di uccelli, due ventenni in abito corto da sera si sono scattate fotografie per un buon quarto d'ora. Una aveva portato le scarpe con il tacco da mettersi apposta per il servizio, le sneakers con cui era arrivata erano appoggiate da una parte contro il muro. I WeChat dei giovani cinesi sono pieni di immagini di questo tipo, composte con cura e poi ritoccate con specifiche app: foto in palestra mentre lavorano sul fisico, foto al ristorante mentre assaggiano del vino rosso, foto al corso di pittura. Non tutti sono influencer, ma quasi tutti curano il proprio profilo come se lo fossero.

L'importanza dell'immagine sociale è alla base di una delle più pazze industrie cinesi, quella delle fotografie di matrimonio. In tutto il mondo le coppie vogliono immortalare il fatidico «sì», la differenza è che in Cina l'album si fa *prima* delle nozze, a volte anche mesi prima, in modo da presentarlo agli invitati il giorno della celebrazione. Molti studi sono specializzati in questi scatti, con costumi e scenografie che riproducono ambientazioni storiche o fantastiche, le strade di Parigi, il castello di Harry Potter o l'antica corte imperiale cinese. Sempre più coppie, però, decidono di organizzare un viaggio di nozze anticipato per comporre il loro album di immagini simbolo dell'amore romantico. Chi può permetterselo va all'estero, e ci sono pacchetti da decine di migliaia di euro che prevedono tour in Europa, Londra-Parigi-Venezia, con fotografi e truccatori al seguito. Chi non ha mezzi sufficienti si accontenta della Cina. La seconda volta che sono tornato nella zona di Lijiang, tre anni dopo la prima immersione nel turismo di massa, questa pratica aveva preso possesso dell'intera valle. Il villaggio in cui dormivo era un viavai di troupe e coppiette di sposini abbigliate nelle maniere più improbabili, dai vestiti delle minoranze al burlesque. Fuori dalla cittadina, in mezzo alla campagna, avevano aperto una specie di grande parco a tema dedicato agli scatti per sposini: potevano farsi immortalare sulle altalene, sulla barchetta in mezzo a un laghetto, oppure in una vasca dentro una finta stanza da bagno, senza pareti e con vista sulle montagne. Le vette dello Yunnan, come da definizione ufficiale dei parchi naturali, erano diventate a tutti gli effetti un'«area scenica»: il carattere *jing* che compone la parola *jingqu* significa letteralmente «scena», ed è lo stesso che si usa per i film e per il teatro. Non è una natura selvaggia dentro la quale immergersi o addirittura perdersi, da esplorare o da sfidare. È un panorama da ammirare, come nelle grandi pitture tradizionali. Una scenografia di fronte alla quale mettersi in posa.

Girando per Pechino, osservando i giovani del Dragone nel loro tempo libero, ho pensato spesso a Ipazia, una delle *Città invisibili* che Marco Polo ha visitato nel suo lungo viaggio verso oriente e di cui racconta all'imperatore dei Tartari Kublai Khan nell'omonimo libro di Italo Calvino. Per orientarsi in quella città, spiega l'esploratore veneziano, bisogna affrontare il cambiamento di lingua più difficile, perché «non riguarda le parole ma le cose». All'interno della grande biblioteca di Ipazia, Marco Polo non aveva trovato persone immerse nella lettura di libri, bensì un fumatore d'oppio inebetito; il grande palazzo di marmo non ospitava il principe, ma conteneva invece una cava, dove lavoratori forzati piegati dalla fatica estraevano metalli preziosi; i sapienti, anziché all'università, dibattevano tra loro nel parco, tra i giochi per i bambini. Nella Cina del terzo millennio il cambiamento di lingua non è altrettanto radicale, è vero, si tratta di uno scarto laterale più che di un rovesciamento. Ma resta comunque straniante.

Metropoli come Shanghai, Shenzhen o Pechino hanno ormai un'offerta di svago paragonabile a quella di Londra o New York, nei limiti di ciò che il regime considera accettabile. Ce n'è per tutti i gusti: librerie, musei, corsi di yoga o di cucina, cocktail bar, concerti, discoteche, stadi, piste da sci o gruppi di trekking. La quantità crescente di tempo e denaro che i ragazzi dedicano a queste attività, piuttosto che ai semplici acquisti, è un ulteriore segno dell'evoluzione delle abitudini di consumo della Cina. Eppure, quando mi ci sono trovato in mezzo, molte di quelle esperienze mi sono spesso apparse diverse da ciò a cui ero abituato, non per forza «finte» ma neppure pienamente «reali». I servizi fotografici dentro ai musei non sono l'unico esempio. Nelle librerie, tutte bellissime, tutte identiche, raramente vedrete qualcuno comprare un libro, in compenso troverete molti ragazzi seduti ai tavoloni di fronte al loro Mac ultimo modello. Stessa cosa nelle caffetterie, dove quasi nessuno beve caffè. In discoteca pochi ballano, la maggior parte dei clienti sta seduta attorno a tavolini strapieni di bottiglie con il cellulare in mano, qualcuno gioca a dadi. E a passeggiare in montagna vedrete giovani coppie con attrezzatura tecnica ultimo modello, magari fotocamera digitale da migliaia di euro, ma nessuna intenzione di mettere lo stivale fuori dal percorso obbligato.

È come se i giovani cinesi, la prima generazione cresciuta nell'era del benessere, avessero di fronte a sé un menu di attività consacrate dai gusti dei loro coetanei globali e la possibilità di scegliere quella che fa per loro. Così molti si trovano a sperimentare qua e là: una delle ultime tendenze, promossa dal governo anche in vista delle Olimpiadi invernali di Pechino 2022, è quella dei weekend sulle piste, dove sciatori o snowboarder alle prime armi, con speciali tute imbottite sul sedere per proteggersi l'osso sacro, ruzzolano a terra sulla neve. L'attitudine naïf con cui alcuni affrontano queste esperienze, riscrivendo canoni e schemi, può avere una componente liberatoria. Eppure l'impressione è che molti non le scelgano come un fine in sé, noi diremmo per passione, bensì come un mezzo per altro, che siano benefici personali o sociali. Ancora una volta: non in modo spontaneo, ma per aderire a un'immagine, quindi con una sorta di distacco. A scanso di equivoci: questo è vero in tutto il mondo. Quando decidiamo di passare il sabato sera a teatro, piuttosto che in discoteca, di comprare una bicicletta a scatto fisso piuttosto che un SUV, stiamo anche recitando delle parti che la società ci propone, inconsciamente o meno. Questo gioco è parte del modo in cui un'identità viene costruita. La differenza è che per noi quasi tutte quelle attività hanno una storia, una tradizione, emergono all'interno di un contesto culturale. In Cina invece tutto, dalle librerie alle piste da sci, ha la patina scintillante del nuovo, di quello che è appena uscito dalla fabbrica. E qualche volta del finto: quando nel 2017 la città di Tianjin inaugurò una nuova biblioteca, giudicata la più bella della Cina, i visitatori si accorsero che gran parte dei libri esposti nell'atrio erano in realtà finti, disegnati sugli scaffali in alluminio.

C'è anche un altro fattore che spiega lo spaesamento di fronte a esperienze che appaiono anonime, intercambiabili e decontestualizzate, ed è la scala. In un Paese come la Cina, con un miliardo e 400 milioni di abitanti, fin dall'inizio tutto viene progettato per essere replicato in serie. Un po' perché la sua cultura premia l'uniformità, anche nell'esclusività, un po' per l'attitudine a replicare quello che sembra avere successo. Fatto sta che i centri commerciali, le librerie, i ristoranti, anche quelli riconosciuti come storici, sono spesso delle catene di locali, raramente dei pezzi unici. La Guijie, una delle «food street» più conosciute di Pechino, è una successione di 150 ristoranti che, pur servendo specialità (in parte) diverse, dall'esterno appaiono tutti uguali. Nei mesi scorsi, attorno a casa mia, ho assistito a un'improvvisa moltiplicazione dei whisky bar; a un certo punto in una strada ne sono apparsi sette di fila, tutti nuovi. I festival musicali di successo diventano degli appuntamenti itineranti replicati in ogni metropoli del Dragone, spesso con gli stessi cantanti. E perfino le località storiche possono essere moltiplicate: Wuzhen, una tradizionale città sull'acqua nel centro del Paese, a ragione considerata uno dei progetti di ricostruzione meglio riusciti della Cina, ha una sua «riproduzione» vicino a Pechino.

Questo modo di disegnare e fruire le esperienze, come scenografie, come modelli e in serie, contrasta radicalmente con il nostro concetto di autenticità. Mi rendo conto di quanto questa percezione sia influenzata dalle mie categorie di osservatore occidentale e di come anche il nostro concetto di «autenticità» sia un costrutto sociale. Allo stesso tempo, in questa combinazione tra pressione sociale verso la conformità e competizione per emergere, che si esprime anche nelle scelte di consumo, pure un osservatore cinese come il sociologo Xiang Biao individua un elemento critico, l'impossibilità reale di una via d'uscita personale rispetto a modelli imposti. In una bella intervista al magazine «Sixth Tone», Xiang Biao fa un confronto con un'altra cultura in cui la pressione per l'uniformità è molto forte, cioè quella giapponese, ma che possiede un correttivo nel valore dell'artigianalità.

> Qualcuno può aprire un ristorante che vende solo due o tre piatti, lasciando volontariamente il posto piccolo ... In Giappone ho visitato un posto in cui servono solo tempura. Lo chef prende un riccio di mare e inizia a raccontarti del pescatore che lo ha pescato, poi come è stato trasportato fino a Tokyo, tratta l'olio e la farina con la stessa riverenza ... In questo senso lo spirito dell'artigianalità è una profonda devozione per il qui e ora, per quel piccolo angolo di mondo in cui ti trovi.

In una società ultracontemporanea come quella cinese, senza passato, è questo senso pieno della presenza che spesso sfugge.

Con ciò non voglio dire che la spontaneità in Cina non esista. Solo che mi è capitato di percepirla più spesso indietreggiando di qualche passo rispetto alla sua frontiera di benessere, ai quartieri più scintillanti di Pechino e delle altre metropoli di prima fascia, con la loro nuova classe media rampante alla ricerca di modelli da seguire. Per esempio, durante una visita a Kunming, il capoluogo dello Yunnan, mi sono imbattuto in un luogo assurdo: un vecchio garage sotterraneo era stato trasformato in una pista da pattinaggio, dove decine di ragazzi del posto sfrecciavano in senso orario al ritmo di canzoni elettro-pop tamarre. Decisamente poco *cool*, per nulla patinato, eppure poche volte mi era capitato di vedere dei giovani cinesi spassarsela così tanto. La stessa sensazione ce l'ho quando passeggio per gli *hutong*, gli antichi vicoli del centro di Pechino, diventati sotto Mao, come raccontava Terzani, la dimora del proletariato di contadini e operai arrivati in città al seguito della rivoluzione. Ancora oggi, in quelle viuzze, anziani vestiti male si dedicano a passatempi tradizionali, giocano a ping-pong, tirano con la fionda contro barattoli appesi agli alberi, fanno il bagno nei laghi ghiacciati o portano a spasso uccellini o grilli da allevamento. Come spontanei appaiono i signori e le signore che in tutte le città del Dragone, dopo aver cenato, si ritrovano per ballare in gruppo.

È possibile che con il tempo anche attorno ai passatempi della nuova Cina del benessere, quelli che oggi appaiono anonimi, intercambiabili, decontestualizzati, si sedimentino degli strati di senso e diventino una tradizione. Ma non è detto, e proprio l'immagine e il destino degli *hutong* di Pechino ne sono una testimonianza. Dopo averne demolita gran parte per fare spazio allo sviluppo della città, soprattutto negli anni precedenti alle Olimpiadi, ora le autorità della capitale li hanno finalmente riconosciuti come un'area da proteggere. Ma non hanno comunque rinunciato a «bellificarli», all'occorrenza abbattendo e ricostruendo i loro muri grigi secondo canoni di modernità, chiudendo le classiche finestre che davano sulla strada per ragioni di sicurezza e di decoro. Questa riqualificazione condensa molto dell'approccio della Cina al passato, la cui conservazione è in realtà sempre una riscrittura al servizio del presente. Anche la leadership nazionalista di Xi Jinping sta facendo lo stesso: la sua insistenza sulla (presunta) storia millenaria dell'entità chiamata Cina, sulla sua eredità culturale, serve come fondamento della «rinascita nazionale», della potenza futura. Di fronte a uno dei progetti di riqualificazione degli *hutong*, Ai Weiwei sul suo blog legava in maniera diretta l'aspetto urbanistico e quello identitario sotto il concetto di «falso»:

> La cosiddetta conservazione della Città Vecchia di Pechino significa intonacare i muri con il cemento e poi ridisegnare la forma dei mattoni, senza considerare l'età dell'edificio o la sua storia ... Questa nazione, la nostra casa, è stata imbian-

cata così tante volte che non riusciamo neppure a riconoscere le nostre facce, o forse non abbiamo neppure una faccia.

Da parte loro i giovani sembrano ben poco attratti da atmosfere come quelle degli *hutong*, in cui vedono un residuo del passato, di un'era di arretratezza in cui i cinesi erano così poveri da dover vivere a decine nella stessa casa, con bagni in comune per strada. Nel 2017 Dolce & Gabbana lanciò sui social una campagna pubblicitaria in cui modelle e modelli erano in posa in alcune delle aree tradizionali di Pechino, *hutong* compresi, spesso a fianco di anziani abitanti del luogo. Per estetica e concezione, la campagna non era molto diversa da quelle ambientate in alcuni piccoli e molto caratteristici paesini dell'Italia del Sud. Ma la reazione del web cinese fu feroce, migliaia di utenti accusarono la società di voler dare un'immagine arretrata del Paese e della sua capitale, anziché immortalarne i grattacieli e la modernità. Alla fine la casa di moda fu costretta a ritirarla.

Le reazioni violente da parte del pubblico cinese contro i brand occidentali, per campagne di comunicazione o prodotti giudicati irrispettosi o offensivi, sono sempre più frequenti. Sono il segno del crescente orgoglio dei cittadini del Dragone per lo status che hanno raggiunto, ma anche del loro desiderio di vederselo sempre e comunque riconosciuto. I cinesi vogliono comprare i prodotti dei maggiori marchi mondiali, perché ne percepiscono il prestigio e la qualità, ma non accettano che quelle società si arroghino il diritto di raccontare la Cina, men che meno di ironizzare sul suo conto. La maggior parte di loro è apolitica, ma fieramente nazionalista. Vale soprattutto per la generazione dei trentenni e dei ventenni cresciuti dopo Tienanmen, quando il Partito introdusse nelle scuole un curriculum a base di educazione patriottica.

Questo non significa che credano alla propaganda di regime, né che preferiscano i prodotti cinesi a quelli stranieri. Ma sono pronti a farsi sentire quando percepiscono un attacco nei confronti del loro Paese. Negli ultimi mesi è successo a ripetizione: contro l'adorata NBA, quando uno dei suoi dirigenti ha espresso sostegno alle proteste di Hong Kong; contro la banca UBS, quando un analista ha parlato dei «maiali cinesi», anche se si riferiva proprio ai suini, non ai cittadini.

Fare comunicazione in Cina è diventato il grande terrore di tutte le multinazionali, vista la quantità di cose per cui i cittadini possono prendersela. Conviene mettersi nelle mani di un influencer, lasciare che sia un cinese a parlare agli altri cinesi. Dietro a questa suscettibilità c'è tutta l'ambiguità della Cina nei rapporti con l'Occidente, visto a fasi alterne come modello di modernità, come potenza soggiogatrice o come civiltà subordinata a cui imporre un tributo. E ancora più a fondo c'è il processo attraverso cui il Dragone e i suoi cittadini, dopo che il passato è stato cancellato a più riprese, stanno cercando di costruire la propria identità e la propria concezione di benessere.

Quello che emerge dietro ai consumi cinesi è un processo di elaborazione che non segue il percorso tracciato dall'Occidente, ma non ne rappresenta neppure un ipotetico futuro. La Cina si sta muovendo su un binario diverso e divergente, che assorbe alcuni modelli occidentali ma li reinterpreta alla luce della percezione della propria diversità culturale. È un Paese che compra Louis Vuitton ma continua a mangiare cucina locale. Che vuole guidare Mercedes ma si cura con la medicina tradizionale. La Cina è sempre più Cina, perché la percezione della propria eccezionalità è una delle convinzioni più radicate nella sua cultura e perché la parola «nazionalista» è una delle poche ammesse e promosse da un regime che ne vieta sempre di più.

IX

Parole

Un attaccabrighe. Una testa dura. Un rompiscatole. Xu Xiaodong è un po' tutto questo. Nell'ambiente della lotta tutti lo conoscono come Mad Dog, Cane Pazzo, soprannome azzeccato. Ma un dissidente? Chi si azzarderebbe a definirlo così? «Io non voglio sfidare il governo» mi disse un pomeriggio nella palestra dove lavorava, al piano interrato di un parcheggio del centro di Pechino. Indossava una maglietta aderente con fantasia a teschi che gli fasciava i muscoli delle braccia, aveva un collo taurino, la testa squadrata, baffetti e pizzetto. «Io voglio solo denunciare questo culto del *taiji*, che è una gigantesca presa in giro, un grande lavaggio del cervello.» Qualche mese prima, Cane Pazzo si era messo in testa di sfidare i cosiddetti «grandi maestri dell'arte marziale cinese», con la loro presunta forza micidiale; secondo la TV di Stato potevano spazzare via venti uomini con un solo movimento della mano. Come prevedibile Xu, grazie a un quintale abbondante di muscoli e alla sua arte marziale mista, una tecnica meno celebrata ma molto efficace, li aveva atterrati uno dopo l'altro, in combattimenti durati poche manciate di secondi da cui gli avversari erano usciti malmenati e umiliati. Dei massacri. Le immagini avevano fatto il giro del web, rendendo il combattente quarantenne una celebrità. Ma erano piaciute molto meno alle autorità, per cui il *taiji* è parte della tradizione, da difendere e promuovere. «Mi considerano un ribelle contro il popolo,» disse «eppure quella che sto smascherando è una cultura dell'inganno che si tramanda da generazioni.»

La sua battaglia per ristabilire la verità sul ring, a suon di pugni, gli stava costando cara. Dopo una condanna per aver diffamato uno dei famosi maestri, Cane Pazzo era finito per un periodo sulla temuta lista nera dei debitori insolventi e non aveva più potuto comprare biglietti aerei o salire sui treni ad alta velocità. Per continuare nei suoi incontri di esibizione in giro per la Cina doveva sorbirsi giorni e giorni di viaggio in bus. A corto di soldi, aveva deciso di vendere tutte e tre le palestre che possedeva a Pechino e ora lavorava da dipendente, guadagnando con lezioni private e con i video caricati in Rete. Ma quando aveva affermato che a suo parere non tutti i giovani manifestanti di Hong Kong erano violenti come sostenevano i media di regime, le autorità avevano bloccato anche i suoi profili social.

Il nome Xu Xiaodong era ufficialmente censurato in Cina, gli restava solo YouTube dove postare contenuti sulle arti marziali e guadagnare con la pubblicità. «Sono un piantagrane che fa le cose giuste» mi rispose, quando gli chiesi perché aveva voluto esternare su Hong Kong, ben sapendo che quella era una linea rossa da non superare. «Faccio parte del *jianghu*» aveva aggiunto, un'espressione molto particolare, che alle orecchie dei cinesi evoca un contesto preciso. Significa «fiumi e laghi», e descrive l'ambientazione dei racconti *wuxia*, le vicende fantastiche di arti marziali che si svolgono nella Cina del passato. I combattenti raminghi di quell'universo formano la comunità del *jianghu*, che vive ai margini della società tradizionale, spesso corrotta, praticando virtù più alte.

No, Xu Xiaodong non si poteva certo chiamare dissidente. Non nel senso classico che diamo a questa parola, di chi lotta per la giustizia contro un regime autoritario. Cane

Pazzo era semplicemente un lottatore che pensava che la presunta forza dei maestri di *taiji* fosse una colossale presa in giro e che rivendicava il diritto di esprimere questa banale verità ad alta voce, anche se significava andare contro la propaganda ufficiale. Ma il fatto che fosse diventato un reietto, cancellato dalla Rete, dice molto sulla Cina di oggi e su come il regime abbia progressivamente ridotto le parole che è consentito pronunciare, a tutti i livelli. Dall'alto delle università più prestigiose del Paese, passando per blogger e attivisti, fin giù in questa palestra interrata del centro di Pechino: la Repubblica Popolare è piena di persone che non hanno alcuna intenzione di sfidare il Partito ma scoprono di essere considerate una minaccia.

Molti collocano gli inizi di questa stretta sulla società civile già nell'era del segretario generale Hu Jintao e della sua «società armoniosa», alla fine degli anni Zero. Il biennio tra il 2008 e il 2009 fu particolarmente turbolento per la Cina: il terremoto nel Sichuan, le proteste in Tibet prima delle Olimpiadi di Pechino, le rivolte della minoranza musulmana nello Xinjiang. Il rischio che gli «incidenti di massa» si potessero moltiplicare, anche per la recessione globale seguita alla grande crisi finanziaria, mise il Partito sulla difensiva. Fu sotto Hu che lo scrittore Liu Xiaobo, autore del manifesto per i diritti e la democrazia intitolato *Charta 08*, venne arrestato e condannato a undici anni di reclusione. Ma è con la leadership di Xi Jinping che il controllo della dimensione ideologica è salito al vertice delle priorità di governo.

In un documento interno diffuso un mese dopo che Xi era diventato presidente, nell'aprile del 2013, il Partito comunista definiva il concetto di «società civile» uno strumento delle forze sovversive occidentali per strappargli la «guida delle masse». Quella comunicazione, conosciuta come *Documento 9*, elencava sette «pericoli politici» che rischiavano di infiltrarsi in Cina: nella lista, oltre alla società civile, figuravano anche la democrazia costituzionale, il neoliberalismo, i valori universali e l'indipendenza dei media dal potere politico. I pilastri della società occidentale erano una minaccia per la sicurezza e la stabilità del regime: l'invito per tutti i funzionari era a prestare attenzione al «campo di battaglia ideologico» e respingere le «forze anticinesi». Con il senno di poi, era una chiara anticipazione del giro di vite che sarebbe arrivato negli anni successivi, e che prosegue ancora oggi.

Il Partito comunista non ha mai tollerato contestazioni dirette alla propria autorità. Nel discorso pubblico sono sempre esistite delle linee rosse invalicabili, a cominciare dai fatti di piazza Tiananmen. Eppure in certi periodi, come tra la fine degli anni Novanta e l'inizio del nuovo millennio, una pluralità di opinioni su specifici temi dell'agenda politica era stata tollerata e in qualche caso perfino incoraggiata. Le élite intellettuali avevano avuto la possibilità di parlare al potere, di sottolineare criticità e proporre soluzioni, mentre per i cittadini comuni il mondo fluido della Rete era diventato uno straordinario spazio di espressione di aspirazioni e disagi individuali.

Quando sono arrivato in Cina, all'inizio del 2018, di questa pluralità di voci non c'era praticamente più traccia. Mentre Xi Jinping accentrava nelle sue mani una quantità di potere senza precedenti dai tempi di Mao, diventando prima «presidente di tutto» e poi «presidente eterno», senza limiti di mandato, «nucleo» di un Partito che rivendicava la propria centralità in ogni aspetto della vita del Paese, qualsiasi posizione non allineata alla narrazione ufficiale veniva resa marginale o silenziata. Temi di cui cinque anni prima, l'anno prima, il giorno prima si poteva parlare, diventavano all'improvviso tabù, con i giornalisti stranieri e non solo. Ma per un Paese a metà di un'ascesa piena di ostacoli verso il benessere, per una società squassata da trasformazioni senza precedenti per rapidità e profondità, restringere il campo dei discorsi possibili, spingere ogni opinione divergente nel campo dell'indicibile, è un enorme problema.

Un regime che si pensa impegnato in una guerra di idee deve per prima cosa tenere sotto controllo i luoghi deputati all'elaborazione della conoscenza: l'università e più in generale il mondo dell'accademia. Nella storia della Cina le grandi mobilitazioni sociali, dal movimento antimperialista del 4 maggio 1919 alla protesta di piazza Tiananmen, sono spesso nate negli atenei. È lì che possono prendere forma idee pericolose, capaci di trasformarsi in azione. Bisogna evitare che ciò succeda, soffocarle sul nascere. Ed è quello che il Partito ha fatto a più riprese negli ultimi anni. Anche quando quelle idee, in teoria, erano le stesse su cui si fonda la dottrina marxista.

Nel maggio del 2018 un gruppo di operai di Jasic, una fabbrica di macchinari per la saldatura con sede nella metropoli industriale di Shenzhen, aveva iniziato a protestare per le condizioni di lavoro. Espressioni di scontento per stipendi non pagati o problemi di sicurezza sono molto frequenti in Cina, e di solito vengono risolte a livello locale grazie alla mediazione della Federazione nazionale dei sindacati, l'unica organizzazione dei lavoratori riconosciuta, subordinata al Partito. Nel caso di Jasic però la mediazione non riuscì. Anzi, successero due cose che trasformarono il piccolo sciopero in un grave problema di sicurezza nazionale. La prima è che gli operai provarono a formare un sindacato aziendale, cercando quindi di rompere il monopolio della Federazione. La seconda è che una quarantina di giovani studenti maoisti arrivarono a Shenzhen per unirsi alla protesta. Erano allievi o neolaureati di Beida, l'Università di Pechino, la Harvard cinese, e di altri prestigiosi atenei del Paese. Erano alcune delle menti più brillanti della Repubblica Popolare.

Un'alleanza tra studenti e operai, per quanto piccola, nella mente del Partito evoca subito Tiananmen, una delle famose linee rosse. E la reazione scattò durissima: il 24 agosto, alle quattro di notte, decine di poliziotti entrarono nell'appartamento di Shenzhen dove i ragazzi dormivano e li arrestarono. Alcuni furono trattenuti, altri rilasciati. Ma quella retata fu solo l'inizio. Nei mesi successivi, a più riprese, la polizia organizzò dei blitz nei campus di Beida e degli altri atenei per rastrellare gli studenti coinvolti nell'affare Jasic e in generale nell'attivismo operaista. L'associazione marxista studentesca dell'Università di Pechino fu chiusa. Di alcuni attivisti come la ventitreenne Yue Xin, la stessa ragazza che aveva riportato alla luce il vecchio caso di violenza sessuale a Beida, non ci sono tuttora notizie. L'aspetto stupefacente, in un regime comunista, è che quei ragazzi si rifacevano alle idee di Marx e di Mao: «Vogliamo che tutti i lavoratori cinesi godano in futuro di diritti e dignità, che la nostra società sia più giusta» mi disse uno di loro, nome di fantasia Chen, che poco tempo dopo sarebbe stato a sua volta espulso da Beida; punito dallo stesso Partito che organizzava gruppi di lettura sul *Capitale* e che tuttora si definisce l'avanguardia della classe operaia. Ma Chen e i suoi compagni erano troppo marxisti per il regime, dissidenti loro malgrado.

Nel suo saggio *China's New Red Guards* il politologo americano Jude Blanchette racconta la recente emersione nella società del Dragone di un movimento di sinistra conservatrice, maoista e statalista, ostile alle riforme di mercato di Deng Xiaoping. Alcuni ritengono che Xi Jinping, pur avendone assorbito molte istanze, tema più di ogni altra cosa questa opposizione dall'ala sinistra, che in un Paese sempre più caratterizzato dal divario tra ricchi e poveri espone il Partito all'accusa di aver tradito i suoi originari ideali di uguaglianza. Ma se la dura repressione degli studenti maoisti sembra confermare questa paura, allo stesso tempo la leadership porta avanti una stretta altrettanto decisa contro gli intellettuali «liberali» alla sua destra. Nel 2018 un professore di Legge dell'Università Tsinghua di Pechino, Xu Zhangrun, aveva pubblicato online un saggio intitolato *Paure imminenti, speranze immediate*. L'intervento, scritto nello stile erudito tipico degli intellettuali mandarini, era una delle poche critiche esplicite alla svolta autoritaria e accentratrice di Xi Jinping, culminata pochi mesi prima nella decisione di eliminare il limite di due mandati previsto per il presidente.

Alcuni analisti, alla ricerca di crepe nel potere all'apparenza monolitico del segretario generale, lessero il saggio come una testimonianza della presenza, tra le élite del Paese, di un'opposizione. Anche in questo caso la reazione fu particolarmente dura. Il professor Xu venne sospeso dall'insegnamento e lo scorso anno, dopo un secondo saggio in cui attaccava la risposta della leadership al coronavirus, è stato licenziato e costretto agli arresti domiciliari, con l'inverosimile accusa di sfruttamento della prostituzione. Nel frattempo anche l'Istituto di ricerca liberale Unirule, tra i pochi pensatoi indipendenti della Cina, annunciava la definitiva chiusura. Fondato nel 1993, all'inizio dell'era delle riforme, negli ultimi anni aveva subìto vessazioni e sgambetti di ogni tipo, compreso l'oscuramento del sito Internet e uno sfratto senza preavviso dall'ufficio di Pechino. Le sue posizioni a favore del libero mercato e della democratizzazione del sistema politico erano state a lungo tollerate. Per i vertici erano un controcanto utile, proprio perché non allineato. Ora non più.

L'atmosfera che si respira oggi nei campus cinesi è un combinato di ortodossia ideologica e sorveglianza ossessiva. C'era stato un tempo, neppure troppo lontano, in cui la professoressa Sun Peidong era entusiasta di insegnare all'Università Fudan di Shanghai, uno degli atenei più antichi e importanti del Dragone. Il suo campo di ricerca, la società cinese durante la Rivoluzione culturale, era sempre stato sensibile, uno di quelli che richiedono di destreggiarsi al limite dei testi approvati dalla storiografia ufficiale. «Ma l'atmosfera era sana e positiva,» mi raccontò «io ero libera di fare domande e gli studenti erano coraggiosi e diretti nel replicare.» Le cose sono cambiate dal 2016, in una maniera che lei definisce «totale e drammatica». Il controllo del campus da parte delle autorità accademiche, a loro volta subordinate alla cellula del Partito, è diventato asfissiante: le lezioni hanno iniziato a essere filmate, tutti sono diventati consapevoli della presenza tra i banchi di studenti informatori, pronti a denunciare docenti o compagni che avessero pronunciato parole pericolose.

Nel 2018, dopo due anni di ricerca negli Stati Uniti, Sun trovò un'atmosfera completamente diversa: «Quando facevo una domanda, solo uno o due studenti rispondevano, gli altri restavano in silenzio. I ragazzi sapevano che le persone sedute al loro fianco potevano avere un'altra missione da compiere». La professoressa cercò di cautelarsi, arrivando addirittura ad assegnare agli studenti dei posti fissi, in modo da identificare subito i volti sconosciuti che comparivano a lezione. Ma la pressione continuò a salire: qualcuno la segnalò alle autorità universitarie, che le chiesero di rettificare il contenuto dei corsi; manifesti di critica simili ai *dazibao*, i poster a grandi caratteri della Rivoluzione culturale, comparvero sulla porta del suo ufficio. Le riviste specializzate cinesi iniziarono a rifiutare i suoi articoli. «Non c'è libertà di insegnamento, non posso pubblicare, non posso tenere conferenze: che senso ha restare?» Nel febbraio del 2020, a quarant'anni, la professoressa ha lasciato la Cina, accettando un posto da associata a Parigi. Un'altra persona che non aveva alcuna intenzione di attaccare il regime, ma si era ritrovata tra i nemici.

Storie come questa non significano che in Cina non esista la libertà accademica. Nelle materie non sensibili, per esempio quelle tecniche o scientifiche, si fa ricerca indipendente.

E molti intellettuali partecipano alla discussione pubblica anche su temi rilevanti per l'agenda politica, dal rapporto con gli Stati Uniti alle riforme economiche. Ma la cautela nello spingersi oltre le linee rosse diventa ogni giorno più evidente. Mentre gli incentivi ad allinearsi alla narrazione ufficiale, in termini di visibilità e di carriera, si fanno sempre più marcati. L'ideologia sta diventando centrale all'interno dei campus. Dal 2017 è stato ordinato a tutti gli atenei di inserire il «pensiero di Xi Jinping» al cuore dei propri curricula, creando dei centri di ricerca dedicati. Nel dicembre del 2019 proprio la Fudan di Shanghai ha modificato la sua carta fondamentale, togliendo un passaggio sulla libertà di pensiero e aggiungendo riferimenti alla «leadership» e alle «politiche educative» del Partito.

Restringere il numero di idee che possono essere discusse e scoraggiare il pensiero critico sono tendenze che pesano nell'educazione degli universitari cinesi. Ma l'aspetto più inquietante è come molti di loro, martellati dalla propaganda, finiscano per diventare strumenti del giro di vite. Le storie di professori segnalati alle autorità accademiche dagli studenti, in maniera anonima o no, sono frequenti, mentre in Rete gli *xiao fenhong*, i «piccoli rosa», come vengono soprannominati i giovani nazionalisti, sono pronti a tacciare di disfattismo chiunque esprima delle idee percepite come anticinesi. «La Rivoluzione culturale non è mai passata» mi disse la professoressa Sun Peidong, che aveva ricevuto attacchi simili sui social per aver difeso la libertà di insegnamento. «I giovani nazionalisti hanno molto in comune con le Guardie Rosse, dividono il mondo in amici e nemici.»

Il paragone tra il clima ideologico che si respira oggi in Cina e il fanatismo del maoismo torna spesso fra gli intellettuali cinesi con cui in questi anni mi è capitato di parlare. Lo stesso trattamento da nemico del popolo è toccato anche a Fang Fang, accusata per i suoi *Diari* della quarantena di

Wuhan di voler sabotare la Repubblica Popolare. Neppure lei era una dissidente; al contrario: pur non essendo iscritta al Partito, per anni aveva presieduto la sezione della provincia dello Hubei dell'ufficialissima Associazione nazionale degli scrittori. Non aveva alcuna intenzione di mettere in discussione il potere del Partito, eppure il solo fatto di aver dato voce alla rabbia dei cittadini di Wuhan, di aver sottolineato i silenzi e le bugie delle autorità, l'aveva portata dalla parte dei «traditori». «Ho semplicemente annotato quello che vedevo» mi disse Fang Fang in un'intervista via mail, subito dopo l'uscita in Italia dei suoi *Diari da una città chiusa*, incredula per gli attacchi subiti. Osservare l'attualità e commentarla è il compito di ogni intellettuale. Ma è un compito che sempre meno intellettuali in Cina si azzardano a svolgere. «In Rete accade qualcosa di simile a quello che ho visto da piccola, una seconda Rivoluzione culturale. Non c'è razionalità, tutto è ridotto a brutali insulti e dicerie maligne. Se la Cina non è in grado di sopportare neppure una voce come la mia, questo è un suo problema.»

Non stupisce che molti finiscano per isolarsi: la stessa Fang Fang, dopo l'ondata di odio piovutole addosso, ha deciso di rimanere in silenzio. Chi accetta di restare nel sistema finisce per negoziare in uno spazio sempre più stretto, tra la difesa della propria indipendenza, con il rischio di cadere nell'irrilevanza, e l'adesione alla narrazione ufficiale, con i benefici che essa comporta. Negli ultimi tre anni ho incontrato molti intellettuali in Cina e ognuno cerca un equilibrio diverso, a volte paradossale. Un autore ipercelebrato come Yan Lianke, che pure fa parte dell'Associazione nazionale degli scrittori, si è visto censurare alcune delle sue opere: «Credo che il tempo migliore della letteratura cinese sia passato» mi spiegò «perché il nostro è un campo che richiede una maggiore libertà e questo ambiente tollerante e rilassato non esiste più». Un artista come Qiu Zhijie, tra i leader della rivolta di Tiananmen, oggi insegna all'Accademia nazionale d'arte e cura i padiglioni cinesi per la Biennale di Venezia; di fatto è un intellettuale di sistema: «Ma il sistema è ovunque,» mi disse «in tutto il mondo. Non c'è uno spazio fuori dal sistema, quindi il problema non è se stare dentro o fuori, ma come spingere la società avanti nell'area grigia in mezzo».

Fissando paletti sempre più stretti alla libertà di espressione, il Partito rischia però di compromettere prima di tutto la sua stessa capacità di individuare e affrontare i problemi. Alcuni ritengono che, pur limitando in modo radicale il discorso pubblico, nel chiuso del suo compound la leadership comunista abbia comunque la capacità di affrontare i temi in maniera aperta. Ma è un'ipotesi poco credibile: le parole che il regime impone e quelle che vieta non possono che influenzare le stesse informazioni che poi finisce per ricevere, come in una grande camera dell'eco. La pessima gestione dei primi giorni di emergenza a Wuhan, quando le autorità locali subordinarono la verità alla salvaguardia dell'ordine, ne è un esempio. Un altro è il ritardo con cui la Cina si è resa conto del cambio di attitudine della politica americana nei suoi confronti. Non solo la leadership sembrava aver sottovalutato la determinazione di Donald Trump, all'inizio della guerra commerciale, ma non aveva neppure capito che la visione del Dragone come il principale rivale dei prossimi decenni è ormai largamente condivisa dalle élite di Washington, di entrambi gli schieramenti.

Questo fallimento dell'intelligence, che ha spiazzato la Cina e l'ha fatta reagire con ritardo all'affondo americano, è stato attribuito fra le altre cose alla scarsa qualità dei think tank, degli istituti di ricerca e dei pensatoi politici nazionali. Negli ultimi mesi il governo ha lanciato diverse iniziative per rafforzarli, ma il problema sta alla base: in un sistema che premia l'adesione alle linee ufficiali, anziché la libertà di ricerca e di critica, quegli esperti finiscono per dire esattamente ciò che la leadership vuole sentirsi dire. Non solo quando si tratta di analizzare la situazione, ma soprattutto quando si tratta di prescrivere delle linee di condotta. Uno degli esempi più evidenti è la crescente assertività mostrata negli ultimi anni dalla Cina in politica estera, dalla Via della Seta all'espansione militare nel Mar Cinese Meridionale, passando per l'aggressività affilata della sua diplomazia. Molti analisti occidentali sono convinti che questa strategia sia stata controproducente per Pechino, perché ha aumentato il livello di resistenza e di ostilità nei suoi confronti. Ma la linea ufficiale di Xi e del Partito è che per la Cina non è più il momento di nascondere la propria forza, come raccomandava Deng: ora è arrivato il tempo di alzare la voce nell'arena internazionale. E gli esperti cinesi che osano suggerire una strategia diversa, per esempio quella di arretrare la linea del fronte, si contano sulle dita di una mano. È possibile che fra le élite comuniste esista un'opposizione all'attuale leadership o alle sue politiche. Ma è un'opposizione che raramente nella storia della Cina moderna è stata tanto silenziosa.

La progressiva chiusura degli spazi di espressione non si vede solo nell'accademia. Anzi, è ancora più evidente a livello della società civile. Tra la fine degli anni Novanta e la metà degli anni Zero la Cina ha vissuto un periodo di grande fermento sociale e culturale. Dopo il tragico esito delle proteste di piazza Tiananmen, che cancellò ogni speranza di trasformazione in senso democratico del regime, una parte delle energie frustrate si reindirizzò verso forme di attivismo e di partecipazione meno politiche ma più quotidiane. Esplose il numero delle Organizzazioni non governative dedicate a temi che spaziavano dalla lotta contro le violenze domestiche sulle donne alla difesa dei lavoratori migranti. Una serie di avvocati, categoria nuova per il Paese, iniziò a usare la legge e i tribunali, anziché la politica, per ottenere il riconoscimento di alcuni diritti fondamentali. Comunità di artisti diedero vita a progetti di cinematografia indipendente, spuntarono riviste e magazine. Ricercatori ai margini dell'accademia iniziarono a esplorare periodi tragici della storia nazionale esclusi dalla storiografia ufficiale, come la Rivoluzione culturale o la Grande carestia. Una serie di media commerciali, come «Southern Weekly» e «Caijing», introdussero in Cina gli standard e i principi del giornalismo occidentale. Per quasi tutti questi progetti lo strumento di diffusione decisivo era Internet, che si stava espandendo con grande rapidità nel Paese. In una società dominata dalla logica delle relazioni personali, la Rete offriva uno spazio di espressione paritario e accessibile, la tribuna perfetta per una nuova generazione di blogger e giornalisti freelance.

Nel suo *Minjian: The Rise of China's Grassroots Intellectuals*, Sebastian Veg, professore di Storia intellettuale della Cina, descrive questo momento come l'emergere di un nuovo genere di intellettuale. *Minjian* in mandarino significa «in mezzo al popolo», «popolare». È qualcosa che nasce dalla base e si contrappone a tutto ciò che viene dall'alto, ufficiale e governativo. Queste figure, spiega Veg, erano molto diverse dai classici letterati della tradizione confuciana, fieramente elitari, così come dall'intellettuale pubblico di ispirazione occidentale, che difende principi universali come la democrazia e diritti. Non stavano al centro del sistema, bensì ai suoi margini: «La loro legittimità derivava dal lavoro con gruppi vulnerabili e dall'esperienza condivisa con aree periferiche della società». La loro attività testimoniava lo sviluppo di un settore terzo tra lo Stato e il mercato, un settore che affronta i problemi concreti degli ultimi, vale a dire della maggioranza silenziosa, dalle persone sfrattate dai grandi progetti di sviluppo infrastrutturale ai seguaci della dottrina del Falun Gong, repressa dal regime. Attorno a loro si stava sviluppando in Cina un nucleo di società civile.

Ma se il regime ha paura delle idee fuori controllo, ancora di più teme i gruppi capaci di mobilitare i cittadini, anche su piccolissima scala, per azioni collettive e indipendenti. Come teorizzato molto chiaramente dal *Documento 9*, quello spazio andava chiuso con decisione, cosa che Xi Jinping e il Partito hanno fatto con la consueta metodicità e durezza. Nel marzo del 2015 le autorità arrestarono un gruppo di cinque femministe che stavano progettando una manifestazione contro le violenze sessuali in metropolitana. Furono rilasciate dopo trentasette giorni, ma l'operazione mandò un messaggio chiaro a tutto il movimento. Poco tempo dopo, il 9 luglio, venne lanciata un'operazione nazionale contro oltre duecento tra avvocati e attivisti per i diritti umani e del lavoro, che sarebbe stata ricordata con l'abbreviazione della sua data: «709». Gran parte di quelle persone furono condannate a pene esemplari, per reati come sovversione del potere dello Stato. Il 1° gennaio 2017 è entrata in vigore una nuova legge sulle ONG straniere che ne ha di fatto reso impossibili le attività all'interno del Paese, obbligandole ad associarsi con agenzie governative. Ma ha anche limitato l'operatività di quelle cinesi, che possono ricevere fondi dall'estero solo se sono affiliate al ministero degli Affari civili.

Da questa riaffermazione del monopolio del Partito su ogni forma di discorso e mobilitazione collettiva le organizzazioni della società civile non si sono mai davvero riprese. Le ONG in Cina esistono ancora, ma si muovono su un filo sottilissimo, attente a non esporsi all'accusa di attività sovversive e sempre in difficoltà nel raccogliere fondi. Possono essere piccole organizzazioni che forniscono servizi, ma le loro iniziative devono inserirsi all'interno delle priorità identificate dal regime e supportare la sua azione. Gli attivisti che difendono i diritti dei lavoratori, soprattutto nel Sud industriale del Paese, sono ridotti ai minimi termini, e dopo la protesta alla Jasic altri sono stati arrestati e condannati. Molte protagoniste del movimento femminista ora vivono all'estero. E un discorso simile vale per le associazioni LGBT, che devono convivere con la posizione ufficiale del governo sull'omosessualità, i famosi tre no: non incoraggiare, non scoraggiare, non promuovere. In Cina non esiste vita associativa indipendente dalle organizzazioni di massa sotto il controllo dello Stato, che siano i Giovani pionieri o la Federazione delle donne.

«Il nostro spazio si sta restringendo sempre di più» si lamentava nel 2019 Xin Ying, trentadue anni, direttrice esecutiva del Beijing LGBT Center. «Magari il governo non è contro di noi, ma percepisce la nostra attività alla stregua di tutte quelle relative ai diritti umani, cioè come il prodotto di un'ideologia occidentale.» Quello che molti di questi centri fanno è offrire alla comunità servizi preziosi che le istituzioni non prevedono, per esempio consulenza psicologica per le persone omosessuali, oppure assistenza legale a quelle che subiscono discriminazioni sul lavoro e cercano di far valere i propri diritti in tribunale. Lo abbiamo già visto nel caso delle battaglie femministe: le corti sono uno dei pochi canali rimasti per portare avanti le battaglie sociali. Lì si possono ottenere delle piccole vittorie, ma sempre individuali e molto fragili, perché le autorità non lasciano che diventino discorso collettivo e si cristallizzino in identità condivise. In Cina vivono decine di milioni di cittadini LGBT, ma anche se non è più considerata una malattia mentale l'omosessualità è tollerata solo finché resta nella sfera privata. Nel 2020 anche il tradizionale gay pride di Shanghai, il più importante del Paese, è stato cancellato, ufficialmente per precauzioni legate al coronavirus, molto più probabilmente per ragioni politiche.

In questo racconto di aperture e chiusure, poli di una tensione che attraversa l'intera storia della Cina, a un certo punto Internet sembrava aver spalancato uno spazio di libertà inedito, tale da modificare per sempre il rapporto tra discorso ufficiale e discorsi dal basso. La Repubblica Popolare si è connessa al World Wide Web nel 1993, ma il servizio ha iniziato a essere accessibile ai privati dal 1996, innanzitutto all'interno dei campus universitari. Era il periodo in cui la crescita economica del Dragone iniziava ad accelerare, quello in cui emergevano i nuclei di società civile di cui abbiamo parlato. La Rete ne fu un moltiplicatore, il luogo privilegiato di espressione e di comunicazione per gli intellettuali *minjian*, come pure per i comuni cittadini, anche grazie al fatto che le autorità comuniste ne percepirono il potenziale eversivo con un certo ritardo. La prima grande passione dei cinesi furono i forum di discussione. Poi iniziò l'epoca della letteratura online, racconti e romanzi scritti da autori sconosciuti, spesso a puntate, che venivano pubblicati dalle piattaforme digitali senza bisogno di ottenere lo *shuhao*, il numero di serie, nonché sigillo d'approvazione della censura. Alcuni fecero grande scalpore, come per esempio il diario di un uomo chiamato Lu Youqing, malato terminale di cancro, che tra l'agosto e l'ottobre del 2000 raccontò le sue ultime settimane di vita. Per una cultura in cui la malattia, fisica e mentale, era un tabù, fu uno shock. Poi, a metà degli anni Zero, arrivarono i blog, nuovo canale di espressione personale: nel 2009, quando i cittadini connessi erano 338 milioni, i diari personali online erano 181 milioni, più di uno ogni due persone.

Rileggendoli oggi, la libertà che si prendevano gli autori di quelle pagine è impressionante. Tra i blog più seguiti c'era quello dell'artista Ai Weiwei, che tra il 2006 e il 2009, anno in cui il sito fu oscurato dalle autorità, pubblicò una serie di commenti che spaziavano dall'arte alla critica del governo. Nel 2008, dopo il tragico terremoto del Sichuan, Ai iniziò a raccogliere la lista dei nomi dei bambini morti a causa del crollo delle scuole, costruite «con le briciole di tofu». «Solo nelle società democratiche è possibile restituire potere e dignità ai deboli e ai poveri» scriveva, frasi che oggi quasi nessuno si azzarderebbe a pubblicare. L'altro grande protagonista della blogosfera era il giovane scrittore ribelle Han Han, reduce dallo spettacolare successo del suo primo romanzo *Le tre porte*. In quegli anni Han Han usò il suo diario online, letto da decine di milioni di persone, per pubblicare le sue riflessioni sui suicidi dei lavoratori dell'industria-pollaio Foxconn, per criticare il sistema educativo nazionale e l'assenza di pluralismo, ma anche, aspetto notevole alla luce del clima che si respira oggi, per ironizzare sul vuoto nazionalismo di molti cittadini, che già stava emergendo prepotente, alimentato dalla retorica di regime. Nel frattempo, Han Han era riuscito anche a stampare il primo numero di una rivista letteraria indipendente intitolata «Un coro di solisti», che vendette oltre due milioni di copie. Il titolo era un condensato delle aspirazioni e delle contraddizioni della nuova Cina. Magari le parole dei giovani del Dragone non formavano un coro, ma di certo Internet le faceva circolare con un'energia mai vista prima.

Anche in Rete, proprio come offline, il processo con cui il regime ha ripreso il controllo delle parole inizia durante il secondo mandato di Hu Jintao. Dopo le rivolte nello Xinjiang, nel 2009, l'accesso ai social media internazionali come Facebook e Twitter fu bloccato; l'anno successivo sarebbe toccato a Google: la Grande Muraglia Digitale diventava invalicabile. Paradossalmente questo aiutò i servizi cinesi ad ammassare utenti. Weibo, il clone di Twitter, portò la Cina dall'era del blogging a quella del microblogging, reclutando celebrità di ogni tipo. La stretta però non era solo esterna. Oltre a proteggere i confini nazionali il concetto di «cybersovranità», equivalente digitale della sovranità statale nel mondo fisico, prescriveva che anche all'interno la Rete fosse un ambiente «salutare e ordinato».

Il suo successore, Xi Jinping, trasformò quei concetti in concreti strumenti di controllo, censura e sorveglianza. Nel

2013 partì un'operazione contro i «Big V», i profili verificati su Weibo, commentatori che avevano milioni di seguaci e un'influenza superiore a quella dei media ufficiali. Uno dei più celebri, l'imprenditore e investitore Xue Manzi, solito esprimere in maniera molto decisa le sue idee sulla corruzione e la necessità di riforme politiche, fu arrestato per sfruttamento della prostituzione, accusa spesso usata in modo strumentale per mettere a tacere gli oppositori. L'anno successivo Xi ufficializzò la nascita dell'Amministrazione del cyberspazio, una nuova potentissima agenzia incaricata di limitare e guidare il discorso pubblico sul web. Intanto la Corte suprema adattava al mondo digitale le fattispecie penali di «provocare litigi» e «diffondere dicerie», stabilendo che avrebbero compreso qualsiasi messaggio falso (o giudicato sovversivo) inviato a più di 500 persone o rilanciato più di 5000 volte sui social. Uno degli effetti fu incoraggiare una migrazione di utenti verso WeChat, la nuova super-app di messaggistica. A differenza di Weibo, dove ogni post è pubblico, su WeChat solo gli amici – al massimo 5000 – possono vedere i contenuti condivisi e le informazioni tendono a muoversi all'interno di gruppi ristretti, limitati a 500 membri.

Il numero di parole cancellate dalla Rete negli ultimi anni è andato via via aumentando. Spesso il filtro è affidato alle stesse piattaforme private, a cui è stato reso chiaro che avrebbero dovuto contribuire a mantenere il web un luogo pieno di «energia positiva», o ne avrebbero pagato le conseguenze. I giri di vite si ripetono con regolarità: uno dei più recenti è arrivato all'inizio del 2021, una nuova ordinanza sui cosiddetti «self media», cioè profili che pubblicano contenuti su temi genericamente definiti di attualità, dalla politica al cibo. Solo su WeChat sono circa 20 milioni e in vista del centenario del Partito, che cadrà il 23 luglio, l'Amministrazione del cyberspazio ha imposto loro di ottenere una specifica autorizzazione a pubblicare notizie.

Allo stesso tempo il regime ha costruito una strategia sempre più strutturata per manipolare il discorso collettivo in Rete, in maniera esplicita o sotterranea. Tutte le istituzioni dello Stato – ministeri, esercito, autorità locali e ovviamente media di regime – hanno canali social attraverso cui far correre informazioni e propaganda. Ma l'altro strumento di questa tattica è quello informale dei *wumao*, un esercito di troll di Stato travestiti da utenti qualunque e pagati per intervenire all'interno delle discussioni e orientarle.

Il combinato tra la censura delle parole sgradite e la promozione di quelle gradite è stato messo in atto con grande decisione durante l'epidemia di coronavirus, nel momento più difficile per il regime, tra la fine di gennaio e l'inizio di febbraio del 2020. Ma ancora una volta quello visto durante la pandemia non è che il pieno dispiegamento di un sistema di controllo che in Cina è sempre in azione. E che produce un effetto cassa di risonanza potentissimo, un'altra camera dell'eco in cui le parole ammesse, per esempio quelle del nazionalismo, si moltiplicano a dismisura, mentre tutte le altre vengono cancellate o sommerse. Come all'interno delle università gli studenti finiscono per diventare agenti del controllo, così in Rete molti giovani utenti, esposti a questo discorso monodimensionale, senza esperienza di registri diversi o memoria del passato, finiscono per assorbirlo e riproporlo a loro volta.

Alcuni osservatori sostengono che il web, la rivoluzione che in Cina era iniziata come una forza liberatrice, alla fine è diventato uno strumento di controllo ancora più potente: una rete con cui il regime riesce a imbrigliare i discorsi dei cittadini, lasciando loro l'impressione di essere liberi. Il risultato è paradossale: tecnicamente è abbastanza semplice per un cinese dotarsi di un software che permette di scavalcare la Grande Muraglia Digitale e avere accesso al web «libero», quello occidentale. Solo che quasi nessuno sente il bisogno o la voglia di farlo.

Questa limitazione dei discorsi permessi, in una cultura confuciana che già spinge all'uniformità, riduce la quantità di idee e di modelli a cui i cinesi sono esposti. Elimina dal dibattito o rende irrilevanti temi «marginali», come per esempio la disabilità o il disagio psichico. Rende difficile, soprattutto per i giovani, immaginare che esistano modelli «altri», anche perché vivono in una società che offre sempre di più dal punto di vista materiale. Allo stesso tempo sarebbe sbagliato pensare alla censura come a un meccanismo perfetto, che elimina ogni spazio di espressione non legittimata. In parte perché non può esserlo, considerata la natura della Rete. E in parte perché non vuole, visto che i costi sarebbero superiori ai benefici, anche per un regime ossessionato dal controllo della narrazione. Una delle strategie del Partito è tenere vaghi i limiti e le regole, in modo che possano essere usati in maniera discrezionale.

I cittadini del Dragone sono da sempre abituati a negoziare i propri spazi di libertà all'interno di un regime autoritario. E questo vale a maggior ragione per il web. Molti giovani utenti, soprattutto quelli degli anni Novanta, parlano in Rete la cosiddetta «lingua marziana», *huoxing wen*, una traslitterazione del mandarino con caratteri alfanumerici e simboli che permette di comunicare senza farsi capire dagli adulti e senza essere intercettati dalla censura. Le tante omofonie del mandarino, lingua straordinaria per la sua creatività, si prestano bene all'ambiguità. Abbiamo già raccontato, per esempio, come MeToo, il movimento femminista, abbia adottato l'hashtag «coniglio del riso», che in cinese si pronuncia più o meno allo stesso modo, cioè *mi tu*. Altre scappatoie sono tecniche e sfruttano le maglie relativamente larghe della censura. Per esempio, quando il profilo Weibo di Fang Fang è stato oscurato, la scrittrice è comunque riuscita a far circolare i suoi *Diari* da Wuhan su WeChat grazie all'aiuto di un amico.

In generale il confine tra parole ammesse e non ammesse viene negoziato quotidianamente, in una triangolazione tra cittadini, industria culturale e regime. Una sfida tra espressione e controllo fatta di blitz e cambi di fronte, in cui le linee rosse, lasciate volutamente indefinite, vengono continuamente ridisegnate. Il mondo della letteratura online ne è un esempio eccellente. I siti nati alla fine degli anni Novanta per raccogliere racconti e romanzi pubblicati da autori dilettanti, pubblicandoli senza il via libera delle autorità, esistono ancora in Cina. Anzi, nel frattempo hanno accumulato decine di milioni di utenti. Nella metropolitana di Pechino, tra le persone con la testa immersa nello smartphone, oltre a quelle che giocano ai videogiochi (tantissime), a quelle che guardano video (tante), ce ne sono alcune che leggono quei testi pensati proprio per essere pubblicati in Rete e fruiti sullo schermo di un telefonino. Un'industria fiorente, valutata oltre 5 miliardi di dollari, con meccanismi molto semplici: gli utenti pagano per sbloccare i capitoli, e gli autori ricevono un compenso sulla base dei lettori e della lunghezza dei testi. È uno dei maggiori prodotti dell'industria culturale globale, anche se in pochi ne hanno sentito parlare.

La qualità ovviamente è molto variabile. La maggior parte dei racconti sono i classici di arti marziali *wuxia*, quelli che noi definiremmo cappa e spada, saghe fantasy, romanzi erotici, oppure storie d'amore modello Harmony. In mezzo però ci sono anche generi stupefacenti, come per esempio quello che i cinesi chiamano *danmei*, che letteralmente significa «appagamento della bellezza», e che in inglese corrisponde al più eloquente BL, Boys' Love. Sono storie che raccontano il rapporto tra due uomini, con risvolti erotici espliciti, ma che sono scritti da donne per altre donne. Uno dei segreti di Pulcinella del loro successo è che permettono di esplorare modelli di mascolinità e di relazione diversi da quelli tradizionali, rigidamente patriarcali.

L'aspetto stupefacente è che in alcuni casi questi racconti, sull'onda del loro successo in Rete, possono anche entrare all'interno della cultura *mainstream*. È successo per esempio a uno dei più famosi racconti BL, che nel 2019 il colosso dei media digitali Tencent ha trasformato in una serie intitolata *The Untamed*. La vicenda narra le avventure di due guerrieri, due anime gemelle, che si muovono in un universo fantasy per risolvere una serie di misteri. Nel libro sono presenti esplicite scene di sesso, ma per evitare la censura la serie è molto più soft e ambigua e lascia sottintesa la narrazione dell'omosessualità. Si muove all'interno di quella che qualcuno definisce «negazione plausibile», cioè il margine in cui gli autori possono sostenere che non era loro intenzione mostrare nulla al di fuori del consentito. Fatto sta che quasi tutti i personaggi sono uomini e possono essere interpretati come gay, mentre, le poche volte che appaiono, le relazioni eterosessuali sono dipinte in una luce estremamente negativa. In ogni caso, la qualità della produzione e la presenza di due attori-idolo come Xiao Zhan e Wang Yibo, ha reso la serie un successo internazionale, uno dei più spettacolari per un prodotto culturale cinese, celebrato dalla stessa propaganda di regime come una «stupenda presentazione delle caratteristiche cinesi» e di valori positivi.

Ma la dialettica, o meglio la triangolazione tra produzione del basso, *mainstream* e censura, non era finita lì. Qualche mese dopo la serie, su una delle piattaforme specializzate nella narrativa online, AO3, è uscito un racconto in cui proprio Xiao Zhan veniva rappresentato nelle vesti di una prostituta transgender, molto attratta dai teenager. I suoi fan, che in Cina sono un'armata pronta a supportare l'idolo in ogni sede, hanno denunciato la piattaforma per pornografia, spingendo il governo a censurarla. A quel punto sono stati gli appassionati di letteratura online a ribellarsi contro l'attore, pur incolpevole, costringendolo a una pubblica apologia. Il cerchio della storia BL diventata *mainstream* si è chiuso con l'oscuramento dei siti, relativamente di nicchia, dov'era stata pubblicata la versione originale, scatenato dalla protesta del pubblico generalista.

Un altro tema su cui la cultura pop sta contribuendo ad aprire un dibattito è il ruolo della donna. Le donne costituiscono la maggioranza del pubblico delle piattaforme di streaming cinesi (gli uomini preferiscono i videogiochi) e questo ha portato a quello che qualcuno definisce un risveglio femminista della televisione cinese. Nel giro di pochi mesi sono uscite numerose serie centrate sui personaggi femminili. Da *Yanxi Palace*, vicenda di epoca imperiale che racconta l'ascesa all'interno della corte di una giovane principessa, a *Nothing but Thirty*, che narra le vite di tre donne trentenni di Shanghai che per diversi motivi si trovano ad affrontare delle sfide che mettono in discussione i loro valori, come il tradimento del marito o problemi sul lavoro. Queste serie e alcuni film dimostrano come le autorità non impediscano di trattare certi temi: è vietato rappresentarli come problemi politici, che in qualche modo dipendono dal sistema. Gli spazi di liberazione e di realizzazione sono sempre individuali e vanno trovati all'interno delle regole fissate. Questo spiega anche perché la generazione dei cinesi più giovani sembra essere relativamente progressista dal punto di vista dei diritti personali, e insieme fieramente nazionalista.

Il successo internazionale di serie come *Yanxi Palace* e *The Untamed*, in Asia ma non solo, è la prova che l'industria culturale cinese, nonostante le limitazioni imposte dalla censura, riesce a realizzare prodotti di massa con un mercato globale. Le serie televisive non sono l'unico esempio. In campo letterario la fantascienza *made in China* sta vivendo un periodo di eccezionale fortuna all'estero. L'apripista di quella che qualcuno chiama addirittura una «scuola» si chiama Liu Cixin, ha cinquantasette anni e ha scritto un monumentale romanzo intitolato *Il problema dei tre corpi*. Il libro, composto da Liu durante le sue noiose giornate da addetto alla sicurezza di una centrale elettrica e pubblicato per la prima volta a puntate su un magazine di settore nel 2006, racconta il contatto tra la civiltà terrestre, con la Cina protagonista, e una civiltà aliena superiore dal punto di vista tecnologico. La parte scientifica e quella geopolitica, o meglio cosmopolitica, sono eccezionali; la costruzione letteraria dei personaggi un paio di gradini sotto. In ogni caso *Il problema dei tre corpi* ha avuto un successo stellare, vincendo nel 2015 l'Hugo Award, il più importante premio internazionale per la fantascienza, riconosciuto in passato ad autori del calibro di Asimov e J.K. Rowling, e finendo nella lista di lettura di Barack Obama. Non solo, Liu Cixin ha anche aperto la strada a un'intera generazione di scrittori cinesi di fantascienza, che stanno mostrando al mondo quale sia l'idea che i cittadini del Dragone hanno del futuro, remoto e prossimo.

Ogni best seller globale ha un valore straordinario per la Cina. Infatti, uno dei limiti più grandi del Dragone, specie nel confronto con gli Stati Uniti, è la sua mancanza di soft power, cioè della capacità di influenzare il comportamento dei partner senza impiegare mezzi coercitivi, ma usando l'influenza economica o culturale. Su questo campo la distanza con il rivale americano è abissale: il mondo vive in mezzo a prodotti *made in USA*, dalle scarpe Nike ai film della Disney, da Google al basket della NBA, mentre la Cina fatica a produrre prodotti che abbiano la stessa penetrazione di massa. Uno degli obiettivi di Xi Jinping, parte decisiva del suo grande progetto di ringiovanimento nazionale, è anche rendere il Dragone una potenza culturale. La formula che lui usa è «raccontare bene le storie della Cina» nel mondo, in modo da diffonderne una «conoscenza più autentica, tridimensionale e completa». Il problema è che queste storie, nella sostanza, non sono che una riproposizione dei concetti chiave della propaganda ufficiale. E che le iniziative per promuoverle sono gestite da attori di Stato, con una retorica e un'estetica che le rende ben poco attraenti. Quanto al soft, molto spesso la Cina usa i rapporti culturali come strumento di coercizione. Vale anche per i panda che affitta agli zoo di tutto il mondo, che pure restano uno dei suoi più grandi successi di pubbliche relazioni.

Questa difficoltà a scaldare i cuori è un'altra delle contraddizioni prodotte dalla chiusura degli spazi di espressione. Ovviamente il regime sta rafforzando il suo controllo anche sull'industria culturale, considerata un canale fondamentale per la costruzione del consenso. Nel 2016 è stata approvata una legge sulla cinematografia che, tra le altre cose, vieta la diffusione di pellicole che ledano la «dignità, l'onore e gli interessi del Paese», e incoraggia quelle che promuovono i «valori fondamentali socialisti». Per tutta risposta gli ultimi anni hanno visto un moltiplicarsi di film a sfondo nazionalista: oltre a quelli sulle guerre contro i giapponesi – che non sono una novità –, la Cina ha prodotto anche una sua versione di Rambo, la saga dei *Wolf Warriors*, combattenti tutti muscoli che proteggono i cooperanti cinesi in Africa e gli abitanti locali da ribelli terroristi e da malefici contrabbandieri di armi (europei). Questa trasposizione filmica della Via della Seta di Xi Jinping, uscita nel 2017, resta tuttora il film che ha incassato di più al botteghino cinese.

Il fatto che la leadership stia moltiplicando gli sforzi (e i fondi) per realizzare prodotti che parlino al mondo rischia insomma di essere, paradossalmente, una minaccia alle sue ambizioni di soft power. L'ultimo genere su cui il regime sta allungando le mani è proprio la fantascienza, nel tentativo di capitalizzare il successo di Liu Cixin. Il racconto del domani è in linea con le aspirazioni tecnologiche e spaziali del governo, oltre che un'ottima occasione per promuovere la «comunità dal futuro condiviso» tratteggiata dal presidente Xi. Il prodotto di punta è stato *The Wandering Earth*, il primo blockbuster di fantascienza cinese, tratto (molto alla lontana) da un racconto di Liu: un portento di effetti speciali dalla trama inguardabile. Ma nell'agosto del 2020 l'Amministrazione per il cinema, l'ente governativo che supervisiona (e censura) il settore, ha pubblicato un documento per incoraggiare l'industria a dedicarsi alla fantascienza. Al primo punto, ovviamente, un riferimento al pensiero di Xi Jinping. Ma il corto circuito è dietro l'angolo. *Il problema dei tre corpi* si apre con la sanguinosa scena di un pestaggio durante la Rivoluzione culturale, una sorta di sfondo alla luce del quale va letto l'intero romanzo. Se Liu ha potuto scriverlo così è perché all'epoca era uno sconosciuto autore dilettante di un genere di nicchia, di cui al governo non interessava nulla.

X
Frontiere

La Cina è un'invenzione. Tutti gli Stati nazionali lo sono, anche l'Italia. La Cina però è un'invenzione molto recente e molto particolare. Prima dell'inizio del XX secolo nessuno degli abitanti di quella che oggi chiamiamo «Cina» era cosciente di appartenere a un'entità politica o a una comunità nazionale con quel nome. Ad aver elaborato i concetti di *Zhongguo*, letteralmente «Impero al centro», e *Zhonghua*, «Infiorescenza (cioè civiltà) al centro», i due termini mandarini con cui oggi i cinesi indicano il loro Paese, è stata la ristretta élite politica nazionalista che ha governato la Cina dal 1912 al 1949, cioè dalla caduta dell'imperatore alla presa del potere da parte del Partito comunista. La stranezza sta nel fatto che tutti i concetti che definiscono uno Stato moderno, a cominciare da nazione, territorio e sovranità, sono estranei alla tradizione cinese e sono stati importati dall'Occidente. Per secoli la «Cina» è stata una realtà mutevole, multietnica e dai confini poco definiti, una potenza al centro di un ordine universale – *Tianxia*, «tutto ciò che sta sotto il cielo» –, che si identificava di volta in volta con la dinastia regnante. L'ultima, quella dei Qing, non era neanche culturalmente cinese: negli ultimi 268 anni dell'Impero, a sedere sul trono nella Città Proibita sono stati dei barbari del Nord, originari della Manciuria, che tra di loro parlavano la lingua mancese, non il mandarino.

Tutto questo sembra incredibile osservando oggi il Dragone. Il grande sogno di potenza e benessere, il «ringiovanimento nazionale» che il presidente Xi Jinping offre ai cittadini, si basa sull'idea, accuratamente costruita dalla storiografia ufficiale, che la Cina abbia una storia continuativa vecchia cinquemila anni. Una storia interrotta solo da un secolo di colonizzazione da parte delle potenze imperialiste – tra la metà dell'Ottocento e la metà del Novecento –, un'umiliazione da cui il Partito l'ha risollevata. Oggi i diplomatici di Pechino protestano quotidianamente per le «interferenze» dei governi stranieri nella «sovranità cinese», come definiscono ogni critica sgradita. E i confini del Paese sono una questione così strategica e sensibile che basta una linea disegnata male su una T-shirt per provocare una rivolta contro le aziende colpevoli. Perfino gli editori cinesi non pubblicano più carte geografiche nei loro libri, neppure nei testi scolastici, tanto è difficile ottenere il permesso delle autorità competenti. Il risultato è che molti cittadini non sanno leggere le mappe, neppure quelle dei navigatori. Come scrive il giornalista Bill Hayton in un libro intitolato *The Invention of China*, oggi «il Partito comunista ha una visione monolitica di cosa significa Cina ed essere cinese, ed è determinato a imporla a ogni costo».

Nel 1949 i comunisti di Mao hanno sconfitto i nazionalisti, costringendoli all'esilio a Taiwan e proclamando la Repubblica Popolare, ma ne hanno ereditato i concetti di Stato nazionale e di sovranità. Non solo. Dopo che le riforme di mercato hanno rovesciato i valori originari del comunismo, e dopo che la protesta di piazza Tiananmen ha messo il regime di fronte a una crisi esistenziale, hanno usato quelle idee per cementare la lealtà del popolo. All'inizio degli anni Novanta la leadership ha lanciato una campagna di educazione che ha messo il patriottismo al centro dei curricula scolastici; ogni cittadino sotto i trentacinque anni è cresciuto in mezzo a messaggi nazionalisti. E sotto Xi Jinping la spinta è diventata ancora più forte. Il regime chiede ai cittadini cinque identificazioni: con la patria, con la nazione cinese, con la sua cultura, con il modello socialista e con il Partito.

Quella della Cina umiliata che rialza la testa e torna forte, anche se sempre minacciata, è diventata la narrazione fondativa del regime, costruita per servire i suoi interessi di stabilità e potenza. Con opportune riscritture della storia il territorio «originario» della nazione è stato fatto coincidere con la massima estensione dell'impero Qing, in modo da comprendere le periferie etniche di Tibet, Mongolia Interna e Xinjiang, il Mar Cinese Meridionale e l'isola di Taiwan. Il Dragone potrà realizzare il suo sogno di ringiovanimento solo se nel 2049 quella grande Cina sarà riunificata e stabilizzata, quindi resa culturalmente omogenea all'etnia dominante degli *han*. E ciò che il regime sta facendo alle frontiere dell'impero, con sempre maggiore aggressività, è portare avanti quel progetto, dare sostanza all'invenzione. Nello Xinjiang rieduca e assimila in maniera forzata la minoranza dei musulmani uiguri, in nome della lotta all'estremismo e al terrorismo. A Hong Kong limita l'autonomia politica della città e impone per legge la fedeltà al regime. Infine ribadisce la volontà di annettere Taiwan, con le buone o con le cattive. Per garantire il proprio spazio vitale e geopolitico, Pechino deve ridurre a «una sola Cina» margini che per cultura, storia e tradizione non si sentono cinesi. O cinesi che si riconoscono sempre meno nel Partito comunista.

«Se sei felice e tu lo sai batti le mani.» *Clap clap.* «Se sei felice e tu lo sai batti le mani.» *Clap clap.* Una delle cose che fanno gli uiguri nei «centri di formazione professionale» dello Xinjiang è cantare. O meglio: questo viene detto loro di fare davanti ai giornalisti e ai media internazionali, accompagnati dalle autorità a visitare le «classi». Dopo aver negato a lungo l'esistenza dei centri, di fronte alle pressioni della comunità internazionale il governo cinese ha deciso di aprirli a sceltissime e ristrette delegazioni straniere. Non prima, però, di aver messo a punto un tour guidato che illustri la sua versione dei fatti. Tappa iniziale al museo di Urumqi, dove una mostra espone video e immagini dei più violenti attacchi terroristici degli estremisti uiguri. Seconda tappa a una delle «scuole professionali» della provincia, come le chiama Pechino. Lì, fanno vedere le autorità, i cittadini della minoranza musulmana imparano un mestiere, perfezionano il mandarino e vengono educati all'amore della nazione e del Partito. Si integrano con la Cina moderna e la sua visione, collaborativi e felici. *Clap clap*.

Ma ciò che si intravede dietro alla messa in scena, che prende forma nelle testimonianze e nei documenti che filtrano dallo Xinjiang, è una realtà diversa e drammatica. Più che scuole, le decine di strutture costruite negli ultimi anni dal governo sono dei centri di rieducazione, dove, secondo alcune stime, tra un milione e due milioni di uiguri sarebbero stati internati con la forza: privati della libertà, indottrinati, costretti a criticare la propria religione e, stando ad alcuni racconti di chi ci è passato, sottoposti a torture e abusi. Quello che sta accadendo nel Far West cinese ha due versioni irriconciliabili. Una di regime, che parla di lotta all'estremismo e sviluppo economico, nel rispetto dei diritti, e una dal basso, ricostruita da media e ricercatori, che descrive un sistematico progetto di distruzione della società uigura, anche attraverso aborti e sterilizzazioni forzati. La Cina smentisce ogni accusa, ma non lascia entrare osservatori indipendenti nello Xinjiang, se non con le sue visite guidate. I racconti dei testimoni sono difficili da verificare, ma le evidenze e i dati sugli abusi – giudicati «attendibili» anche da esperti dell'ONU – si accumulano. Tanto che il governo americano accusa la Cina di «genocidio».

Lo Xinjiang – letteralmente «nuova frontiera» – è la sconfinata provincia che costituisce la propaggine occidentale del territorio cinese. Nonostante sia scarsamente popolata, l'area ha un grande valore strategico per Pechino: contiene importanti giacimenti minerari, è il confine con l'ex impero sovietico ed è uno snodo fondamentale di alcune direttrici della Via della Seta, quella verso l'Europa e quella verso il Pakistan. La metà degli abitanti appartiene alla minoranza uigura, circa 11 milioni di persone di etnia e lingua turche e di religione musulmana che considerano quei luoghi la propria patria. Alcuni la chiamano «Turkestan orientale», un'entità nazionale esistita solo per una manciata di anni. La storia dei rapporti tra gli uiguri e Pechino è molto complessa, ma fin dalla sua nascita la Repubblica Popolare ha portato avanti una politica di assimilazione della popolazione dello Xinjiang, soprattutto quella del Sud, cancellando i suoi simboli e incentivando i cittadini di etnia *han* a trasferirsi nell'area. Un processo di sinizzazione, accompagnato dalla promessa di sviluppo economico delle aree povere e rurali, a cui gli uiguri hanno sempre opposto resistenza.

Verso la fine degli anni Zero i cicli di violenza e repressione hanno iniziato a diventare sempre più duri. Nel 2009, dopo l'uccisione di due lavoratori uiguri da parte di un gruppo di *han* nella lontana provincia industriale del Guangdong, una folla è scesa in strada nella città di Urumqi per chiedere giustizia. La protesta è sfociata in violenti scontri interrazziali tra civili e con la polizia paramilitare di Pechino, durante i quali sono morte quasi 200 persone. Il caos è proseguito per giorni e ha portato il governo a prendere contromisure radicali, come bloccare l'accesso a Internet nell'intera provincia. Negli anni successivi le autorità hanno moltiplicato gli sforzi per arginare quella che avevano iniziato a definire una «minaccia terroristica». Hanno mandato decine di migliaia di quadri del Partito nei villaggi uiguri, per educare e tenere sotto controllo la popolazione, e lanciato una campagna per spingere le donne a togliersi il velo e «lasciar vedere le loro bellezze». Per tutta risposta, tra il 2013 e il 2014 gruppi di estremisti uiguri hanno organizzato una serie di attacchi contro la popolazione civile di etnia *han*. Il più sanguinoso è stato quello alla stazione di Kunming, nello Yunnan, del marzo del 2014, quando una decina di assalitori armati di coltelli ha ucciso 31 persone e ne ha ferite oltre un centinaio. Il più simbolico quello in piazza Tiananmen, nel maggio dello stesso anno, quando tre persone si lanciarono a bordo di un SUV contro i turisti. Gli episodi furono uno shock enorme, anche perché la violenza era uscita dal territorio dello Xinjiang.

L'effettiva entità della minaccia estremista resta un tema molto dibattuto, così come la presenza o meno nella comunità uigura di una rete terroristica organizzata e il suo ipotetico legame con le organizzazioni internazionali del *jihad*. Ma Pechino non aveva dubbi e, sfruttando l'ombrello della Guerra globale al terrore, il nuovo segretario generale Xi Jinping lanciò una guerra del popolo per sradicare «senza pietà» le tre «forze maligne» dell'estremismo religioso, del separatismo e del terrorismo. L'obiettivo dell'assimilazione era esplicito; il leader disse che il popolo della provincia doveva essere «legato strettamente insieme come i semi di un melograno». I progetti di sviluppo economico non venivano abbandonati, ma la stabilità ne diventava la precondizione. Una nuova legge sul controterrorismo, approvata nel 2015, fornì le autorità locali di strumenti di polizia per punire con durezza qualsiasi comportamento definito – in maniera molto vaga – estremista.

Nel 2017 Xi Jinping ha nominato segretario generale del Partito nello Xinjiang il fedelissimo Chen Quanguo, già protagonista della pacificazione – cioè della repressione – in Tibet, un'altra frontiera etnica in subbuglio. Nello Xinjiang, Chen non si è limitato a replicare il modello, ma lo ha portato a un livello superiore, combinando strumenti tradizionali e tecnologici. Da un lato ha proseguito con la militarizzazione del territorio, moltiplicando il personale di sicurezza e i controlli, ha installato migliaia di telecamere a riconoscimento facciale, ha lanciato una campagna (chiamata «Diventare una famiglia») che ha portato un milione di funzionari comunisti a vivere con le famiglie uigure, a volte dentro le loro case. Dall'altro ha sviluppato un grande database dei cittadini delle minoranze nel quale far confluire dati biologici e informazioni sulle loro abitudini religiose, in modo da incrociarli per determinare i soggetti «normali» e quelli «devianti».

Non era finita lì. Dalla metà del 2017 molti uiguri hanno iniziato a sparire. Decine, centinaia, migliaia di persone, interi villaggi svuotati dei loro abitanti. Le testimonianze e le ricostruzioni di diversi esperti, sostenute dall'analisi di documenti ufficiali, mostrano che le autorità hanno creato una costellazione di strutture detentive di diversa durezza. Per gli individui considerati a rischio di terrorismo c'erano vere e proprie carceri. Per gli altri i centri di rieducazione. Questo piano di «trasformazione attraverso l'educazione» – definizione ufficiale del regime – è stato condotto mediante procedure extragiudiziarie arbitrarie, assegnando ai funzionari responsabili di contee e villaggi delle quote di persone da internare. Alcune ricerche, analizzando i dati di particolari aree ed estendendoli all'intera provincia, hanno stimato che il 10 per cento della popolazione uigura adulta sia stato mandato nei centri di rieducazione. Parliamo di un milione di cittadini, alcuni dei quali colpiti semplicemente perché avevano la barba, perché avevano registrato una SIM telefonica senza usarla o perché avevano dei parenti all'estero.

Le testimonianze della vita all'interno dei centri, da parte di persone che ci hanno lavorato o di «ospiti», parlano di interminabili sessioni di indottrinamento e sistematici abusi psicologici e fisici, anche se le condizioni sembrano diverse a seconda delle strutture. Dopo averne smentito l'esistenza, nell'ottobre del 2018 Pechino l'ha finalmente ammessa, definendoli «Centri di formazione professionale» e negando ogni violazione dei diritti. Nella sua concezione dei diritti umani, quella che sta cercando di imporre anche all'interno delle Organizzazioni internazionali, la Cina mette lo sviluppo e la sicurezza sopra ogni altro valore. Pechino rivendica di aver garantito allo Xinjiang anni di crescita senza più attentati terroristici.

L'epidemia di coronavirus e il lockdown hanno reso ancora più difficile ottenere informazioni sullo Xinjiang. Ma la situazione continua a evolvere, e nel corso degli ultimi mesi la campagna «contro l'estremismo» sembra aver assunto ancora nuove forme. Alla fine del 2019 i leader della provincia hanno detto che la maggior parte degli «allievi» dei centri di formazione, dopo mesi all'interno, si era «diplomata». Allo stesso tempo nuovi documenti rivelano che sempre più uiguri sono stati assegnati come operai a imprese industriali, nello Xinjiang o in altre aree della Cina. Alcune di quelle fabbriche sono state costruite all'interno o a ridosso dei campi. Le organizzazioni per i diritti umani hanno definito questa pratica una forma di lavoro coatto, visto che se un cittadino rifiutasse l'impiego potrebbe essere etichettato come una potenziale minaccia, e quindi sottoposto a sorveglianza rafforzata o a ulteriori periodi di rieducazione.

Allo stesso tempo emergono i contorni di una politica di controllo delle nascite applicata alla popolazione uigura: diverse donne dicono di aver assistito o subìto direttamente aborti e sterilizzazioni forzate. I dati di natalità tra i musulmani, storicamente molto più alti di quelli degli *han*, stanno precipitando in modo repentino e innaturale. La Cina ha respinto queste ricostruzioni come «fake news», replicando che negli ultimi anni la popolazione uigura è cresciuta molto più velocemente del totale e che la politica del controllo delle nascite viene applicata in modo uniforme a tutti i cittadini.

È anche sulla base di queste ultime notizie, molto difficili da verificare, che l'amministrazione Trump ha accusato la Cina di genocidio, sanzionando i funzionari del Partito comunista responsabili, tra cui il segretario Chen Quanguo. La nuova amministrazione Biden ha confermato l'accusa. L'utilizzo della parola «genocidio», come spesso succede, ha aperto un dibattito nella comunità internazionale. La definizione molto ampia delle Nazioni Unite – tutte le azioni volte a «distruggere, in tutto o in parte, un gruppo religioso, nazionale, etnico o razziale» – sembra applicarsi alle politiche della Cina contro gli uiguri. Alcuni però ritengono che il suo utilizzo non sia coerente con quello, molto prudente, fatto in passato, visto che anche nei racconti più atroci non ci sono testimonianze di uccisioni. Finora nessun altro governo ha seguito gli Stati Uniti.

Il dibattito è destinato a proseguire, anche perché la questione dello Xinjiang sarà al centro degli appelli a boicottare le Olimpiadi invernali di Pechino 2022. Ma al di là della terminologia, sulla base delle evidenze che possediamo si può affermare che nello Xinjiang, dietro all'etichetta della lotta al terrorismo, il governo cinese stia commettendo una sistematica violazione dei diritti umani, volta a sopprimere l'identità sociale e culturale della minoranza uigura. In questa guerra del popolo contro il terrorismo, proprio come in quella contro il coronavirus, il massiccio utilizzo di strumenti tecnologici non configura un nuovo e più efficiente paradigma di sorveglianza, ma si innesta su una rete di controllo del territorio e della popolazione molto tradizionale, basata sul massiccio impiego di forza lavoro umana. Il fatto che centinaia di migliaia di uiguri siano stati mandati in rieducazione ne è la tragica conferma: ammesso e non concesso che i dati permettessero di identificare i cittadini più pericolosi, le autorità hanno deciso di usare il vecchio sistema delle quote, finendo per internare il 10 per cento della popolazione.

Alcuni analisti sostengono che lo Xinjiang sia un grande laboratorio per le tecnologie di sorveglianza che la Cina intende applicare in futuro a tutto il Paese. Si vedrà. Di certo mostra la determinazione con cui Pechino intende rafforzare il proprio controllo sulle periferie dell'impero e assimilare le minoranze che ci vivono. Come ha già fatto in Tibet, dove rivendica il diritto di stabilire chi sarà il prossimo Dalai Lama. E come ha iniziato a fare, sebbene con durezza inferiore, anche nella Mongolia Interna, dove ha ridotto il numero di corsi insegnati nella lingua locale, provocando accese proteste. La vera domanda è se nel lungo periodo queste politiche imposte dall'alto in nome della stabilità e dello sviluppo economico, ma in definitiva portate avanti con gradi diversi di coercizione, otterranno davvero lo scopo di rendere quelle frontiere più sicure e compatte. O se, al contrario, accentueranno la rabbia e il risentimento, allontanandole ancora di più da Pechino.

«Hong Kong non è Cina.» La ragazza, una studentessa diciassettenne in uniforme scolastica, il volto coperto da una mascherina nera, aveva scritto il messaggio su un Post-it e lo aveva attaccato al muro del Consiglio legislativo, in mezzo a centinaia di altri fogliettini colorati. Era il giugno del 2019, e con il ritorno delle proteste a Hong Kong era riapparso anche il famoso Lennon Wall, la parete arcobaleno dove i cittadini appiccicavano i propri pensieri. Un paio di giorni prima una folla di migliaia di persone, soprattutto giovani e giovanissimi, tutti mascherati per non farsi riconoscere, aveva circondato l'edificio del parlamento. Volevano bloccare l'approvazione di una legge che avrebbe consentito l'estradizione dei sospetti verso la Cina continentale, una legge vista come un regalo a Pechino da parte del fedele governo locale e come un attentato all'indipendenza del sistema giudiziario di Hong Kong, eredità inglese che rappresenta uno dei cardini della sua identità. All'improvviso gli agenti avevano disperso la folla con cariche e lacrimogeni. Era stato il primo atto di una protesta che sarebbe durata mesi, degenerando in scontri sempre più duri tra manifestanti e polizia. Una protesta che, come mostravano le parole di quella ragazza, aveva ragioni ben più profonde della norma contestata.

Di mezzo c'erano l'essenza di Hong Kong e il futuro di quella strana formula, «un Paese, due sistemi», che ne garantiva l'autonomia e le libertà. Nel 1997, infatti, l'ex colonia britannica era stata restituita alla Repubblica Popolare, ma con la garanzia che almeno per cinquant'anni, fino al 2047, non le sarebbe stato applicato il «sistema socialista». Deng Xiaoping in persona aveva rassicurato il premier britannico Margaret Thatcher con una celebre frase: «I cavalli continueranno a correre, le azioni continueranno a friggere (in Borsa) e le ballerine continueranno a danzare». Di più: la promessa era che a un certo punto i cittadini avrebbero potuto scegliere i loro amministratori con suffragio universale.

Solo che nel 2019 nessuno più ci credeva. Dopo che la pacifica Rivoluzione degli ombrelli – chiamata così perché i ragazzi brandivano degli ombrelli per difendersi dai lacrimogeni e dagli spray al peperoncino della polizia – si era consumata nel nulla cinque anni prima, la richiesta di democrazia era rimasta un desiderio frustrato. E anche l'autonomia appariva sempre più fragile, visto che giorno dopo giorno Pechino erodeva gli spazi di libertà concessi alla città, con i blitz dei suoi agenti segreti contro i dissidenti o con i miliardi dei suoi investimenti. La legge sull'estradizione era stata la miccia che aveva riacceso un dissenso represso e diventato nel frattempo disperato: molti giovani pensavano che fosse l'ultima opportunità per conservare la diversità di Hong Kong, il suo stile di vita, e che manifestare pacificamente non sarebbe bastato. «La Rivoluzione degli ombrelli è fallita perché eravamo lì seduti senza fare nulla» mi disse uno studente di Ingegneria ventunenne, anche lui con il volto coperto. «Dobbiamo essere più aggressivi.»

La protesta che ha infiammato le strade di Hong Kong nel corso del 2019 aveva almeno due anime diverse. Una era quella del tradizionale campo democratico, i gialli, divisi in una miriade di partiti, sindacati e movimenti, ma ben radicati nella società civile. Al suo interno una maggioranza di militanti e sostenitori riteneva che la formula «un Paese, due sistemi» avesse ancora un futuro. L'altra anima, invece, era quella dei giovani vestiti di nero: i «coraggiosi» della prima linea che, armati di sampietrini, ombrelli e molotov, sfidavano sulle barricate la polizia, ma anche le seconde e terze linee che li sostenevano passando loro ombrelli e bottigliette d'acqua. Erano un'armata senza volto e senza leader, organizzavano la loro guerriglia di resistenza sui gruppi Telegram e nei forum, mobilitandosi velocemente e poi dileguandosi «come acqua» di fronte alle cariche, come da insegnamento dell'idolo locale Bruce Lee. Ai «due sistemi», alla possibilità di mantenere il proprio stile di vita all'interno della Cina di Xi Jinping, loro non ci credevano più: nove su dieci, nel definire la propria appartenenza, si proclamavano «hongkonger». Honkonghesi, non cinesi. Una parte parlava apertamente di «indipendenza», parola fuori legge. Nel corso delle proteste, uno scontro dopo l'altro, la loro identità si è andata cristallizzando, sempre più in contrapposizione alla Cina comunista, non senza qualche elemento di razzismo verso i cittadini del continente: i graffiti «Chinazi» sui muri, le bandiere della Repubblica Popolare bruciate, l'invenzione di un inno alternativo («Gloria a Hong Kong») ne erano l'espressione. Quei ragazzi non avevano memoria di piazza Tiananmen, a loro non interessava cambiare la Cina. Il loro orizzonte era iperlocale e globale, le loro lingue il cantonese e l'inglese.

Per molti mesi queste due anime hanno convissuto all'interno del movimento, i «coraggiosi» sulle barricate e i «razionali» in marcia. Alle loro richieste, anche quando erano espresse da due milioni di persone in pacifica sfilata, il governo locale guidato da Carrie Lam, la governatrice scelta da Pechino e a Pechino fedele, ha risposto solo schierando più polizia in tenuta antisommossa. Lacrimogeni, cariche indiscriminate e decine di arresti hanno trasformato le autorità in un nemico pubblico contro cui difendersi, compattando la protesta. L'escalation è proseguita nel corso dell'estate, poi in autunno. Ogni fine settimana le marce non autorizzate diventavano tafferugli, in mezzo ai grattacieli della finanza sull'isola di Hong Kong oppure nei quartieri popolari della periferia, tra le piogge torrenziali o nel caldo soffocante dei tropici. Fino alla vera e propria guerriglia nei campus universitari, ultimo bastione della resistenza dei giovani mascherati. L'assedio della polizia al Politecnico, una specie di fortezza al centro della città, è durato quasi due settimane. Dalle sue terrazze, centinaia di ragazzi lanciavano verso gli agenti molotov, frecce e pietre con enormi catapulte artigianali, un incrocio tra una battaglia medievale e *Hunger Games*. Solo che quelli erano i figli di Hong Kong, una delle città con il reddito pro capite più alto al mondo. «Se bruciamo, brucerete con noi» gridavano. Sapevano che Pechino non avrebbe concesso nulla, ma sapevano anche che accettare lo status quo sarebbe stato una sconfitta, perché avrebbe lasciato la città all'inesorabile opera di assimilazione del Partito. La loro era una battaglia senza domani.

A un certo punto, per un momento, è sembrato che un risultato fosse possibile. Il 24 novembre 2019 nelle elezioni locali dei quartieri, l'unica consultazione che a Hong Kong prevede un suffragio universale diretto, il campo democratico aveva trionfato, aggiudicandosi 17 dei 18 distretti in cui è divisa la città. Per mesi la propaganda di Pechino aveva dipinto i giovani in nero come una minoranza di secessionisti aizzati da potenze straniere il cui obiettivo era destabilizzare la Cina. Il Partito cercava così di dividerli dalla maggioranza silenziosa di Hong Kong, confidando che i continui disagi provocati dalla guerriglia rendessero insofferenti gli altri cittadini. Ma quella domenica, mentre le proteste tacevano, la maggioranza aveva parlato, schierandosi dalla parte del movimento e della sua richiesta di democrazia, contro il governo locale e quello di Pechino: i candidati gialli presero il 57 per cento delle preferenze, con un'affluenza record di 3 milioni di persone. Improvvisamente l'opposizione aveva una strada: se un anno dopo, alle elezioni legislative previste nel settembre del 2020, avesse ottenuto un successo simile, avrebbe potuto conquistare per la prima volta la maggioranza anche al Consiglio legislativo e usarla per bloccare tutte le iniziative del governo.

Invece quel giorno è stato l'inizio della fine. Nelle settimane successive la protesta, sfibrata da mesi di mobilitazioni quotidiane e da 7000 arresti, si è spenta. Nell'idea dei manifestanti doveva essere una pausa, ma all'inizio del 2020 l'epidemia di coronavirus ha messo in lockdown anche le manifestazioni. Nel frattempo Pechino, che fino a quel momento aveva lasciato la gestione dell'ordine pubblico al governo locale, preparava la sua contromossa. Un blitz. Tra maggio e giugno, nel giro di poche settimane, l'Assemblea nazionale del Popolo, cioè il parlamento centrale, ha redatto una nuova legge sulla sicurezza nazionale per Hong Kong. La norma era prevista dalla Costituzione della città fin dal 1997, ma il governo locale non era mai riuscito ad approvarla per la resistenza dei cittadini. Dopo le proteste dell'anno precedente, etichettate come un tentativo di sedizione, Pechino aveva deciso di prendere in mano la situazione, scrivendo la legge direttamente e calandola dall'alto sull'ex colonia britannica.

Il 1° giugno 2020, anniversario della restituzione di Hong Kong alla Cina, la norma patriottica è entrata in vigore, aprendo di fatto una nuova era per la città. I quattro reati contro la patria, cioè sovversione, secessione, terrorismo e collusione con le forze straniere, sono definiti in modo molto vago, lasciando grande discrezionalità alle autorità sulla loro applicazione. Le pene in compenso sono durissime, fino all'ergastolo, con la possibilità nei casi più gravi di estradare i sospetti e processarli nei tribunali della Cina continentale. Non solo: la norma ha previsto la creazione, all'interno dell'apparato di polizia e dei tribunali di Hong Kong, di istituzioni speciali dedicate alla gestione dei reati contro la sicurezza nazionale, il tutto sotto la supervisione di un ufficio del governo centrale. Come sempre, in caso di conflitto di interpretazione tra le norme della città e la nuova legge, la parola finale spetta al parlamento nazionale.

In sostanza Pechino ha inserito nel sistema legale dell'ex colonia britannica, basato sul *rule of law*, cioè sulla superiorità del diritto, una legge presa dal sistema della Cina continentale, in cui a comandare è il Partito. Una legge più uguale delle altre, che serve a estendere anche a Hong Kong l'onnicomprensivo concetto di sicurezza nazionale su cui il regime fonda la sua stabilità. La leadership sostiene di non aver tradito «un Paese, due sistemi»; anzi, spiega che quello era l'unico modo per riportare l'ordine in città. Secondo i democratici, invece, ma anche secondo molti osservatori e analisti, l'entrata in vigore di quella norma segna la fine dell'autonomia dell'ex colonia britannica.

Nei mesi successivi le autorità locali hanno usato la legge per colpire in maniera sistematica i leader del campo democratico. Joshua Wong, l'attivista ventiquattrenne volto della Rivoluzione degli ombrelli, già condannato e in carcere per assemblea illegale, ora deve affrontare un procedimento per «sovversione». Il tycoon democratico Jimmy Lai, settantadue anni, editore del quotidiano «Apple Daily», voce militante dell'opposizione, è accusato di collusione con le forze straniere, anche lui agli arresti. Intanto le elezioni parlamentari sono state rinviate di un anno, al settembre 2021, ufficialmente per il rischio coronavirus, e decine di politici del campo democratico sono stati arrestati in massa per aver organizzato delle primarie con cui volevano scegliere i candidati migliori da presentare alle consultazioni. Il messaggio è chiaro: anche provare a vincere le elezioni a Hong Kong per l'opposizione equivale ormai a un tentativo di sovversione.

E la stretta sembra solo agli inizi. Nel gennaio del 2021, in una riunione con la governatrice Carrie Lam, sempre più burattino di Pechino, il presidente Xi ha detto che la città deve essere governata da «patrioti». Era il preludio a una riforma del sistema elettorale che ridurrà ulteriormente gli spazi già limitatissimi di rappresentanza e blinderà il controllo sul parlamento da parte delle forze fedeli a Pechino. L'altro intervento che la propaganda di regime invoca e prepara, proprio come dopo Tiananmen, è quello sul sistema educativo, visto che scuole e università sono state fra gli incubatori della protesta. I media di Stato hanno più volte puntato il dito contro gli «studi liberali», materia introdotta nel 2009 nei curricula per sviluppare il pensiero critico dei ragazzi e la loro sensibilità alle tematiche sociali. Secondo Pechino quelle lezioni li hanno avvelenati con valori stranieri e vanno sostituite con dei corsi di patriottismo. Ma sotto la spada di Damocle della legge sulla sicurezza nazionale, indefinita e durissima, è tutta la società civile di Hong Kong che trema, dalle organizzazioni religiose alle ONG che hanno trovato sede in città dopo che la loro attività nella Cina continentale è diventata impossibile.

Quando nel 1997 la colonia britannica fu restituita alla Repubblica Popolare, molti in Occidente erano convinti che ciò avrebbe contribuito all'inevitabile evoluzione del Dragone verso un sistema liberale, forse addirittura democratico. La Cina sarebbe cambiata a immagine e somiglianza di Hong Kong, così si pensava. È avvenuto l'opposto: nel mezzo della crisi del coronavirus, mentre il mondo era impegnato a contenere l'epidemia, Pechino ha compiuto un passo decisivo verso la «normalizzazione» del Porto Profumato. Il modello che la leadership comunista ha applicato alla città è sempre lo stesso che utilizza alle sue frontiere: da un lato il bastone della sicurezza nazionale, dall'altro la carota dello sviluppo economico. È sinceramente convinta che funzioni, perché queste sono le lenti attraverso cui interpreta il mondo. E con cui interpreta perfino gli umori di una metropoli dove il reddito pro capite è cinque volte più alto rispetto a quello della Cina continentale.

Secondo i giornali di Stato, interpreti del pensiero della leadership, le vere ragioni delle proteste di massa a Hong Kong sono l'insoddisfazione della classe media, e in particolare dei giovani, per l'aumento del costo della vita e le scarse prospettive di crescita. La soluzione che il regime offre loro si chiama Grande area della Baia (del Fiume delle Perle), una specie di Silicon Valley cinese che avrà nella metropoli di Shenzhen, sulla terraferma, il suo principale centro industriale e nell'ex colonia britannica il polo finanziario. La prospettiva di investimenti milionari fa brillare gli occhi alla potente comunità d'affari di Hong Kong, cinese e internazionale, che ragiona con il portafoglio e pensa – secondo molti, a torto – che la stretta sui diritti politici e civili non la coinvolgerà. Ma secondo Pechino lo sviluppo economico, insieme all'educazione patriottica, dovrebbe anche convincere la famosa maggioranza silenziosa che è meglio la stabilità, seppure con qualche libertà in meno.

Resta però quel fatto, che Pechino sembra non considerare: a Hong Kong quasi sette cittadini su dieci, quando devono esprimere la propria identità, usano la parola «hongkonger». E tra i giovani sono nove su dieci. Questa tendenza localista e anticinese cresce ormai da anni e le cicatrici lasciate delle ultime proteste la alimenteranno. Oltre 10.000 persone sono state arrestate, oltre 2000 incriminate:

vite di intere famiglie restano sospese in attesa di giudizio, rabbia e frustrazione sono state di nuovo soffocate. Difficilmente spariranno.

Hong Kong non è l'unico frammento del mondo cinese a proclamare la propria diversità. Nei primi giorni di gennaio del 2020, quando le notizie sullo strano virus di Wuhan erano ancora un rumore di sottofondo, ero volato a Taiwan, nome ufficiale Repubblica di Cina, per seguire le elezioni presidenziali. Nel cuore della capitale Taipei quella sera si teneva l'ultimo comizio show della candidata democratica Tsai Ing-wen. Solo qualche mese prima l'avvocatessa sessantaquattrenne, presidentessa uscente, sembrava destinata a una sonora sconfitta. Ma l'aggressività dalla Cina di Xi Jinping, secondo cui Taiwan deve essere riunificata a tutti i costi, e la sorte della protesta di Hong Kong, repressa con i manganelli, l'avevano rilanciata nei sondaggi. «Non vogliamo finire allo stesso modo, non vogliamo diventare come la Cina» mi diceva Ro Ting, ventiquattro anni, infermiera. «Siamo taiwanesi, voterò per chi può difendere il nostro Paese.» Tra una marea di bandierine azzurre, con un sottofondo di musica da discoteca, era proprio quello che Tsai prometteva ai cittadini: avrebbe difeso Taiwan, la democrazia e il loro stile di vita. Il giorno dopo sarebbe stata rieletta con un'affluenza e un consenso record, oltre 8 milioni di voti e il 57 per cento delle preferenze. I rivali del Kuomintang, il Partito favorevole a rapporti più stretti con la Cina, staccatissimi.

Era la seconda batosta che le forze filocinesi subivano alle urne nel giro di poche settimane, dopo quella nel voto distrettuale di Hong Kong. Ma soprattutto era il secondo referendum identitario che Pechino perdeva al confine dell'impero: anche i taiwanesi, proprio come gli hongkonghesi, si sentivano sempre meno cinesi e sempre più se stessi. Un'altra periferia che si allontanava dall'unica grande Cina sognata da Xi Jinping. Con una differenza significativa però: mentre Hong Kong è parte della Repubblica Popolare, e quindi può essere piegata imponendole una nuova legge, Taiwan no. La Repubblica di Cina è un'entità politica sovrana, uno Stato *de facto*. Solo una manciata di Paesi la riconosce ufficialmente, vero, ma ha un alleato potente che la protegge militarmente: gli Stati Uniti.

Taiwan è un'affascinante bizzarria della storia. Dopo essere stati sconfitti dalle truppe comuniste, i nazionalisti scapparono sull'isola di Formosa. Lì avrebbero potuto difendersi meglio e una volta riorganizzate le forze, pensavano, tentare di riconquistare la Cina continentale di cui continuavano a proclamarsi il governo legittimo. Avevano ragione sulla prima parte, non sulla seconda: il destino della Repubblica di Cina si sarebbe per sempre legato all'isola di Taiwan. Un percorso divergente da quello della Repubblica Popolare, nonostante gli appena 160 chilometri di mare che le separano: dagli anni Cinquanta Taiwan ha iniziato una spettacolare cavalcata economica – che l'ha resa oggi il diciassettesimo Paese più ricco al mondo – e negli anni Novanta ha portato a termine un'ordinata transizione alla democrazia. Quando la Cina si è aperta al mondo, nell'era delle riforme, molti dei primi capitali e delle industrie li hanno portati proprio gli imprenditori taiwanesi, insieme alle lavatrici e alle soap opera. Sono i cinesi di Taiwan che hanno mostrato ai loro parenti del continente le meraviglie della modernità, del consumismo e della cultura pop.

Nel frattempo anche il Dragone ha scoperto i consumi, ma le analogie finiscono lì. Che questa Cina minore sia diversa lo si coglie alla prima occhiata. Al confronto con i grattacieli delle nuove metropoli del Dragone, Taipei sembra vecchia e un po' sporca, tutta cemento anni Novanta. In compenso, rispetto all'ordine asettico e soffocante che regola le città del regime, brulica di energia e diversità. Suoni, colori e odori, motorini strombazzanti e luci al neon, i famosi mercati notturni all'aperto dove si chiacchiera e si mangia fino alle ore piccole. Già un po' Sudest asiatico nel verde tropicale della natura, molto Giappone nell'architettura e in una certa predisposizione dei cittadini all'inchino e a rispettare le file. Rifugio di editori e gallerie d'arte fuggiti dalla Cina comunista e della comunità LGBT più libera d'Oriente, che dal 2019 qui può convolare a giuste nozze, unico territorio a consentirlo nell'omofoba Asia. Nell'aria l'entusiasmo delle democrazie giovani, perché una generazione fa c'era ancora la legge marziale. Nelle teste una consapevolezza della propria diversità che cresce ogni giorno di più.

Il 95 per cento della popolazione è *han*, l'etnia cinese dominante, sull'isola si scrive il mandarino nella sua forma tradizionale, non semplificata: in un certo senso a Taiwan si conserva la tradizione cinese più pura, perché non c'è stata nessuna Rivoluzione culturale a distruggerla. Il Museo nazionale di Taipei espone un'inestimabile collezione di manufatti provenienti dalla corte imperiale di Pechino, un tesoro che i nazionalisti hanno portato con sé durante la loro fuga sull'isola e che milioni di cinesi del continente venivano ogni anno ad ammirare. Eppure la grande maggioranza dei cittadini e la quasi totalità dei giovani di Taiwan si definiscono ormai «taiwanesi». E il loro orgoglio nazionale, se possibile, è stato ulteriormente accentuato dalla risposta al coronavirus. Il governo della Repubblica di Cina, per cui la diffidenza nei confronti di Pechino è esistenziale, è stato uno dei primi a controllare i voli in arrivo da Wuhan, già dai primissimi giorni di gennaio. Questo gli ha permesso di contenere il virus senza alcun lockdown e di chiudere l'anno della pandemia con un'economia in decisa crescita.

Dunque Taiwan va per la sua strada. Non può proclamarsi indipendente, perché violerebbe il principio della «sola Cina», scatenando una quasi sicura reazione militare da parte di Pechino. L'azzardo non piacerebbe neppure all'alleato americano. Ma lo status quo le basta, il suo obiettivo è renderlo più solido, rafforzando la propria sovranità e i rapporti (informali) con gli altri Paesi. Chi invece non può accettare la situazione è la Cina: non importa cosa pensino i taiwanesi, Taiwan deve essere riunificata. Questo imperativo è parte dell'identità del regime, è stato impresso nella mente di ogni cinese tra i banchi di scuola, è scritto nella Costituzione della Repubblica Popolare. Ma come fare? Non potendo più conquistare il cuore dei taiwanesi, Pechino li deve costringere. Il Dragone sta provando a sfruttare la propria potenza economica per rendere l'isola dipendente e boicottarla, per esempio smettendo di rilasciare ai cittadini i permessi per visitarla e colpendo così il suo settore turistico. Nel frattempo cerca di isolarla diplomaticamente, strappandole a uno a uno gli ultimi alleati. Se però, come sembra, neppure questo basterà, la soluzione estrema saranno le armi. Xi l'ha detto: «Con tutti i mezzi necessari». Negli ultimi mesi le esibizioni di forza dell'esercito comunista attorno all'isola si sono moltiplicate.

Bisogna guardare la cartina geografica per capire quanto questo pezzo di terra vulcanica sia importante. Nel suo cammino verso la compiuta potenza, la Cina sta provando a costruire una forza militare in grado di rivaleggiare con gli Stati Uniti. La modernizzazione dell'esercito procede a suon di investimenti, in particolare quella della marina, già oggi la più grande del mondo per numero di navi. Il primo obiettivo del Dragone è assicurarsi il controllo delle acque che lo circondano. Nel Mar Cinese Meridionale, altra rivendicazione territoriale costruita della storiografia ufficiale, la Cina sta militarizzando uno scoglio dopo l'altro, in barba al diritto e alle proteste dei Paesi confinanti. Il problema, però, è che resta comunque circondata da alleati americani. La rete di contenimento che la imprigiona si chiama «prima catena di isole», i suoi anelli sono il Giappone, Taiwan, le Filippine, la Malesia e il Vietnam. È una barriera che in prospettiva impedisce alla Cina di proiettare la propria forza navale e aerea verso i grandi oceani, dove si dovrebbe giocare il confronto con gli Stati Uniti.

È per questo che Washington difende Taiwan, vendendole armi e facendo pattugliare alla propria flotta lo Stretto che separa le due Cine. Se Pechino riuscisse a conquistare l'isola, la catena di contenimento sarebbe rotta e il regime avrebbe una piattaforma da cui lanciare un'offensiva oceanica. Ecco perché, se mai Stati Uniti e Repubblica Popolare arriveranno a uno scontro, potrebbe essere proprio sul fronte di Taiwan.

Oggi la potenza militare cinese è ancora lontanissima dal poter rivaleggiare con quella americana. Nonostante i massicci sforzi per modernizzare il suo esercito e il grande ritmo a cui i cantieri producono nuove fregate e cacciatorpediniere, la Repubblica Popolare possiede appena due portaerei operative, di cui una di seconda mano sovietica. Una terza, la prima prodotta con tecnologie locali, è ancora in fase di costruzione. Gli Stati Uniti ne hanno undici, che possono portare una quantità di aerei doppia rispetto a quella di tutte le altre marine mondiali messe insieme. Molti dubitano che la Cina potrà mai colmare il gap, nei mezzi e nelle competenze tecniche del comando. Anche l'esercito soffre delle rigidità comuniste: sulla tolda come alla guida di ogni reggimento i comandanti militari e i commissari politici del Partito si pestano i piedi. Ma il primo grande problema di Pechino è strategico: tra i vicini di casa ha pochissimi alleati. Anzi: più mostra i muscoli, più tra i Paesi confinanti cresce la diffidenza.

In un discorso del 1974 alle Nazioni Unite, dove era stata da poco ammessa, Deng Xiaoping – di lì a qualche anno destinato a diventare il leader della Cina – spiegò come la Repubblica Popolare concepiva il proprio posto nell'ordine internazionale. «La Cina non è una superpotenza,» disse «né cercherà mai di diventarlo. Se un giorno dovesse cambiare il proprio colore, se anche lei dovesse agire da tiranno, soggiogare gli altri con prepotenze, aggressioni e sfruttamento, i popoli del mondo dovrebbero ... opporsi e lavorare insieme con il popolo cinese per rovesciarla.» All'epoca il Dragone era ancora un Paese poverissimo e arretrato, che si opponeva a ogni forma di imperialismo. Ma anche nell'era delle riforme, dopo che la grande ascesa era iniziata, l'approccio è rimasto a lungo quello raccomandato da Deng, cioè «nascondere la propria forza e attendere il proprio tempo». Meglio affrontare i problemi interni prima di manifestarsi al mondo come una potenza.

Nell'ultimo decennio la prudenza è stata abbandonata. La narrativa dominante è diventata quella della Cina umiliata che si è risollevata e che ora vuole vedere riconosciuta la propria forza. Ancora una volta il cambiamento precede l'era di Xi Jinping. Nel 2010, al forum dei Paesi del Sudest asiatico, Yang Jiechi, allora ministro degli Esteri e tuttora tra i maggiori architetti della politica estera del regime, pronunciò una frase rivelatrice: «La Cina è un Paese grande e altri Paesi sono piccoli Paesi, e questo è semplicemente un fatto». Ma sotto Xi Jinping questa rivendicazione di potenza è salita di tono. In uno dei suoi discorsi più importanti, quello al congresso del Partito che nel 2017 gli consegnò la leadership «eterna», il segretario generale ha spiegato che è arrivato per la Cina «il tempo di prendere il centro della scena globale e dare un contributo maggiore all'umanità». Il Dragone ormai «sta in piedi a testa alta» a oriente. Nascondersi non è più possibile, e in ogni caso la Repubblica Popolare non ne ha più intenzione. Anzi, in questi anni ha iniziato a far sentire tutto il proprio peso, a parole nelle Organizzazioni multilaterali, dove prova a imporre la propria concezione di globalizzazione, e con i fatti attorno ai confini. Le rivendicazioni sulle isole nel Mar Cinese Orientale e l'occupazione degli atolli del Mar Cinese Meridionale creano incidenti e tensioni con tutti gli altri Paesi che si affacciano su quei bacini, dal Giappone al Vietnam. Lungo la frontiera himalayana le truppe dell'esercito comunista ingaggiano regolari schermaglie con quelle indiane. I sorvoli dei suoi caccia nei cieli di Taiwan sono quasi quotidiani e spingono Taipei a rafforzare le proprie difese.

La Cina si presenta ancora al mondo come una potenza pacifica, contraria a ogni forma di interferenza negli affari interni degli altri Paesi, un difensore del multilateralismo. In questo c'è una parte di verità, un'eredità del suo antimperialismo: la sua concezione di egemonia non coincide con quella degli Stati Uniti, Pechino non ha nessuna intenzione di essere il poliziotto del mondo, né è in grado in questo momento di articolare i contorni di un sistema alternativo a quello liberal-democratico. Ma non c'è dubbio che stia cercando di modificare l'ordine internazionale per adattarlo ai propri interessi e ai propri valori. Pechino vorrebbe un mondo più ospitale verso i regimi autoritari e in cui lo sviluppo economico, l'armonia e la sicurezza vengono prima della democrazia e dei diritti umani, il ruolo dello Stato prima delle libertà dei cittadini. La ricercatrice Nadège Rolland, una delle maggiori studiose della potenza cinese, definisce il progetto secolare del Partito comunista «un'egemonia parziale, blanda e malleabile». Parziale perché riconosce una sfera d'influenza limitata, principalmente asiatica, non globale. Blanda perché non implica un controllo diretto o assoluto su territori stranieri. E malleabile perché i Paesi che include non sono identificati in maniera precisa secondo caratteristiche geografiche e politiche.

Questa rivendicazione è sempre più evidente. Soprattutto dopo la gestione vincente del coronavirus, che ha convinto una volta di più la leadership della superiorità del modello socialista. Ma questo è anche il motivo per cui la diplomazia economica del Dragone, i suoi commerci e i suoi investimenti lungo la Via della Seta, così come la diplomazia delle mascherine e dei vaccini durante la pandemia, le fanno guadagnare dei clienti ma raramente degli alleati. Tutti sanno che Pechino all'occorrenza usa anche i legami economici come leve di pressione per portare avanti la propria agenda politica. Anche chi accetta i suoi prestiti rimane comunque alleato degli Stati Uniti. Perfino i rapporti con la Russia, nonostante i calorosi abbracci tra i due leader, restano dominati da una diffidenza di fondo. All'aspirante potenza egemone che hanno alle porte di casa, gli Stati asiatici tendono a preferire il vecchio egemone lontano: gli Stati Uniti. E Joe Biden ha tutta l'intenzione di sfruttare questi timori, coinvolgendo gli alleati democratici nel contenimento della Cina.

Alle sue frontiere, dentro e fuori, il Dragone vive un paradosso. L'obiettivo della Grande Cina è irrinunciabile, perché parte fondante della legittimità interna del regime e della sua visione strategica. Ma più Pechino si rafforza, più diventa dogmatica e assertiva, più cerca di strutturare la propria egemonia regionale nell'Asia orientale, più genera delle spinte contrarie. La campagna per l'uniformità interna diventa repressione delle minoranze e riduzione della pluralità. Quella per assicurarsi i territori che le spettano «di diritto», anche quando ha successo, allontana i vicini e rafforza la catena di contenimento americana. La coercizione, in questo momento, sembra l'unico strumento a disposizione del regime per inseguire il suo sogno di ringiovanimento nazionale. Ed è una tendenza molto pericolosa.

XI
La stanza e gli appartamenti

Era la mia ennesima quarantena, la seconda da viaggiatore in ingresso in Cina: sapevo cosa aspettarmi. Sbarcati all'aeroporto di Nanchino, io e gli altri passeggeri del volo da Milano eravamo stati accolti da una squadra di addetti sanitari in tenuta anticontagio, che ci aveva incanalato nel rigorosissimo percorso di screening. Da mesi ormai il Dragone aveva contenuto l'epidemia, ora doveva assicurarsi che Sars-CoV-2 non tornasse «importato» dall'estero. Il volo su cui avevo viaggiato era pieno di famiglie di emigranti cinesi che scappavano dall'Italia e da una nuova ondata epidemica, più quattro italiani, me compreso, che rientravano in Cina per lavoro. Dopo un tampone in gola, un bus ci aveva portati dritti all'hotel della quarantena, senza contatti con il mondo esterno. Le regole prevedevano quattordici giorni di isolamento; solo alla fine, in caso di test negativo, saremmo stati liberi di andare. Vietato uscire dalla stanza, pena l'azzeramento del contatore. Dall'Italia mi ero portato uno zaino pieno di cibarie, un diversivo rispetto ai pasti cinesi che mi avrebbe servito l'albergo: tonno e salmone in latta, taralli, olio, cioccolata, frutta secca, marmellate, brioche. Avevo anche un tappetino pieghevole per fare ginnastica. A sera non era arrivato alcun messaggio d'allarme, il tampone fatto all'aeroporto era negativo. Due settimane per uscire, il conto alla rovescia era iniziato.

Tutto sembrava sotto controllo, ma l'illusione svanì al secondo giorno di quarantena, domenica 18 ottobre 2020. Durante la notte avevo avuto dei fastidiosi dolori alla schiena e alle gambe, non ero riuscito a dormire. Non vi avevo dato grande peso. Alla mattina gli infermieri erano passati per farci un altro tampone, il solito eccesso di zelo cinese. Solo che verso le 20.30 ricevetti una strana chiamata in camera: dalla reception mi chiesero che tipo di rapporto avessi con gli altri italiani sul volo. Nel mio mandarino elementare spiegai che li conoscevo, ma che non viaggiavamo insieme. Che bizzarra quella richiesta spuntata dal nulla. Sentii crescere una strana ansia, in fondo avevo già intuito che qualcosa non andava. E dieci minuti dopo la paura diventò una tragica certezza. Lo schermo del telefono si illuminò, messaggio WeChat da un contatto sconosciuto. Prima ancora di premere il tasto della traduzione automatica dal mandarino, sapevo già cosa mi volevano dire.

> Il campione prelevato oggi è risultato positivo ed è stato inviato al Centro di controllo delle malattie di Nanchino per una revisione. Ho alcune domande da farle.

Seguiva emoticon con pugno chiuso su mano aperta, il saluto delle arti marziali.

Era successo. Dopo un anno passato a schivare il virus, da quel primo viaggio a Wuhan di gennaio, dopo due andate e altrettanti ritorni tra Italia e Cina, mi ero contagiato. Positivo. Ma non avevo tempo di pensarci, di mettere bene a fuoco il significato di quella parola. La persona che mi aveva avvisato via WeChat, un funzionario del Centro per il controllo delle malattie della città di Nanchino, aveva già iniziato a tempestarmi di domande per ricostruire contatti e spostamenti. Da dove ero partito? Che posto avevo sull'aereo? Dove abitavo in Cina? E mia moglie? Intanto un'addetta dell'albergo, perentoria, mi aveva avvertito che un'ambulanza stava venendo a prendermi per portarmi «da un'altra parte»: dovevo fare in fretta a ributtare tutto dentro la valigia. Dove sarei finito? Il viaggio durò circa un'oretta, il navigatore mi collocava da qualche parte in mezzo al nulla, nella periferia ovest di Nanchino. Entrammo in una strada di servizio e quando il portellone si aprì, nel buio della notte, di fronte a me c'era una struttura bianca e bassa, come una specie di container. Un'infermiera tutta bardata che aspettava davanti all'ingresso mi fece cenno di entrare: «*Zuo!*» disse. «Siediti su questo sgabellino!» Mi prese pressione e saturazione, altezza, peso e mi chiese una caparra. Voleva 5000 renminbi, più o meno 650 euro, ma prima di tornare in Cina avevo dimenticato di caricare il portafoglio digitale su WeChat, per cui gliene potevo versare al massimo 2000. Se li fece bastare: in ogni caso non mi avrebbero fatto andare via.

Ci addentrammo nella struttura, capii subito dove mi trovavo. Era uno degli ospedali provvisori anti-Covid costruiti in tutta fretta dalla Cina all'inizio dell'epidemia. Alla televisione avevo visto quello di Wuhan, Huoshenshan, celebrato dai media di Stato come uno dei tanti successi della guerra del popolo contro il virus, ma ogni metropoli del Dragone aveva il suo, più o meno identico. Percorremmo un paio di corridoi deserti, finché arrivammo davanti alla porta di una camera su cui era appeso un cartello: «Ili Filippo». Un po' storpiato, ma era il mio nome. L'infermiera aprì e mi fece entrare. Era una piccola stanza ospedaliera, circa tre metri per sei, le pareti di un materiale plastico bianco, due letti, due comodini, un armadietto e il bagno. Un piccolo container dentro all'ospedale container. Le luci erano al led, fredde, la temperatura gelida, l'impianto di aerazione mandava un rumore sordo e costante. Dietro alla porta c'erano due codici QR da scansionare: uno era quello del gruppo chat delle infermiere, l'altro quello del negozietto dell'ospedale. L'infermiera mi spiegò che il giorno successivo avrei potuto comprare le cose di cui avevo bisogno. Nell'attesa però non c'era nulla, neppure la carta igienica. Unica eccezione: un enorme thermos celeste pieno di acqua calda. Per i cinesi è un bene di prima necessità, una panacea, e con quel freddo era un sollievo anche per me.

L'infermiera uscì tirandosi dietro la porta. *Tric troc*. Sentii la serratura scattare a doppia mandata dall'esterno, un rumore che mi rimbombò dentro. E che faceva tutta la differenza del mondo. Anche nell'albergo della quarantena non potevo uscire dalla stanza, ma la porta era aperta, una piccola illusione di libero arbitrio, un segno che le autorità credevano ancora nella mia volontà di collaborare. Adesso però ero un positivo, ero diventato un pericolo conclamato e la Cina non si poteva più permettere alcuna fiducia nei miei confronti. Era quasi mezzanotte, mi buttai sul letto vestito e mi rannicchiai sotto le coperte. Domenica 18 ottobre, Secondo Ospedale di Nanchino, padiglione Covid D1, letto 35. Ero in isolamento.

La mattina dopo, quando all'alba mi svegliarono per farmi gli esami del sangue, la consapevolezza della situazione in cui mi trovavo mi travolse, paralizzante. Ero lontanissimo da tutti, dentro una struttura inaccessibile di un Paese con le frontiere bloccate. Sapevo di essere forte, ma ero contagiato da un virus senza cura e le storie che avevo letto e raccontato in quei mesi, su come il Covid-19 mandasse in rianimazione e in molti casi uccidesse anche i trentenni, mi passavano davanti agli occhi. E poi c'era quella stanzetta in cui ero rinchiuso, che riduceva l'orizzonte a quattro pareti di plastica bianca, senza luce naturale. L'unica finestrella, bloccata, affacciava su un corridoio interno. Quando accendevo le lampadine al led era giorno, anche alle tre di notte; quando le spegnevo si faceva notte, anche alle tre del pomeriggio. Sapevo che molti cinesi sono abituati a vivere in spazi estremi, in sotterranei senza finestre o dormitori sovraffollati. Ma quella struttura era stata costruita in dodici giorni ed era chiaro, anche per gli standard locali, che si era badato alla velocità e all'efficienza più che al benessere psicofisico dei pazienti.

Quanto ci sarei rimasto? Venti giorni? La sera del mio ricovero, mentre ero ancora in ambulanza, mi aveva contattato su WeChat una dottoressa dell'ospedale di nome Chen, foto profilo di un gatto stilizzato. Le chiesi quando mi avrebbero considerato guarito. «Non l'ho spiegato?» rispose lei, con una serie di emoticon tra l'imbarazzato e il sorridente. No, nessuno mi aveva spiegato nulla. Per uscire, mi disse, avrei avuto bisogno di due «triplette» di test negativi – espettorato, tampone in gola e tampone anale – in due giorni successivi. L'approccio con cui la Cina ha contenuto il virus è quello del rischio zero. Nessun limite di ventun giorni alla quarantena, a differenza di quanto previsto in altri Paesi, Italia compresa. L'unico criterio che conta è «positivo o negativo», che per Pechino equivale a «contagioso o non contagioso». Dopo qualche giorno, quando il capo del reparto, la dottoressa Zhong, venne per la prima volta a trovarmi di persona, le domandai quanto ci avevano messo in media gli altri pazienti a negativizzarsi. Attraverso un traduttore simultaneo, un aggeggino a forma di registratore, mi rispose che non si poteva dire: chi tre settimane, chi quattro, chi era stato qui dentro tre mesi. Tre mesi?! Sorrise, sono sicuro in modo bonario. Ma per me non era divertente.

Una TAC escluse complicazioni polmonari, così mi classificarono come un caso «asintomatico». I dolori sparirono subito e a parte la perdita del gusto e dell'olfatto non avevo altri sintomi. In Italia avrei trascorso la mia convalescenza in casa, monitorando la temperatura ma senza neppure prendere medicine. Invece la dottoressa Chen mi propose una terapia: Arbidol, interferone e pure un rimedio della medicina tradizionale cinese. Non volevo dare l'impressione di non collaborare, ma neppure assumere farmaci di cui non conoscevo principi attivi ed effetti collaterali. Mi informai sull'Arbidol: era un banale antivirale russo che solo alcuni studi cinesi ritenevano efficace contro Sars-CoV-2. Dopo aver sentito qualche parere, decisi di non prenderlo. Sull'interferone c'erano alcune sperimentazioni in corso, lo accettai. Quanto alla medicina tradizionale, sapevo che i cittadini del Dragone si curano spesso combinandola ai farmaci occidentali. Ma sapevo anche che la propaganda nazionalista ne esaltava l'efficacia senza particolari evidenze scientifiche. Rifiutai pure quella.

Il secondo giorno un'infermiera mi portò un modulo stampato in mandarino, una specie di patto tra medico e paziente. Era impaginato su due colonne parallele. In quella di sinistra il dottore si impegnava a non accettare *hongbao,* le buste rosse piene di denaro che in Cina si regalano per ottenere in cambio dei favori, e a spiegare nel dettaglio la situazione al degente. In quella di destra il paziente prometteva di accettare le indicazioni del medico e di non danneggiare le strutture dell'ospedale. Entrambi dovevamo firmare in calce.

Quel documento era l'emblema dei problemi della sanità cinese. Il livello delle cure nella Repubblica Popolare è una perfetta espressione della sua geografia economica, estremamente disuguale. Gli ospedali delle province povere e delle aree periferiche offrono spesso servizi scadenti, quelli delle grandi città invece hanno standard di qualità assimilabili ai Paesi più sviluppati, ma sono costosi e sovraffollati. Uno dei motivi per cui le famiglie cinesi hanno un tasso di risparmio tra i più alti al mondo è che le assicurazioni di Stato coprono solo una parte delle spese mediche; ammalarsi per molti significa finire sul lastrico. Per saltare la fila negli ospedali, chi può si affida alle buste rosse di cui sopra. E capita che pazienti o famiglie esasperate per la situazione diventino violenti verso il personale sanitario. Alla fine del 2019 una dottoressa era stata accoltellata a morte dal figlio di una malata novantenne, l'ultima di una lunga serie di aggressioni.

Per i cittadini del Dragone insomma, nonostante il regime abbia appena celebrato il raggiungimento della «moderata prosperità», l'accesso ai servizi sanitari, quello che noi chiameremmo diritto alla salute, resta fragile e problematico. Quel foglio di carta era un tentativo di sancire un rapporto di collaborazione tra pazienti e medici. Ma un conto è scriverlo su carta, un altro metterlo in pratica. Me ne resi conto fin dall'inizio. Quasi mai, se non su mia esplicita richiesta, i dottori mi spiegavano le terapie o i test a cui intendevano sottopormi. Non erano mai loro a comunicarmi l'esito dei tamponi, dovevo essere sempre io a chiedere. Venivo curato, ma il presupposto evidente dietro a ogni gesto era che io accettassi in modo passivo le indicazioni. Non aiutava neppure il fatto che la stessa dottoressa Chen avesse anche la responsabilità di riscuotere i pagamenti. Le cure anti-Covid sono gratuite per i cinesi, ma non per gli stranieri: a intervalli regolari, con una certa imbarazzata apprensione, Chen mi chiedeva di saldare il conto via WeChat. Le avevo spiegato di essere coperto dall'assicurazione, ma il fatto che la prima sera non avessi avuto soldi a sufficienza doveva averla preoccupata. Quando mi propose un nuovo farmaco, prima ancora di dirmi il nome, precisò che era gratis, una donazione ricevuta dall'ospedale. Per curiosità le domandai cosa sarebbe successo se non avessi potuto permettermi le cure. «Parleremmo con l'ambasciata,» rispose «Cina e Italia sono amici.»

Jiankang, «salute», è una parola fondamentale in Cina. Nell'antropologia orientale il benessere è equilibrio tra elementi, ordine, armonia. La capacità di garantire la salute del popolo è uno dei grandi indicatori di legittimità di chi governa: fin dall'età imperiale i tramonti delle dinastie, le ere del caos, sono stati preannunciati da disastri naturali e grandi epidemie. Anche per questo i racconti dell'emergenza a Wuhan, con gli ospedali collassati e le persone morte in casa, avevano rappresentato una minaccia esistenziale per il regime: mostravano la sua incapacità di proteggere i cittadini. Ora, in una sorta di tentativo di riscatto, i protocolli cinesi prevedevano di curare tutti i positivi, anche quelli asintomatici o paucisintomatici che secondo la scienza non ne avrebbero avuto bisogno. Nel mio caso, dopo un paio di settimane senza complicazioni divenne chiaro che le medicine non mi servivano: chiesi di sospendere le terapie. L'unico problema era diventare negativo il prima possibile. Da quel momento anche il container di Nanchino cambiò forma: non era più una stanza di ospedale ma solo una cella di isolamento, anche se i miei secondini erano vestiti da infermieri e mi chiedevano di misurarmi temperatura e saturazione quattro volte al giorno.

Durante questa pandemia molte persone hanno affrontano esperienze ben più traumatiche dal punto di vista fisico e psicologico. Io stavo bene, avevo una connessione Internet e potevo comunicare con la mia famiglia. Ero consapevole che prima o poi sarei uscito. Eppure ogni giorno in più passato dentro la stanza rendeva l'isolamento più pesante. Per darmi un ritmo avevo deciso di iniziare ogni giornata con una specie di passeggiata. Da un angolo all'altro della celletta, aggirando i due letti, erano otto passi: andando avanti e indietro per un'ora riuscivo a camminare circa tre chilometri. Eppure il tempo restava piatto come le pareti della stanza, scandito solo dalle entrate delle infermiere, tutte donne, che mi portavano i canonici tre pasti – ore 7, 12 e 17.30 – o le medicine. L'unico momento in cui potevo vedere i raggi del sole era quando un'addetta alle pulizie veniva a passare il pavimento con il mocio, lasciando la porta aperta. Per quaranta secondi potevo piazzarmi sulla soglia e guardare fuori. Oltre il corridoio si vedeva il cortile interno della struttura, uno scorcio di mondo esterno. Era il momento migliore della giornata.

Le infermiere erano professionali, ma non mi rivolgevano quasi mai la parola, non restavano dentro un secondo in più. Le capivo. Lavoravano, o meglio combattevano sulla prima linea della guerra del popolo contro il virus. Se si fossero contagiate, oltre a rischiare la vita, avrebbero rotto il fronte e messo in pericolo l'intero Paese. Il personale degli ospedali temporanei Covid fa turni di qualche settimana durante i quali vive in isolamento, lontano dalle famiglie. Quando per sbaglio un'infermiera restò chiusa con me dentro la stanza, fu presa da un attacco di panico. Iniziò a spruzzarsi in continuazione disinfettante sulle mani, sbattendo i pugni sulla porta per richiamare l'attenzione. Mi chiese di avvisare le colleghe via WeChat e per fortuna dopo un paio di minuti una di loro arrivò a liberarla. Lei era salva, io di nuovo solo.

A un certo punto, quando le settimane dentro erano già tre e il mio espettorato restava sempre positivo, chiesi alla dottoressa Chen se potevo trascorrere mezz'ora all'aperto. Speravo che contrattando, come in Cina si fa in qualunque situazione, sarei riuscito a strappare quindici minuti d'aria. Un'infermiera poteva controllare che non scappassi, suggerii scherzando, probabilmente non capito. Lei rispose di no, non era possibile uscire, su quel punto non c'erano margini di negoziato. Mi stupì però la franchezza di quello che aggiunse dopo: «La nostra struttura di quarantena è temporanea e le condizioni sono scadenti. Vi abbiamo anche rinchiuso, limitando la vostra libertà personale, senza poter vedere il sole e la luna». Scrisse proprio così: il sole e la luna, il mandarino è pieno di immagini poetiche. «Molte persone sono rimaste dentro diversi mesi e hanno avuto un collasso nervoso. Mi dispiace. Ma è anche il vostro contributo, grazie a questo le nostre persone fuori possono essere sane. Non è davvero facile. Spero che tu guarisca al più presto.» Chiudeva con il classico incitamento cinese: *jia you*, letteralmente «aggiungi olio». Forza. Tieni duro. Lo cantavano anche i cittadini di Wuhan dai balconi, durante i loro settantacinque giorni di lockdown.

Ecco un'altra fondamentale sfaccettatura dell'idea cinese di *jiankang*: salute è un concetto non solo individuale, ma prima di tutto collettivo. Dovevo rimanere rinchiuso finché non c'era più il minimo rischio che trasmettessi il virus. Se fossi tornato negativo in poco tempo, meglio per me; se ci fossero voluti due, tre, cinque mesi, poco importava: la mia salute psicofisica era subordinata a una salute superiore, quella del popolo nel suo complesso. Io dovevo essere curato dal virus, ma nel frattempo la Cina doveva essere protetta da me. Nella stanza di fronte alla mia, scoprii dopo un paio di settimane, c'era una ragazza armena, Ari, con la figlia piccola, non avrà avuto più di tre anni. Comunicammo un po' a gesti attraverso le finestrelle, poi ci scambiammo il numero di telefono e chattammo un po'. Ma non c'era molto da dirsi, eravamo semplicemente in attesa che finisse. La bambina era risultata positiva e anche lei sarebbe stata tenuta lì dentro, senza luce naturale, tutto il tempo necessario. Non un giorno di meno.

E se qualcuno soffrisse di claustrofobia? O di attacchi di panico? Non verrebbero comunque fatte eccezioni, il sistema non le contempla. I questionari psicologici, la loro presenza o assenza, spiegano bene il concetto. Negli hotel della quarantena per i passeggeri in arrivo vengono distribuiti test per valutare le condizioni mentali. Durante il mio precedente isolamento in albergo diverse domande mi erano sembrate curiose; ce n'erano alcune molto confuciane, tipo: «Sento di aver deluso la mia famiglia. Mai / qualche volta / spesso / sempre». E altre un po' assurde, tipo: «Sono felice come sempre nei contatti stretti con il sesso opposto». Che contatti sessuali avrei potuto mai avere durante una quarantena? Ma tutto sommato era il segno di un'attenzione verso la tenuta psicologica delle persone isolate, in caso di problemi c'era anche un numero verde da contattare (solo orari d'ufficio). Lì nell'ospedale, invece, in questa stanzetta fuori dal tempo e dallo spazio, dove forse un po' di sostegno sarebbe stato necessario, del questionario non c'era traccia. L'impatto emotivo semplicemente non veniva considerato. Quell'ospedale incarnava il principio per cui l'individuo è chiamato a sacrificarsi, quanto è necessario e oltre, nell'interesse della collettività, uno dei motivi per cui il Dragone è riuscito a contenere il virus.

In questa logica c'è la differenza più abissale tra i valori di quello che chiamiamo Occidente e l'etica confuciana radicata nell'Asia orientale. Semplificando: il nostro sistema mette sopra ogni cosa i diritti e le libertà dell'individuo, quello orientale concepisce l'individuo come una parte di un tutto armonico. La Costituzione cinese, articolo 51, traduce in legge: «I cittadini della Repubblica Popolare, nell'esercizio delle loro libertà e dei loro diritti, non devono nuocere agli interessi dello Stato, della società e della collettività». La pandemia ha dato alla Cina solidi argomenti per difendere la validità di questo assunto. Il conto dei morti prima di tutto: sono meno di 5000, circa un ventesimo di quelli dell'Italia e un centesimo di quelli degli Stati Uniti, nonostante una popolazione di 1,4 miliardi di persone. Il diritto alla vita, dicono molti cittadini del Dragone, non viene prima della libertà? Inoltre la Repubblica Popolare è tornata a vivere un'esistenza (quasi) normale già dall'estate del 2020, mentre il resto del mondo è rimasto in lockdown a oltranza. Scuole aperte, piscine, concerti, ristoranti, viaggi: tutto questo non vale il sacrificio temporaneo delle persone positive o anche di un'intera metropoli messa in isolamento?

Eppure nel modo in cui la Cina ha esercitato questa disciplina collettiva, anche rispetto ad altri Paesi orientali, c'è un elemento in più. Quando gli infermieri mi hanno accompagnato nella stanza di Nanchino, il sacrificio non mi è stato chiesto, e al limite riconosciuto, bensì imposto chiudendo la porta a chiave dall'esterno. Quel piccolo grande gesto era l'espressione di un terzo soggetto, oltre all'individuo e alla collettività: il Partito-Stato, unico e solo interprete dell'interesse collettivo, che in una situazione di emergenza esercitava nella sua forma più pura il potere di governare i singoli individui. L'autorità aveva fissato il canone della contagiosità sulla base dei suoi criteri, molto più stringenti rispetto a tutti gli altri Paesi e alle raccomandazioni della comunità scientifica, ed era il giudice monocratico a cui spettava l'insindacabile verdetto sulla mia liberazione. In quella stanza stavo sperimentando quello che Tiziano Terzani – in circostanze molto più pesanti, cioè durante un arresto – aveva definito «uno degli aspetti più importanti della vita» in Cina, cioè «il rapporto tra i cittadini e il potere». Una situazione in cui l'unica possibilità è «abbandonarsi ai propri "salvatori"».

È un'altra differenza abissale. Nelle democrazie liberali la sfera inviolabile dei diritti individuali viene garantita anche rispetto all'esercizio del potere da parte dello Stato. Questo significa che anche durante una pandemia l'adesione alle norme si fonda prima di tutto sulla responsabilità dei cittadini. È vero anche per molte democrazie asiatiche, per esempio la Corea del Sud, dove il virus è stato contenuto senza imporre quarantene obbligatorie. Ma non è questa la logica con cui funziona un regime come quello cinese. Nella società della Repubblica Popolare la fiducia è una risorsa scarsissima: sia la fiducia reciproca tra le autorità e i cittadini, sia la fiducia delle persone nei confronti dei vicini. Ci può stupire, ma il famoso sistema di *rating* dei comportamenti individuali che il governo progetta di introdurre, finora senza metterlo realmente in pratica, trova molti cinesi favorevoli. La moltiplicazione di telecamere non li disturba, fintantoché sono usate per vigilare sulla sicurezza collettiva e non per scopi privati. Così, anche se la grande maggioranza dei cittadini si è adeguata spontaneamente alle regole imposte per frenare Sars-CoV-2, sono in molti a ritenere che l'unico modo per governare la Cina sia attraverso il controllo e, se necessario, la coercizione. Cosa che il Partito comunista, ovviamente, è ben contento di fare.

L'altra attività con cui riempivo il tempo nella stanza era lavorare. Come ufficio non era il massimo, visto che l'unico oggetto su cui potevo sedermi, a parte il letto, era uno sgabellino alto 50 centimetri. Mettevo un cuscino sotto il sedere e uno dietro alla schiena, appoggiandomi alla sponda del letto e assemblando una specie di poltrona. Riuscivo a stare seduto al massimo per trenta minuti prima che mi si intorpidissero le gambe. Nell'intero reparto non c'erano sedie, mi risposero quando ne chiesi una, neanche per le infermiere. In compenso la saponetta Internet aveva una ricezione perfetta, e all'occorrenza anche l'ospedale aveva una rete wi-fi aperta: connettersi era considerato un diritto inalienabile.

Provai a fare una cosa naturale per ogni giornalista: trasformare l'esperienza che stavo vivendo in un diario. Volevo usare la stanza per raccontare la Cina e spiegare il rigore delle misure con cui aveva contenuto il virus, lo stesso rigore che in quel momento permetteva a chi stava fuori di vivere una vita normale. La quantità di persone che cominciarono a scrivermi, soprattutto su Instagram, mi stupì. Ricevevo una dose enorme di affetto. Avevo detto che mi mancavano il cielo e il sole, e un giorno mi svegliai con un hashtag di supporto: #uncielopersantelli. Mi arrivavano decine di fotografie di cieli, un surrogato di evasione. Tanti spedivano anche scatti di cibo, ma quelli erano pericolosi: dopo giorni passati a mangiare riso in bianco a pranzo e cena, vedere pizze, lasagne e bomboloni alla crema mi faceva venire ancora più fame.

Anche l'interesse era tanto. E come spesso succede quando di mezzo c'è la Cina i commenti tendevano a polarizzarsi. Da una parte chi diceva che anche l'Italia avrebbe dovuto imitarla, altro che quarantena fiduciaria; dall'altra chi criticava il fatto di chiudere a chiave un paziente dentro una stanza senza luce naturale. Tutto il mio sforzo era provare a spiegare perché, per capire la Cina, quei due aspetti dovessero essere tenuti insieme: Pechino aveva contenuto il virus con efficacia applicando dei principi corretti dal punto di vista scientifico, grazie alla responsabilità dei suoi cittadini, ma anche con le logiche e gli strumenti propri di un regime autoritario. Potevamo ispirarci ai principi scientifici, ma utilizzare gli stessi strumenti di governo della popolazione no, per fortuna. Quelli erano tipicamente cinesi, e come tali dovevano essere compresi.

In un saggio del 2016 intitolato *The Puzzle of the Chinese Middle Class* Andrew J. Nathan, professore di Scienze politiche della Columbia University, spiega perché è improbabile che la nuova classe media del Dragone, al contrario di quanto avvenuto in altri Paesi, spinga verso una democratizzazione del regime. Nathan ne fa una radiografia, distinguendo quattro categorie di persone a seconda del loro rapporto con lo status quo. Gli «anestetizzati» sono giovani cittadini che non hanno memoria di Tiananmen e sono cresciuti in un sistema che mette al centro consumi e carriera; quelli «che accettano» sono pronti a sposare *in toto* i valori del regime; i «miglioristi» ne vedono i difetti, ma sono anche convinti di poter contribuire a correggerli; infine gli «alienati» sono persone più anziane che non nutrono più illusioni, ma non sono pronte a rischiare di perdere ricchezza e libertà per opporsi. In modi diversi, tutti questi profili sono realisti e pragmatici, due caratteristiche decisive nell'attitudine dei cittadini verso il potere. Molte persone in Cina non pensano che un regime autoritario a partito unico sia il migliore del mondo, quasi tutti però ritengono che, qui e ora, sia l'unico possibile o addirittura il più adatto al loro Paese e al loro popolo.

Il motivo è in un'altra caratteristica che secondo Nathan accomuna gli esponenti della classe media: l'ansia. «Ciò che manca è un senso di sicurezza ... la loro prosperità è ostaggio delle qualità di governo di una burocrazia segreta che sta affrontando una rischiosa transizione verso un futuro incerto.» Questo sentimento è sorprendente: la Cina è un Paese che ormai da trent'anni cresce in maniera ininterrotta, dove ogni giorno i cittadini si svegliano con qualcosa in più rispetto al precedente. Eppure l'insicurezza emerge prepotente, nelle discussioni e nei comportamenti, a tutti i livelli e in quasi tutte le fasce di età, dietro a tutte le tensioni che ho cercato di raccontare in questo libro. Chi possiede molto ha il timore di perderlo, come succede anche a tanti miliardari che a un certo punto si trovano dalla parte sbagliata del vento politico. Per questo le famiglie benestanti mandano i figli a studiare all'estero e sfruttano ogni occasione per portare i loro capitali fuori dal Paese. Chi ha abbastanza teme il rallentamento della crescita, e molti giovani sono convinti che il treno sia passato e che gli sforzi che mettono nello studio o nel lavoro non daranno i frutti sperati. Chi ha di meno vive nel timore di poter finire sul lastrico per una malattia o di non potersi permettere un'istruzione adeguata per i figli.

«Ansia» era una parola che anche Yan Lianke, uno degli scrittori più conosciuti del Dragone, più volte finalista del Booker Prize, aveva usato durante un'intervista: «Dieci anni fa sentivamo di avere delle opportunità, ma avevamo paura di non coglierle. Oggi invece abbiamo realizzato che le opportunità stanno scomparendo veloci». Garanzie e diritti sono fragili, in una società competitiva e di fronte a uno Stato potente che può intervenire nella vita di ogni cittadino in qualsiasi momento e per ragioni imperscrutabili.

Da questo punto di vista la natura della leadership di Xi Jinping è paradossale. Uno dei grandi obiettivi dell'attuale segretario generale è rafforzare le istituzioni, dando stabilità, prevedibilità ed efficienza al funzionamento della macchina dello Stato. Lui la chiama *La governance della Cina*, il titolo delle raccolte dei suoi discorsi pubblicate in decine di lingue. La grande battaglia contro la corruzione che ha scatenato appena salito al potere, oltre a eliminare gli avversari politici, è servita a ridurre l'arbitrio dei funzionari infedeli e a ricostruire la legittimità del Partito agli occhi dei cittadini. I suoi riferimenti al *rule of law*, al governo della legge, non sono solo retorici: dal 1° gennaio 2021 è entrato in vigore il nuovo Codice civile, che organizza e sistematizza le norme del diritto privato scritte, a volte in fretta e male, nella fase di travolgente modernizzazione del Paese. Xi non è il Mao della Rivoluzione culturale, non vuole creare disordine, non inviterà mai il popolo a «bombardare il quartier generale», per usare una delle immagini più celebri del Grande Timoniere. Xi è un leader che governa dentro il sistema.

Eppure tutto ciò il presidente lo fa proprio concentrando su di sé un'autorità senza precedenti dai tempi di Mao Zedong. Nell'era delle riforme di Deng Xiaoping gli organi dello Stato erano stati separati da quelli del Partito, che aveva fatto un passo indietro. Xi, in quella che qualche analista ha definito una «Controriforma», ha rimesso il Partito comunista al controllo di tutto e se stesso saldamente al «nucleo» della leadership, aprendosi la strada, almeno teoricamente, al potere a vita. «Il Partito, il governo, l'esercito, la società, l'educazione – Est e Ovest, Sud e Nord, il Partito guida su tutto» ha detto nel 2017, all'apertura del XIX Congresso, quello che ha cementato la sua leadership. La politica cinese oggi è indirizzata da otto commissioni, ognuna dedicata ad altrettanti temi chiave, dalle riforme all'economia alle forze militari, tutte presiedute da Xi. Il governo attraverso la legge non vuol dire che questa stia sopra alla politica, come in uno Stato di diritto, ma al contrario che i principi-guida del Partito sono stati incardinati anche all'interno del sistema giudiziario.

Alla base di questa «controllocrazia» (espressione dello scienziato politico norvegese Stein Ringen) c'è la narrativa secondo cui la Repubblica Popolare sta attraversando una congiuntura decisiva nella sua grande ascesa, un momento di grandi opportunità ma anche di grandi rischi. Ciò che sogna la leadership, e che il coronavirus l'ha aiutata a fare, è codificare un perenne stato d'emergenza, che permetta di identificare nemici esterni o interni e di mobilitare il popolo in grandi campagne collettive. Per questo il concetto di sicurezza nazionale viene esteso a dismisura: i pericoli si moltiplicano, sono ovunque, e ognuno viene presentato come un rischio esiziale per la stabilità del Paese.

Eppure tutto questo, anziché generare fiducia, può finire con l'accentuare ulteriormente il senso di insicurezza. Perché lo stesso potere assoluto che ha imposto le norme può anche modificarle da un momento all'altro. E perché ogni diversità finisce con il diventare una minaccia da isolare e sopprimere, un virus che attenta alla salute del corpo collettivo. Vale perfino dal punto di vista morale. Mentre accentra il potere, il Partito promuove anche i dodici «Valori chiave del socialismo», integrandoli all'interno delle leggi. Sono principi che vanno dalla prosperità all'uguaglianza, dal patriottismo all'amicizia, che recuperano temi chiave dell'etica confuciana ma il cui obiettivo, peraltro esplicitato, è creare una «unificazione di pensiero» tra chi governa e chi è governato, in modo da poter presentare il Partito come solo e unico interprete delle esigenze e dei valori della collettività. Il regime cinese non è solo un Leviatano ma, come hanno scritto alcuni analisti, un «Leviatano virtuoso», o meglio ancora un Leviatano moralista, che prescrive uniformità non solo dei comportamenti ma anche dei sentimenti, che chiede al popolo di gioire per il sacrificio collettivo contro il virus e di odiare ogni forza «anticinese» che ne mette in discussione i risultati.

La legittimità del Partito comunista è sempre stata legata alla sua capacità di governare in maniera efficace. Ma sotto Xi Jinping sembra essere cambiato l'equilibrio tra i due grandi elementi che la sostengono, cioè lo sviluppo economico e la stabilità. Nell'età delle riforme di Deng Xiaoping l'idea era che non potesse esserci stabilità senza crescita, dunque quest'ultima era la variabile indipendente, da ricercare a tutti i costi. Ora, in mezzo a così tanti rischi esistenziali, il principio si sta invertendo: non può esserci crescita senza stabilità. Anche lo sviluppo può essere sacrificato quando diventa disordinato, non salutare. Il regime sta riscrivendo il patto sociale con i suoi cittadini come un accordo di sicurezza e di sicurezza nazionale. Un patto a cui un popolo pieno di ansie sembra disposto a aderire.

Qualche tempo prima di finire dentro l'ospedale di Nanchino avevo visto il documentario di Ai Weiwei sull'epidemia a Wuhan, *Coronation*. Diretto dall'artista «da remoto», con immagini girate da reporter freelance arruolati sul posto, il documentario raccontava le prime settimane dell'epidemia nella città e mostrava come il dispositivo antivirus messo in campo dalla Cina per il bene del popolo schiacciasse le persone e le loro emozioni in un ingranaggio. Dopo trenta giorni nella stanza, capivo molto meglio che cosa intendesse.

Mi sentivo ridotto a un corpo da alimentare, testare e misurare. Nonostante non avessi mai avuto una linea di febbre continuavano a chiedermi la temperatura via chat quattro volte al giorno. Una sera non la mandai, non aveva senso, e per tutta risposta un'infermiera in tuta anticontagio mi piombò in stanza alle tre di notte per misurarla, svegliandomi di soprassalto. Sapevo bene che non erano stati medici e infermieri dell'ospedale a scrivere le regole, ma la rigidità con cui venivano applicate mi rendeva sempre più insofferente. A un certo punto mi cadde l'occhio sulla telecamera di sorveglianza che sporgeva dal muro. Ne avevo accettato la presenza indiscreta, che mi guardassero pure, avevo pensato. In quel momento, preso da un impulso, decisi di staccare il cavo. Era un gesto futile, una ribellione ridicola, ma era una forma di resistenza basilare, la necessità di rivendicare una libertà. Mi fece sentire un po' meglio, ma nessuno sembrò accorgersi di nulla. Forse quella telecamera era sempre stata spenta: anche dare l'impressione di controllare è parte del controllo.

Tutto si era ormai ridotto a pura, assoluta, consumante attesa delle due «triplette» consecutive di test senza tracce di virus. Quando i medici rilevarono il primo campione di espettorato negativo iniziai a sperare, ma per alcuni giorni i risultati si alternarono: negativo, positivo, di nuovo negativo, di nuovo positivo. Evidentemente i sistemi di test usati dai laboratori dell'ospedale erano estremamente sensibili, la solita logica della massima prudenza. Arrivare a un passo dall'uscita e poi vedermi ricacciato indietro era una botta psicologica tremenda: ogni volta il conto ripartiva da zero, almeno altri due giorni di reclusione.

Alla fine i due test negativi arrivarono, il trentottesimo e il trentanovesimo giorno. La mattina successiva, venerdì 27 novembre, dopo l'ultimo via libera da parte delle autorità cittadine, firmai la carta delle dimissioni e verso le tre un'infermiera venne a chiamarmi. Guardai la stanza per l'ultima volta: la conoscevo a memoria, in ogni dettaglio. Percorsi al contrario lo stesso corridoio della prima notte e con la luce riuscii a farmi un'idea di quanto fosse grande la struttura, che all'arrivo mi era sembrata molto più piccola. Le camere di isolamento erano decine, su due piani. E altrettante erano in costruzione nel campo a fianco: nel caso di una seconda ondata la Cina voleva farsi trovare pronta. Rividi lo sgabello dove mi avevano preso la pressione all'arrivo dall'hotel, accanto alla porta c'era un pulsante con scritto «Exit». Salutai e ringraziai l'infermiera, premetti il pulsante, uscii fuori. Il cielo era basso e grigio, tipico degli inverni nella Cina centrale, ma lo trovai bellissimo. Feci un respiro che mi sembrò durare minuti: non mi ero reso conto di quanto si fosse accorciato dentro la stanza.

Non ero ancora libero, però. Alle autorità cinesi quaranta giorni di isolamento e una serie infinita di tamponi negativi non bastavano ancora per considerarmi pulito, per certificare che avevo davvero eliminato il coronavirus dal mio corpo e che non costituivo più un pericolo per la società. Prima di poter tornare a Pechino dovevo passare altre due settimane di osservazione in un hotel di Nanchino. In pratica tornavo al punto di partenza, a dove ero rimasto al mio arrivo in Cina. Ma dopo quasi un mese e mezzo passato in quindici spogli metri quadrati, una camera di albergo era un lusso, un orizzonte sconfinato. Avevo un letto a due piazze con un vero materasso, una doccia, un asciugacapelli, un accappatoio, dei pasti decenti. Non potevo uscire, ma la porta era di nuovo aperta. E soprattutto c'era una grande finestra che affacciava sul cortile di un complesso residenziale cinese.

In quelle due settimane ho passato molto tempo a osservare la vita quotidiana che scorreva nel giardino. Il viavai era continuo, nessuno portava più la mascherina. Stavo guardando la normalità postvirale a cui la Cina era tornata, quella di cui presto avrei goduto anch'io. L'altra faccia del rigido sistema di isolamento a cui ero stato sottoposto. La guerra del popolo contro il virus, secondo molti un pericolo esistenziale per il regime, era stata vinta grazie a una grande mobilitazione collettiva. E nel frattempo anche l'obiettivo di sradicare la povertà dalle aree rurali del Paese, un'altra delle battaglie simbolo di Xi Jinping, era stato raggiunto. Con questi due grandi successi alle spalle, nel luglio del 2021 il Partito comunista festeggerà il centesimo anniversario. Celebrerà il raggiungimento di una «società moderatamente prospera», il suo primo traguardo lungo il percorso verso il benessere, ed esalterà la superiorità del socialismo con caratteristiche cinesi rispetto alle democrazie occidentali.

Eppure tutte quelle celebrazioni mi facevano pensare a un racconto di Yu Hua scritto nel 2009 in occasione di un'altra ricorrenza, il sessantesimo anniversario della fondazione della Repubblica Popolare. Si intitola *Diario di una settimana a Pechino* e racconta sette giorni durante i quali, mentre i media di Stato esaltano i traguardi raggiunti dal Paese, lo scrittore e la moglie sono tormentati dai rumori di trapano che arrivano dall'appartamento al piano di sopra. Nonostante il palazzo dove abitavano all'epoca fosse relativamente nuovo, i vicini avevano deciso di rinnovare casa. E all'ennesimo tremore delle pareti, con la consueta fulminante ironia, Yu Hua scrive: «Che strano: hanno ultimato la ristrutturazione di un Paese, ma non quella di un appartamento».

Quella frase sintetizza in un'immagine il percorso del Dragone e le sfide che ha di fronte. Negli ultimi quarant'anni la Cina ha realizzato un balzo in avanti stupefacente verso il benessere, che ha coinvolto quasi un miliardo e mezzo di persone. Ma la sua impresa non è inedita: altri Paesi prima di lei hanno percorso la stessa traiettoria di arricchimento. E lo studio del passato suggerisce che la vera sfida arriva adesso: sfuggire a quella che gli economisti chiamano la «trappola del reddito medio» – espressione che, non a caso, la censura di Pechino ha vietato – e proseguire nell'ascesa fino a raggiungere il ristretto campo dei Paesi sviluppati. Un balzo ulteriore che per esempio il Giappone e la Corea del Sud sono riusciti in epoche diverse a fare, ma che tanti altri Stati hanno fallito. La Cina oggi è a metà del proprio percorso di ascesa, e dal campo economico il discorso può essere ampliato agli indicatori più complessivi di sviluppo umano, che la vedono all'ottantacinquesimo posto su 189 Paesi.

Il regime ha vinto e continua a vincere una grande campagna dopo l'altra; per dirla con Yu Hua: «Ha ultimato la ristrutturazione di un Paese». Il coronavirus era una sfida perfetta per le sue caratteristiche: contenerlo richiedeva il governo della popolazione, il controllo degli uomini e delle informazioni, un certo livello di coercizione accettata o imposta. Soprattutto, era una circostanza in cui gli interessi del Partito comunista e quelli dei cittadini potevano essere immediatamente allineati. Ma nel frattempo, dietro alle coreografie e alle celebrazioni, emergono fratture psicologiche, sociali e politiche inedite, gli «appartamenti» che finora la Cina non è stata in grado di ristrutturare. Sono le tensioni di cui ho parlato in questo libro, sfide che hanno caratteristiche diverse e per certi aspetti più complesse rispetto a una pandemia.

Alcune, come la costante diminuzione delle nascite o le disuguaglianze di genere, si sviluppano all'incrocio tra valori individuali e sociali. Difficilmente potranno essere affrontate con interventi dall'alto. Per altre – come la corsa all'innovazione tecnologica, la lotta alle disuguaglianze o la transizione a un nuovo modello di sviluppo –, l'ossessione per il controllo potrebbe essere addirittura controproducente. Quasi tutte aprono scenari in cui gli interessi dei singoli cittadini e della collettività non coincidono necessariamente con gli interessi del Partito, che sono disinnescare discorsi o centri di potere alternativi, sopprimere le parole pericolose che emergono all'interno della società civile, ridurre la pluralità delle Cine a un'unica Cina. In definitiva, restare al potere.

Quello che il Dragone oggi mostra è un groviglio di potenza e fragilità, spesso racchiuse negli stessi gesti. Per capirne la forza bisogna riconoscere alla leadership comunista i suoi meriti. Il Partito ha saputo gestire con lungimiranza situazioni delicatissime, dalla crisi finanziaria del 2008 al coronavirus, salvaguardando stabilità e crescita economica. Negli ultimi anni Xi Jinping ha individuato e affrontato problemi urgenti, come la corruzione o l'eccesso di indebitamento dell'economia. Nei suoi ultimi discorsi il presidente ha anche riconosciuto che la Cina ha bisogno di «un nuovo concetto di sviluppo», che «risolva le disparità» e «promuova l'equità e la giustizia sociale e faccia in modo che i frutti dello sviluppo siano divisi in modo più equo tra il popolo». Xi è convinto di avere la ricetta giusta: il Partito sopra a tutto, più controllo, più ideologia. È il «socialismo con caratteristiche cinesi» di cui alla fine del 2022, al XX Congresso del Partito comunista, Xi si consacrerà come il grande teorico, prendendosi un terzo mandato alla guida del Paese. È una ricetta che non converge con i valori liberal-democratici, ormai l'Occidente lo ha capito. Anzi, è il tentativo di creare un modello alternativo basato sulla specificità, intesa come superiorità, della Cina.

Ma esagerare questa diversità rischia di far passare in secondo piano le sue debolezze, a cominciare da una concezione di stabilità ristretta e limitante, in cui ogni forza della società civile non mediata dal Partito viene vista come un rischio per l'autorità, anziché come una risorsa. Se la scommessa non funzionerà, l'evoluzione potrebbe anche trasformarsi in involuzione. Il regime potrebbe ritrovarsi a impiegare sempre più energie per rafforzare l'apparato di controllo e la mobilitazione ideologica, a discapito dello sviluppo economico e della libertà dei cittadini di seguire le proprie aspirazioni. E il crescente nazionalismo, principale collante della società, potrebbe portare il Dragone in rotta di collisione con i vicini e con le democrazie liberali.

C'era tutto questo nel pezzetto di Cina che viveva sotto la finestra del mio hotel. Al mattino una coppia di anziani, probabilmente marito e moglie, faceva ginnastica con gli attrezzi che si trovano in ogni parchetto del Paese. Si davano colpetti sulle braccia e sulle gambe per attivare il flusso del *qi*, l'energia vitale, una forma tradizionale di massaggio. A ogni ora i fattorini delle consegne a domicilio arrivavano a tutta velocità con i loro motorini elettrici davanti all'ingresso dei palazzi, dove ragazzi e ragazze, spesso in pigiama, scendevano a ritirare il pranzo o la cena. Un papà e una bambinetta camminavano su uno dei vialetti, lei con lo zainetto di scuola. Nell'arco di tre generazioni il Dragone ha vissuto trasformazioni che altrove hanno richiesto secoli. Quei due anziani erano nati in un Paese chiuso e arretrato, fuori dalla Storia; quella bambina crescerà in una società del benessere, una Cina diventata potenza economica e tecnologica, ma che lungo il percorso ha anche accumulato enormi tensioni. Un gigante che rivendica con decisione il proprio spazio nel mondo, ma che resta ancora fragile.

Ringraziamenti

La Cina non è una sola nasce da tre anni di vita e lavoro nella Repubblica Popolare. Ogni difetto va attribuito solo a me, ma i suoi eventuali meriti vanno divisi con tutte le persone che mi hanno accompagnato in questa straordinaria avventura.

Grazie prima di tutto a Valentina Rossi e Igor Pagani per avermi proposto di scrivere un libro e per avermi spiegato come si fa.

Grazie a Mario Calabresi, che in Cina mi ha mandato, scommettendo che potessi esserne all'altezza. Grazie ai colleghi di «Repubblica»: lavorare insieme a loro è un privilegio.

Quando parla con un giornalista straniero, un cittadino cinese ha molto da perdere e quasi nulla da guadagnare: sono grato a tutte le persone che hanno accettato di farlo. Spero di aver catturato nella maniera più fedele possibile il loro spirito.

Grazie a Zhang Yin, molto più di una collega, la persona a cui ho chiesto di tradurre parole e pensieri formulati in una lingua così diversa.

Grazie a chi mi ha fatto sentire a casa in un posto così lontano. Un pensiero speciale va a Eugenio Loccarini, che mi ha portato dentro la sua Pechino, a Giulia Ziggiotti, compagna di passeggiate e chiacchierate, e all'amico Federico Roberto Antonelli. Le osservazioni di Giulia e Federico Roberto hanno reso queste pagine migliori.

Grazie a Adele Giorgia Sarno e Luca Ferrari per la foto di copertina.

Come sempre i miei primi lettori sono stati i miei genitori e mia moglie. Ma i ringraziamenti che devo loro vanno ben oltre il tempo e l'attenzione che hanno dedicato a questo libro.

Grazie ad Antonella e Giorgio per avermi sempre sostenuto e incoraggiato con il loro affetto mentre cercavo la mia vocazione.

Grazie a Laura che per lasciarmi andare in Cina ha sopportato il peso della distanza. Le sono debitore.

MISTO
Carta da fonti gestite
in maniera responsabile
FSC
www.fsc.org
FSC® C115118

Mondadori Libri S.p.A.

Questo volume è stato stampato
presso ELCOGRAF S.p.A.
Stabilimento - Cles (TN)

Stampato in Italia - Printed in Italy